経営学者が書いた
デザインマネジメントの教科書

森永泰史
Morinaga Yasufumi

同文舘出版

はじめに

　近年，アップルやダイソンなどの活躍により，企業間競争において，製品のデザインが重要な役割を果たし得ることが，多くの人々に知られるようになった。しかし，その一方で，「デザインマネジメント」という言葉は，それほど広く認知されているわけではない。デザインマネジメントとは，経営資源として重要になってきたデザインや，その開発を担うデザイナーやデザイン部門の活用の仕方のことであり，1990年代以降，急速に注目を集めるようになってきた経営テーマの1つである。

　本書は，そのようなデザインマネジメントを真正面から取り上げたテキストであり，主たる読者として，大学の経営学部に所属する大学生をはじめ，美術大学や芸術大学でデザインを学ぶ大学生，デザインと企業経営との関係に関心のある大学院生や大学教員，社会人，さらには，日常業務の中で，何らかの形でデザインに携わっている実務家の方々を想定している。

● 本書の目的と，執筆の動機

　本書の目的は，経営学の観点からデザインマネジメントに関する様々な議論を整理し，デザインマネジメントに対する理解を促すことにある。

　通常，デザインに関する本というと，デザイナーの作品を集めた作品集や，売れるデザインを開発するためのノウハウ本などを想像することが多いが，本書は，いずれのタイプとも異なる。そもそも，筆者はデザイナーではないため，製品をデザインしたことがない。また，コンサルタントでもないため，売れるデザインがどのようなものであるのかも分からない。経営学者である筆者ができることは，デザインマネジメントの実施に際して，どのような問題点や論点が潜んでいるのかを，経営学の観点から体系的に整理し，それを実務家の方々や一般の方々に提供することである。

　デザインマネジメントは，不思議な学問である。なぜなら，「マネジメント」という言葉を冠しながらも，マネジメントを専門的に取り扱う経営学者によってあまり研究されてこなかったからである。経営学者が執筆したデザ

インマネジメントに関する書物や論文は世界的に見ても少ない。既存の書物や論文の多くは，デザイナーやコンサルタント，ジャーナリストなどによって執筆されたものである。それゆえ，学術的というよりは実務色が濃く，言葉の定義が曖昧であったり，話の文脈が交錯していたりするなど，混乱も見られる。そのため，経営学の観点から，改めてデザインマネジメントに関する議論を整理し直す必要があると感じ，本書の執筆に至った。その意味で，本書は，経営学者によって書かれた世界でも珍しいデザインマネジメントの教科書である[1]。

● 本書の構成と利用方法

本書は，大きく企業編と社会編の2部構成となっている。第Ⅰ部の企業編では，主に大企業におけるデザインマネジメントを巡る様々な問題を取り上げ，第Ⅱ部の社会編では，デザインと地域振興（中小企業も含む）を巡る問題や，デザインに関する経済政策といったマクロな問題について取り上げている。できることなら，全体を通して読んでいただきたいが，各自の関心に応じて，各章を個別に読んでいただくことも可能である。

また，本書は，デザインマネジメントに興味を持たれた方が自主的に学習に取り組めるよう，参考文献リストをできるだけ充実させている。さらに，あまり時間のとれない実務家の方々のために，読みやすく，比較的入手しやすい書物を別途抜き出し，各章末に付録として掲載している。

---

[1] もちろん，経営学者が執筆したデザインマネジメントのテキストが全く存在しないというわけではない。代表的なものとしては，マーガレット・ブルース氏とジョン・ベサント氏が執筆した『Design in Business』（Financial Times Management 社より2001年に出版）や，レイチェル・クーパー氏とサビーネ・ジュンジンジャー氏，トーマス・ロックウッド氏等が編集した『The Handbook of Design Management』（Bloomsbury Academic 社より2011年に出版）などがある。ただし，それらは，「テキスト」や「ハンドブック」と銘打ってはいるものの，実態は様々な研究者の論文を集めた論文集であったり，必ずしもトピックが網羅・体系化されていなかったりする。

● 執筆にあたっての二つのポリシー

本書の執筆に際して掲げたポリシーは，次の2つである。1つは，網羅的・体系的に取り組むこと，そして，もう1つは，一般化可能性・普遍性を重視することである。

①網羅的・体系的に取り組む

まず，本書では，デザインマネジメントの論点をできる限り網羅し，それらを体系的に整理している。

前述したように，デザインマネジメントについてはこれまで，様々なタイプの筆者が，様々な角度から議論を展開しており，そのことが混乱を招いた原因と考えられる。よって，本書では，論点を網羅するとともに，経営学を下敷きにして，それらを体系的に整理している。特に第Ⅰ部の企業編では，議論の中身を大きく，戦略，ブランド，マーケティング，イノベーション，人的資源管理の5つに分けて整理している。

②一般化可能性・普遍性を重視する

また，本書では，できるだけ一般化できそうな論点に的を絞って議論を展開している。そのため，特定の企業や職場で生じている特殊な問題については取り上げていない。ただ，その一方で，インハウスデザイナーにまつわる問題など，世界的に見れば特殊でも日本企業にとっては一般的な論点については取り上げている。これは，当然のことながら，ほとんどの読者が日本人であることを想定しているからである。

また，本書では，内容に普遍性を持たせることに重点を置いているため，事例ばかりを集めた事例集の形式は採用していない[2]。事例は，一種の物語として面白く読める反面，特定の文脈に過度に依存しているため，時間や空間の制約を受けるからである。異なる時代や異なる企業にいる人々にとっては，

---

2 なお，デザインマネジメントの事例集としては，ロバート・ジェラード氏とデイビッド・ハンズ氏，ジャック・イングラム氏等が執筆した『Design Management Case Studies』（Routledge 社より 2001 年に出版）がある。

あまり参考にならないことが多い。したがって，本書では，個別具体的な事例の内容よりも，むしろ，それらの事例から導き出される論理に焦点を当てている。論理には，普遍性があるからである。

　例えば，古代に生まれた諺（ことわざ）が現代においても通用するのは，諺には論理が含まれており，その部分に普遍性があるからである。具体的に，「虎穴に入らずんば，虎児を得ず」という諺には，「ハイリスク・ハイリターン」という論理が含まれている。もちろん，論理だけでは素っ気ないし，論理を分かりやすく理解してもらうには具体例が必要になるため，本書では随所に具体例を盛り込み，バランスをとるよう心掛けている。

目次

第Ⅰ部　企業編

序　章

1　今度の「デザイン重視」は何度目の正直なのか …………… 003
2　本書におけるデザインの意味 ……………………………… 005
3　第Ⅰ部で取り上げる5つの文脈 …………………………… 006
4　第Ⅰ部の構成 ………………………………………………… 007

第1章　デザインと戦略

1　**デザインによる差別化戦略の有効性** ……………………… 010
　　1．製品の性格　010
　　2．ライフサイクル　011
　　3．競争上の地位　014
　　4．市場での成果　019
2　**デザインによる差別化戦略の中身** ……………………… 022
　　1．個別の製品単位で考えた場合のデザインによる差別化　022
　　2．製品ラインの単位で考えた場合のデザインによる差別化　027
　　3．グローバルに考えた場合のデザインによる差別化　035
3　**本章のまとめ** ……………………………………………… 042
　　　付録：戦略論の文脈から書かれたデザイン本　043
　　　参考文献　043
　　補講①：デザインは経営戦略に従う？　045
　　補講②：差別化のさじ加減が難しい　046

第 2 章　デザインとブランド

1. **デザインとブランドの関係** 050
   1. To See Is to Believe　*050*
   2. むやみに変えないことが大事　*051*
   3. 個性と統一感と一貫性　*052*
2. **デザインとブランドと競争力の関係** 053
   1. 長期にわたる模倣困難性　*053*
   2. リピーターとコレクターの獲得　*054*
3. **なぜ，日本企業のデザインには「らしさ」がないのか？** 056
   1. 多い製品数　*056*
   2. 効率性を重視した組織構造　*058*
   3. 頻繁な人事異動　*062*
   4. 日本型流通システム　*063*
4. **なぜ，欧州企業のデザインには「らしさ」があるのか？** 065
   1. 少ない製品数とデザインを重視した組織構造　*065*
   2. 開発リードタイムの長さ　*067*
   3. ある種の「傲慢さ」　*069*
   4. 文化的・歴史的要因　*070*
5. **本章のまとめ** 072

   付録：ブランドの文脈から書かれたデザイン本　*074*

   参考文献　*074*

   補講③：統一性と典型性　*076*

第 3 章　デザインとマーケティング

1. **Good Design Is Good Business** 082
2. **「良い」デザインをめぐる鶏卵論争** 084
3. **2 つのアプローチ** 085
4. **5 つの人間観と 4 つのデザイン価値** 086

5 消費者行動論の分野に見るデザイン ･････････････････････････････ 088
 1. 購買プロセスの全体像　088
 2. 特定部位への注目　090

6 人間工学の分野に見るデザイン ･･････････････････････････････ 092
 1. 使いやすさのためのデザイン　093
 2. 美的感覚を満足させるためのデザイン　095
 3. 価値ある経験を提供するためのデザイン　097

7 脳科学の分野に見るデザイン ･･･････････････････････････････ 102
 1. 大脳の半球優位性に注目したもの　102
 2. 脳内の視覚野の発達度合いに注目したもの　103
 3. 記憶の忘却に注目したもの　104
 4. 脳科学の調査手法を用いたもの　104

8 文化人類学の分野に見るデザイン ････････････････････････････ 104
 1. 記号論とは？　105
 2. セミオティック・マーケティングとは？　105
 3. セミオティック・マーケティングの応用　107
 4. 伝統的な記号論を用いたもの　107
 5. 製品意味論を用いたもの　109

9 本章のまとめ ･･ 111
 付録：マーケティングの文脈から書かれたデザイン本　112
 参考文献　112
 補講④：分析ツールや方法論などを知りたい方は…　117
 補講⑤：デザイン部門とマーケティング部門の連携は難しい？　120

第4章　デザインとイノベーション

1 デザインとイノベーションの関係 ････････････････････････････ 124
 1. デザインそれ自体がイノベーション　124
 2. 斬新なデザインの導入が技術や素材を革新する　127

2 デザイナーとイノベーション活動との関係 ･････････････････････ 131

            1. デザイナーがイノベーション活動の中で果たす役割とは？ *132*
            2. イノベーションの中身による違いはあるのか？ *134*
            3. 製品の性格による違いはあるのか？ *140*
    3 デザイナーをイノベーターにするためのマネジメント………… *143*
            1. デザイナーの配置と組織構造 *145*
            2. デザイン部門のサイズ *148*
            3. デザイン部門の予算制度 *149*
    4 本章のまとめ…………………………………………………… *151*
                付録：イノベーションの文脈から書かれたデザイン本 *152*
            参考文献　*152*
            補講⑥：デザインのアイデアの源泉はどこにあるのか？　*155*
            補講⑦：「形態は機能に従う」はもう古い？　*159*
            補講⑧：デザイン・ドリブン・イノベーションについて　*164*

第5章　デザイナーと人的資源管理

    1 インハウスデザイナー VS 外部デザイナー……………………… *168*
            1. 雇用形態の違いが生む能力の違い　*168*
            2. 外部デザイナーに上がる軍配　*168*
            3. 今後も続くインハウスデザイン部門　*169*
            4. 「外部デザイナー＝発想型」という幻想　*170*
            5. 外部デザイナー活用の盲点　*172*
    2 終身雇用がデザイナーの創造性を殺す……………………… *176*
            1. 海外のデザイナー雇用事情　*176*
            2. 終身雇用が生む弊害　*177*
            3. 新たな試みは成功するか？　*178*
    3 多くの場合，デザイナーは事務職扱い………………………… *180*
            1. 職能資格制度に基づくキャリアパス　*180*
            2. 評価基準と評価尺度　*182*
            3. 事務職扱いの問題点　*183*

4 　複線型キャリアパスは解決策になり得るか? ·················· 184
　　　1. 独自のキャリアパス　184
　　　2. 独自の評価制度　186
　　　3. 更なる改善が必要　188
5 　本章のまとめ ··· 190
　　　　付録：人的資源管理の文脈から書かれたデザイン本　191
　　　　参考文献　191
　　　　補講⑨：フリーランスのデザイナーは儲かるのか？　193
　　　　補講⑩：デザイナーのユニークな活用と管理の事例　195
　　　　補講⑪：解決すべきミクロな諸問題　201

終　章

1 　デザインは全社の問題 ··· 207
2 　デザインを重視しない日本の経営者 ···························· 208
3 　ますますデザインが軽視されていく ···························· 209
4 　経営者にデザインを重視させるには？ ························· 210
5 　経営者にはデザイナーとの成功体験を！ ······················· 212

第Ⅱ部　社会編

序　章

1　クールジャパンは本当なのか？ …………………………… 217
2　デザインは地域振興の救世主になれるのか？ …………… 219
3　第Ⅱ部の構成 ………………………………………………… 222

第 1 章　デザインとマクロ経済政策

1　デザイン政策の歴史 ………………………………………… 226
　　1．日本におけるデザイン政策の変遷　226
　　2．海外との比較　227
2　デザイン政策の中身 ………………………………………… 229
　　1．事業促進支援　230
　　2．人材育成支援　235
　　3．デザインの普及・啓発　240
3　本章のまとめ ………………………………………………… 245
　　付録：日本のデザイン政策を知るのに有用なウェブサイト　247
　　参考文献　247
　　補講⑫：クールジャパン政策を巡る批判あれこれ　248
　　補講⑬：少子化がデザイン業界もむしばむ　252

第 2 章　デザインと地域振興

1　デザインによる地域振興の実態 …………………………… 256
2　乗り越えなければならないハードル ……………………… 259
　　1．当初の筋書き　259
　　2．2つのハードル　260

3　ネットワークで経営体力のなさをカバーする ……………… 267
　　　1．北イタリアのケース　268
　　　2．日本の現状　269
4　本章のまとめ ………………………………………………… 271
　　　付録：デザインによる地域振興を理解する上で有用な
　　　　　　本とウェブサイト　273
　　　参考文献　273
　　　補講⑭：デザインの接着剤が必要　274
　　　補講⑮：デザイナーにとっての言葉の力の重要性　277

終　章

1　既存産業の延命・復活のためのデザイン政策 ……………… 279
2　デザイン活用の基本はマーケティングミックス …………… 280
3　中小企業がデザインマネジメントを導入する際の注意点 …… 282
　　　補講⑯：デザイン重視企業になるためのステップ　285
　　　補講⑰：企業は最初からデザインを重視すべきか？　287

おわりに　289

初出一覧　294

索　引　295

第Ⅰ部
企業編

序　章

1　今度の「デザイン重視」は何度目の正直なのか

　まず，以下に示した3つの文章を見てほしい。これらはいずれも，「これからの企業はデザインを重視しなければならない」旨を述べた文章である。

> ①「これからはデザインの時代やで」
>
> ②「技術格差がなくなり，価格格差がなくなった今日，商品の競争は企業間のデザイン格差がそのまま勝敗を決することになるであろう。まさに現代はデザインウォーズ。デザインの戦争は，今始まったばかりである」
>
> ③「日本企業は，もはやデザインに無頓着ではいられません。(中略) 経営者がデザインに無頓着でもビジネスがうまくいく時代は終わったのです」

　しかし，それぞれの文章が書かれた時代は大きく異なる。①は，松下幸之助氏が，米国視察から帰国した1951年に述べたとされる有名な言葉である。続いて，②は，日本がバブル経済真っ盛りの1990年に出版された『先進ヒット企業のデザイン戦略』(学研)の1ページ目に記されている言葉である。そして，③は，2010年に出版された『社長のデザイン』(日経BP社)の2ページ目に記されている言葉である。

　このように，日本では，これまで何度も「これからの企業はデザインを重視しなければならない」旨の主張が繰り返されてきた。しかし，松下幸之助氏の言葉から，『社長のデザイン』までの間には，60年近い歳月が流れている。日本企業は本当に，それほど長い間，デザインを重視してこなかったの

であろうか。今度の「デザイン重視」は、いったい何度目の正直なのであろうか。

実は、このように、同様の主張が半世紀以上にもわたって繰り返されてきたのには、それなりのわけがある。その主な理由の1つは、それぞれの時代で用いられているデザインの定義や、その対象物が異なっていることである。松下幸之助氏の発言に含まれるデザインとは、純粋にモノの形や色のことであり[1]、1990年の本の中で述べられているデザインとは、そのような形や色に加え、使い勝手や視認性などを含んだ、もう少し広義のデザインのことである。さらに、2010年の本の中で述べられているデザインは、より対象を広げ、ブランドのデザインや、顧客の経験やサービスのデザインなどのことを指している。

そして、そのような定義や対象物の変化・拡大に伴って、デザインに期待される役割も変化・拡大してきた。例えば、かつては、単なる製品の外観をきれいに整えることだけがデザインの役割とされていたのに対し、近年では、ブランドの構築や、イノベーションの実現に貢献することもデザインの役割として期待されるようになっている。そのため、企業は、そのような変化に見舞われる度に、新たな対応に迫られてきた。そして、その結果として、「これからはデザインを重視しなければならない」旨の主張が何度も繰り返されてきたのである。

したがって、同様の主張が繰り返されてきたからといって、そのことが、日本企業が長年にわたってデザインを軽視し続けてきたことを意味するわけではない（ただし、軽視してこなかったからといって、必ずしもデザインを重視してきたわけでもない。この点については、第Ⅰ部の終章で触れる）。

1 　松下幸之助氏は訪米時に、メイシーズ百貨店でいろいろな形のラジオが、機能的には大した違いがないにも関わらず、値段が大きく違っていることに気付いた（あるものは29ドル95セントで、あるものは39ドルだった）。その理由を店員に尋ねると、それはデザインが違っているからだとの答えが返ってきた。その答えに松下幸之助氏はハッとし、デザインには大きな価値があると確信するに至ったという（『パナソニックミュージアム 松下幸之助歴史館 メモリアルウィーク特別展アーカイブ』「これからはデザインの時代だ」http://panasonic.co.jp/rekishikan/tokubetsuten/2003/03/g09.html）。

2　本書におけるデザインの意味

　前節では、時代とともに、デザインの定義や、その対象物が変化・拡大してきたことを述べたが、近年では、そのような変化・拡大に伴い、「あれもデザインの問題、これもデザインの問題」というふうに、あらゆるものをデザインに結び付けて考えようとする風潮が強まっている。特に実務家やコンサルタントの一部は、製品の意匠はもちろんのこと、製造プロセスやサービスから、ビジネスモデル、組織構造に至るまで、すべてデザインに関する問題として取り扱おうとしている。

　確かに、デザインという言葉を日本語に翻訳すれば、計画、設計、構想などとなるため、新しいビジネスモデルを構想する場合や、組織を設計する場合にも、デザインという言葉を用いることはできそうである。事実、経済学や経営学では、組織の設計や戦略の形成が、デザインの問題として取り扱われてきたこともあった（榊原・大滝・沼上、1989）。

　また、認知科学や建築学では、デザインという言葉は、もともと情報処理や問題解決に近い意味で用いられてきた。例えば、Simon（1978）は、「現在の状況をより好ましい状況に変えるべく、行為の筋道を考案するものは、だれでもデザイン活動をしている」（邦訳133頁）と述べている。そのため、近年では、環境や貧困、高齢化などの様々な社会問題を解決することと、デザインが結び付けて論じられることも多くなっている。

　しかし、本書では、あらゆる問題をデザインで捉えようとする、そのようなデザイン万能主義的な考え方は採用しない。なぜなら、デザインの定義をそこまで拡大してしまうと、逆に、デザインだけを個別に取り出して議論することの意義を失ってしまうからである。計画、構想、問題解決などは、人間のあらゆる行為の基盤となっている。そのため、デザインをそのように広く定義してしまうと、人間は誰もがデザイナーであり、日常生活の中でデザイン活動を営んでいると考えることができ、職能としてのデザイナーをわざわざ区別して考える必要がなくなってしまう。

　このように、デザイン万能主義的な考え方を採用すると、あらゆる人間の、

あらゆる行為を議論の対象に含めることが可能になる反面，デザインに固有の議論がどこにあるのかが分かりにくくなる。そのため，本書では，デザインの意味をモノの形（意匠）や色，インタフェイスなどに限定して使用するとともに，職能としてのデザイナーやデザイン部門などに焦点を当てて，議論を進めていきたい。

3　第I部で取り上げる5つの文脈

　前節では，本書で用いるデザインの定義を明らかにしたが，議論を円滑に進めるには，もう1つ考慮に入れておかなければならない事柄がある。それは文脈である。

　一般的に，議論の中身は，それが使用される文脈に大きく依存する。そのため，一口に「デザインを重視せよ」と言っても，その発言の意図は多岐にわたる可能性がある。例えば，ある人は，「デザインが良ければ製品が売れるから，デザインを重視せよ」という，マーケティングの文脈でそれを語っているのかもしれないし，「デザインは顧客との信頼関係を構築するための重要なコミュニケーション・ツールだから」という，ブランドの文脈でそれを語っているのかもしれない。あるいは，「デザインには製品に新たな価値を吹き込むポテンシャルがあるから」という，イノベーションの文脈でそれを語っているのかもしれない。

　もちろん，いずれの文脈も実務においては重要であるため，それらを個別に切り離して考えることに実務家は否定的かもしれない。現実の世界では，それらは互いに関連しており（例えば，アップルの「iPod」は，商業的に成功しただけでなく，会社のブランド構築にも貢献したし，新しい価値の創出にも成功した），自分の仕事がいったいどれに貢献しているのかを特定することは難しい。また，実際の現場には，すべてに貢献することを目指して，仕事に取り組んでいる人も多くいるかもしれない。しかし，学問をする上では，きちんと個々の文脈を区別し，どの文脈で議論しているのかを特定する必要がある。なぜなら，いずれの文脈が用いられるかによって，議論の中身も大きく違ってく

るからである。

よって，ここでは経営学の研究領域にしたがって文脈を，戦略，ブランド，マーケティング，イノベーション，人的資源管理の5つに分類し，それぞれの文脈に沿った形で議論を進めていきたい。

4　第I部の構成

第I部の各章は，以下のように構成されている。

第1章では，戦略論の文脈に沿って，デザインを巡る議論を整理し，そこにはどのような論点が潜んでいるのかを明らかにする。第1章におけるキーワードは，「差別化」であり，デザイン戦略を差別化戦略として捉えた場合，それを有効に活用するには，どのような点に注意すべきかや，デザイン戦略の多様な中身について明らかにする。

第2章では，ブランド研究の文脈に沿って，デザインを巡る議論を整理し，そこにはどのような論点が潜んでいるのかを明らかにする。第2章におけるキーワードは，「らしさ」であり，企業がデザインをいかに活用すれば，その企業（ないし，製品）らしさを演出することができ，消費者から信頼を得ることができるのか，また，そのためには，企業はどのようなマネジメントを行わなければならないのかが主に論じられる。

第3章では，マーケティング研究の文脈に沿って，デザインを巡る議論を整理し，そこにはどのような論点が潜んでいるのかを明らかにする。第3章におけるキーワードは，「売れる」であり，デザインを売上に貢献させるには，消費者をどのように捉え，デザインのどのような側面に注目する必要があるのかが主に論じられる。

第4章では，イノベーション研究の文脈に沿って，デザインを巡る議論を整理し，そこにはどのような論点が潜んでいるのかを明らかにする。第4章におけるキーワードは，「価値づくり」であり，デザイナーやデザイン部門をいかに活用・管理すれば，企業の価値づくりに貢献させることができるのかが主に論じられる。

第5章では，人的資源管理論の文脈に沿って，デザイナーを巡る議論を整理し，そこにはどのような論点が潜んでいるのかを明らかにする。第5章におけるキーワードは，「雇用慣行」であり，インハウスや終身雇用，年功序列などの日本型雇用慣行の下では，デザイナーにどのような問題が生じやすいのかが主に論じられる。

■ **参考文献**
- 榊原清則・大滝精一・沼上幹（1989）『事業創造のダイナミクス』白桃書房。
- 日経デザイン編（2010）『社長のデザイン』日経BP社。
- Simon, H.（1978）*The Science of The Artificial 3/e*, MIT Press.（稲葉元吉・吉原英樹訳『新版　システムの科学』パーソナル・メディア，1987年）
- 『先進ヒット企業のデザイン戦略』（1990）学研。

第1章
デザインと戦略

学習の狙い
- デザイン戦略の有効性を考える際には，どのような点に注意すべきかを理解すること
- デザイン戦略には，様々な方法や選択肢があることを理解すること
- デザイン戦略は，企業の経営ときちんと結び付いたときにはじめて，効果を発揮するということを理解すること

キーワードは「差別化」

　ビジネス書やデザイン系の書籍を見ていると，デザイン戦略という言葉に出くわすことがよくある。しかし，一口に「デザイン戦略」といっても，その言葉の意味するところは，実に様々である。

　例えば，「デザインを武器として，資源として経営に活用すること」（佐渡山・三留・井口，1992）の意味で，その言葉を用いている場合もあれば，「製品の色や外観を特徴的なものにして，それを個別製品のプロモーションに活用すること」（山下・関田，2008）や，「デザインを開発していく際の思想や哲学」（日経デザイン編，2014）の意味で用いている場合もある。

　このように，我々が日常生活の中で目にするデザイン戦略の意味は多岐にわたるが，本章では，それを差別化戦略の意味に限定して用いることにする。つまり，「ひときわ目立つ外観によって，他社製品との違いを強調したり，外観の美しさやユニークさをアピールすることによって，製品の購入を後押ししたりすることを狙った戦略」の意味で，それを用いるのである。本章では，デザイン戦略をそのように定義した上で，経営学の戦略論の文脈に沿って，デザイン戦略を巡る議論を整理していきたい。

1　デザインによる差別化戦略の有効性

　本章では，まず，デザインによる差別化戦略の有効性を検討する際に，注意すべき4つの点を明らかにしてみたい。

　差別化戦略とはそもそも，競争戦略論の大家であるPorter（1980）が提唱した3つの基本戦略（コスト・リーダーシップ戦略，差別化戦略，集中戦略）のうちの1つで，ライバルとは異なる特徴を持つ製品を開発することで，直接的な競争を避け，価格競争に巻き込まれずに，高収益を確保することを狙った戦略のことである。したがって，デザインによる差別化戦略も，基本的には，この競争戦略の1つとして位置づけることができる。

　ただ，様々な差別化要因のうち，特にデザインの有効性に注目してきたのは，Levitt（1983）や，Kotler and Rath（1984）などのマーケティング学者である。彼らは，1980年代のはじめ頃から，デザインの持つ潜在的な力に注目し，それが今後，「真の差異性を生み出すための強力な武器」になり得る旨の議論を行ってきた。そのため，デザインによる差別化戦略は，競争戦略の1つとしてだけでなく，マーケティング戦略の1つとしても位置付けることができる。

　そして，デザイン戦略をそのような文脈で捉えた場合，その有効性を検討する際に注意すべきは，次の4点である。1つ目は，企業が取り扱っている製品の性格。2つ目は，企業の属する産業（あるいは，企業の取り扱う製品）のライフサイクル。3つ目は，企業が置かれている競争上の地位。そして，4つ目は，その戦略を採用した場合に得られる市場での成果である。以下では順に，それらの注意点を見ていくことにする。

1. 製品の性格

　デザインによる差別化戦略の有効性を検討する際に，注意すべき1つ目の点は，その企業が取り扱っている製品の性格である。

　前出のPorterは，差別化戦略の成否は，第一に，差別化要因として選んだ製品の特性が，買い手にとってどれほど重要かにかかっていると述べてい

る。買い手にとってあまり重要でないものを差別化要因として選び出しても，誰も関心を寄せてくれないからである。したがって，デザインによる差別化戦略の成否も，買い手の多くがデザインを，その製品の重要な特性の1つとして認めてくれるかどうかにかかっているといえる。

さらに具体的にいえば，デザインによる差別化戦略は，生産財（B to B 製品）を扱う企業よりも，一般消費財（B to C 製品）を扱う企業に適した戦略だといえる[1]。なぜなら，通常，一般消費財の買い手に比べ，生産財の買い手は，デザインなどの趣味的な部分よりも，耐久性や生産性などの機能的な部分を重視する傾向が強いと考えられるからである。

もちろん，生産財にも，いくつかの例外はある。例えば，近年，工作機械業界では，従来から重視されてきた耐久性や生産性などに加え，見た目の美しさにも気を配るようになっている。工作機械大手のヤマザキマザックやDMG 森精機では，著名なデザイナーやデザイン事務所と協働で，これまでの武骨で角張った工作機械のイメージの刷新に取り組んでいる[2]。その背景には，工場設備の美しさを重視する買い手の増加や，美しさが意外にも商談に結び付くことが明らかになってきたことなどがある。工作機械業界では，見本市での販売が重視されており，その短い会期中に商談を成立させるには，衆目を引くデザインで商談のきっかけを作ることが有効なのである。

このように，デザインによる差別化戦略が成立するには，買い手の多くがデザインを，その製品の重要な特性として認めてくれることが前提となる。反対に，デザインを重要な特性として認めてくれない限り，デザインによる差別化戦略は成り立たない。そのため，当該戦略の採用を検討する際には，改めて自社で取り扱っている製品の性格について考えてみる必要がある。

2. ライフサイクル

デザインによる差別化戦略の有効性を検討する際に，注意すべき2つ目の

---

[1] もちろん，デザインが生み出す「使い勝手」などの部分については，生産財でも重視される。ただし，本章では，デザインの見た目に焦点を当てているため，その点は考慮に入れていない。
[2] 『日本経済新聞』「工作機械も装い美しく」2010年3月4日。

点は，企業の属する産業（あるいは，企業の取り扱う製品）のライフサイクルである。

ライフサイクルに注意を払わなければならない理由は，企業の属する産業（あるいは，企業の取り扱う製品）が現在，ライフサイクル上のどのステージにあるのかによって，有効な戦略も異なってくるからである（沼上，2015）。これは言い換えると，差別化戦略が最も有効に機能するステージと，そうでないステージとがあるということである。

2.1 4つのステージ

一般に，産業や製品には，誕生から死に至るまで，導入期，成長期，成熟期，衰退期の4つのステージがあるとされている（**図表Ⅰ-1-1** 参照）。

まず，導入期とは，当該産業が誕生したばかりの頃や，新製品を市場に投入し始めた頃のことを指す。この段階では，産業や製品が顧客にほとんど認知されていないため，ライバルも少ない代わりに，売上高や利益も少ない。次に，成長期とは，産業や製品が顧客に認知されるようになり，市場が急速に拡大し始める時期のことを指す。この段階になると，売上高が伸び始め，利益も増加するようになる。しかし，同時にライバルも増え，徐々に競争が起こり始める。そして，成熟期とは，市場の成長が止まり，売上高や利益が

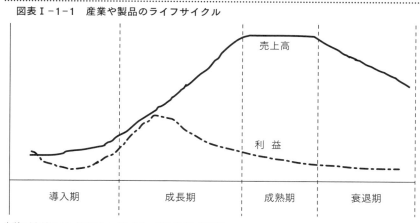

図表Ⅰ-1-1　産業や製品のライフサイクル

出所：McNamee（1985）p.19より一部を修正して引用。

頭打ちになり始める頃のことを指す。この段階になると，成長のないところで，企業が互いにシェアを奪い合うようになるため，競争がし烈になる。最後に，衰退期とは，製品の購入者が少なくなって，市場が縮み始める時期のことを指す。この段階になると，企業は投資を控え，撤退のタイミングを窺い始めるようになる。

　そして，ライフサイクルを，そのように4つのステージに分けた場合，基本的に，差別化戦略などの競争戦略が重要になるのは，成熟期に入ってからである（沼上，2015）。そもそも，導入期は，あまりに市場が小さいため，競争するよりも，互いに協力して，市場を拡大していくことの方が重要になる。また，成長期は，市場が急速に成長しているので，ライバルの顧客を奪うことよりも，次々と現れる新規の顧客を取り込むことに注意が向けられる。そのため，成長期には，本当の意味での競争は起こりにくい。しかし，成熟期になると，市場の拡大が止まり，既存顧客の奪い合いが始まるため，競争戦略が重要になる。つまり，このステージで採用する戦略を間違えると，簡単にシェアを失ったり，赤字に転落したりする危険が高くなるのである。

2.2 デザインによる差別化戦略が有効な2つのステージ

　このように，競争戦略が重要になるのは，基本的には，市場が成熟期に入ってからであり，デザインによる差別化戦略が最も有効に機能するのも，それ以降ということになる。

　ただし，成熟期に入ったからといって，急にデザインの差別化に着手しても上手くいくとは限らない。なぜなら，人々の記憶に，その企業のデザインの特徴を印象づけたり，企業が独自性の高いデザインを開発するためのノウハウを身に着けたりするには，時間がかかるからである。企業の規模や業態によって違いはあるものの，一般に，独自性の高いデザインの開発ノウハウを獲得するには，少なくとも4年はかかるといわれている（神田・湯山，2010）[3]。そのため，成長期のある段階から，来るべき成熟期に向けて，準備を進めて

---

[3] 例えば，サムスン電子では，デザイン重視の経営方針を掲げて，国際的なデザイン賞をとれるようになるまで，4-5年程度かかっている（福田，2008）。

おくことが必要になる。その意味では、成長期においても、デザインによる差別化戦略は必要になるといえる。

　また、いくら成長期には真の競争が起こりにくいといっても、その時期には、ライバルが急増してくるため、彼ら以上の成長を果たすには、ある程度の差別化は必要になる。

　前述したように、市場の導入期には、互いに競争するよりも、協力して当該産業や製品の認知度を高めていくことが重要になる。つまり、デザインでいえば、差別化したデザインよりも、むしろ同質化したデザインを開発することの方が大事になるのである。これは、企業間でデザインのテイストをある程度統一した方が、顧客に当該産業や製品の存在をアピールしやすくなるからである（小川、2010）。しかし、いつまでも同質化したデザインを開発していれば良いというわけではない。なぜなら、成長期に入ると、新しい企業が続々と市場に参入してくるからである。成長期において、彼ら以上の成長を果たすには、他社との違いを消費者にしっかり伝えることが必要になる。そして、その際には、デザインも重要な役割を果たすことができる。つまり、当該ステージにおいても、デザインによる差別化戦略は、ある程度有効に機能するのである。

　以上のことから、デザインによる差別化戦略は、ライフサイクルの成長期や成熟期にある産業や製品に適した戦略ということができる。

3. 競争上の地位

　デザインによる差別化戦略の有効性を検討する際に、注意すべき3つ目の点は、その企業が置かれている競争上の地位である。

　競争上の地位に注意を払わなければならない理由は、企業がどのような競争上の地位にあるのかによって、有効な戦略（あるいは、採用することができる戦略）も異なってくるからである（嶋口、1986）。これは言い換えると、すべての企業において、差別化戦略が必ずしも有効な戦略になるとは限らないということである。よって、デザインによる差別化戦略も、あらゆる場面で有効に機能するわけではなく、使用場面が限定されることになる。以下では、順を追って、その理由を説明していきたい。

3.1 4つの地位とそれぞれが有する経営資源

一般に，競争上の地位には，市場でのシェアに応じて，リーダー，チャレンジャー，フォロワー，ニッチャーの4つがあるとされている（Kotler, 1980）。1つ目のリーダーとは，市場で最大のシェアを持つ企業のことであり，2つ目のチャレンジャーとは，リーダーと首位争いを行えるほどのシェアを持つ企業のことである。3つ目のフォロワーとは，リーダーの座を狙うほどのシェアを持たない企業のことであり，4つ目のニッチャーとは，シェアは最も少ないものの，特定の領域に強い企業のことである（**図表 I-1-2** 参照）。

これらのシェアや地位は，長年の競争の結果として，企業が獲得してきたものであるが，企業はそれと同時に，自社の地位に応じた経営資源も獲得している。嶋口（1986）は，そのような経営資源の中身（量と質）の違いに注目して，それぞれの地位にある企業の性格を，次のように説明している（**図表 I-1-3** 参照）。

図表 I-1-2　競争上の地位

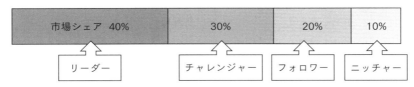

出所：Kotler（1980）邦訳，197頁より一部を修正して引用。

図表 I-1-3　競争上の地位と経営資源の関係

経営資源		経営資源力（量）	
		大	小
経営資源独自性（質）	高	リーダー	ニッチャー
	低	チャレンジャー	フォロワー

出所：嶋口（1986）99頁より一部を修正して引用。

まず，リーダーは，当該市場で最大のシェアを持っていることからも分かるように，製品の生産設備や従業員，流通拠点などの経営資源を最も多く保有しているだけでなく，他社を出し抜ける独自性の高い経営資源も保有している。一方，チャレンジャーは，リーダーに準ずる量の経営資源を保有してはいるが，その独自性はリーダーほど高くない。また，フォロワーは，シェアが少ないため，製品の生産設備や営業マンなどの経営資源の量も少なく，その独自性もそれほど高くない。ニッチャーは，フォロワー同様，シェアが少ないため，経営資源の量は少ないものの，市場の特定部分を独占的に占有していることからも分かるように，他社の追随を許さない独自性の高い経営資源を有している。

3.2　4つの地位とそれぞれに適した戦略のタイプ

　さらに，嶋口（1986）は，以上のような違いから，それぞれの地位に適した戦略を演繹的に導き出している（図表Ⅰ-1-4参照）。

　まず，リーダーは，経営資源の量・質ともに，他社を圧倒する状況にある。したがって，その優位性を有効に活用することが戦略の基本となる。もう少し具体的に説明すると，リーダーは，その業界最大の経営資源を上手く活用することで，最も効率の良い仕組みを構築することができる。そして，その結果，他社に対する価格競争力を手に入れることができる。また，社内の豊富な経営資源を上手く活用することで，様々なタイプの製品を作り，市場の広範囲をカバーすることができる。そもそも，リーダーは，その市場で最も成功した企業であり，当該市場に関する情報や成功のノウハウを最も多く蓄積している。そのため，様々なタイプの製品を作った結果，競合他社とぶつかることになっても，競り負ける可能性は低い。以上のことから，リーダーには，市場にいるすべての人々を対象に，様々なタイプの製品を作り出していく「全方位戦略」が適しているといえる。

　続いて，チャレンジャーは，経営資源の量・質ともに，リーダーのそれには劣るため，リーダーと同じ戦略を採用することはできない。つまり，効率の良さや製品の種類の豊富さを武器にするような戦略を採用することはできないのである。しかし，その一方で，チャレンジャーは，いつかリーダーに

図表 I-1-4　競争上の地位とそれぞれに適した戦略のタイプ

競争上の地位	市場目標	基本方針
リーダー	●最大シェアの維持 ●規模を活かした最大利潤の獲得 ●No.1 としての名声・イメージの維持	全方位戦略
チャレンジャー	●市場シェアの獲得	差別化戦略
フォロワー	●生存利潤の獲得	模倣戦略
ニッチャー	●利潤の獲得 ●名声・イメージの維持	集中戦略 （差別化集中戦略）

出所：嶋口（1986）101 頁より一部を修正して引用。

追い付き，追い越すためにシェアの拡大を目指す立場にあるため，リーダーと同様に市場の広範囲をカバーする必要がある。市場の特定領域に対象を絞り込むことはできないのである。したがって，チャレンジャーには，リーダーと同様に市場の広範囲を対象にしつつ，リーダーとは異なる製品の特性を訴求する「差別化戦略」が適しているといえる。特に，イメージや名声維持のために，リーダーがとりたくても，とれないような差異を作り出すことが重要になる。

　そして，フォロワーは，経営資源の量・質ともに，リーダーやチャレンジャーのそれに圧倒的に劣る弱者である。フォロワーには，リーダーやチャレンジャーと果敢にシェア争いを演じられるほどの十分な経営資源がないだけでなく，市場に関する情報やノウハウも蓄積されていない。そのため，基本的には，リーダーやチャレンジャーの優れたやり方を模倣して，少し劣位の市場で，事業の継続に必要な程度の利潤を上げていくことが有効になる。つまり，フォロワーには，「模倣戦略」が適しているのである。

　最後に，ニッチャーは，フォロワー同様，経営資源の量に関しては，リーダーやチャレンジャーに圧倒的に劣る弱者である。しかし，自社には独自の経営資源が蓄積されていることから，市場の特定領域にそれを集中的に投入し，そこを深耕することによって，さらなる利潤を獲得したり，名声を高めたりすることができる。つまり，ニッチャーには，「集中戦略」が適しているのである[4]。

このように，企業がどのような競争上の地位にあるのかによって，有効な戦略も異なる。そして，4つの地位のうち，差別化戦略が適しているのは，チャレンジャーとニッチャーである。したがって，デザインによる差別化戦略も，基本的には，チャレンジャーとニッチャーに適した戦略であるといえる。

3.3 4つの地位に応じたデザインの性格

以上では，デザインによる差別化戦略が，基本的には，チャレンジャーとニッチャーに適した戦略であることを明らかにしてきたが，ここでは，改めて，それぞれの地位に応じたデザインの性格について考えてみたい。

まず，リーダーは，多くの人に嫌われないようなオーソドックスなデザインを開発したり，競合他社が優れたデザインを出してきたら，それを意識したデザインを開発したりすることが定石になる。なぜなら，リーダーは，業界最大のシェアを維持するために，幅広い層から支持を集めたり，他社から魅力的な市場を奪い取ったりする必要があるからである。特に，他社との間にデザイン以外に差がない場合，その差さえ埋めてしまえば，リーダーは経営資源で勝る分，競争を優位に進めることができる。

次に，チャレンジャーは，常にリーダーとは差別化したデザインを開発し，新しい市場や顧客を開拓していくことが定石になる[5]。なぜなら，チャレンジャーが，リーダーと同じようなデザインを開発すれば，顧客の奪い合いになるだけでなく，価格競争力や販売力などで劣る分，チャレンジャーにほとんど勝ち目がないからである。また，チャレンジャーは，常にリーダーから

---

[4] なお，通常，この集中戦略という言葉には，ターゲットを絞り込んだ上で，コスト優位を求めていく「コスト集中戦略」と，ターゲットを絞り込んだ上で，差別化を図っていく「差別化集中戦略」の2つの意味があるが（Porter, 1980），ここでいう集中戦略とは，後者のことを指している。つまり，ターゲットを絞った差別化戦略のことを，ここでは集中戦略と呼んでいるのである。

[5] このような議論はあくまで，チャレンジャーがデザインを差別化要因に選んだ場合にのみ適用される。このような前提を置いているのは，チャレンジャーは，必ずしもデザインを差別化要因に選ぶ必要はないからである。品質や性能など，デザイン以外の要素を差別化要因に選ぶことも可能である。

模倣されるリスクにさらされているため,差別化したデザインを絶えず開発し続けないといけない。いったんリーダーに模倣されてしまえば,経営資源に劣る分,巻き返すことは難しい。

そして,フォロワーは,迅速にリーダーやチャレンジャーを模倣するデザインを開発していくことが定石になる。リーダーやチャレンジャーと似通ったデザインでは,爆発的なヒットを生み出すことはできないが,限られた経営資源で,彼らの取りこぼした層を確実に拾うことができる。また,リーダーやチャレンジャーのデザインを模倣するのに,それほど市場の情報や独自のノウハウは必要ない。

最後に,ニッチャーは,特定の人々の心に響く,個性的なデザインを開発していくことが定石になる[6]。なぜなら,ニッチャーは,一般的な市場ではなく,特定の市場を対象としているため,そこにいる人々も,通常とは異なるデザインを求めていると考えられるからである。よって,ニッチャーは,そのような特定の人々の声に耳を傾け,そのニーズに特化したデザインを開発していく必要がある。

4. 市場での成果

デザインによる差別化戦略の有効性を検討する際に,注意すべき4つ目の点は,当該戦略を採用した場合に得られる市場での成果である。

前項では,デザインによる差別化戦略が,基本的には,チャレンジャーとニッチャーに適した戦略であることを明らかにしてきた。しかし,前述したように,チャレンジャーとニッチャーでは,市場での目標や,対象とする市場の範囲などが大きく異なる。具体的に,チャレンジャーは,市場シェアの獲得を目標に,市場の広い範囲を対象にしているのに対して,ニッチャーは,利潤の獲得や名声の維持を目標に,市場の狭い範囲を対象にしている。そのため,一口に「デザインによる差別化戦略」といっても,いずれの地位にあるのかによって得られる成果は異なる。

---

[6] このような議論はあくまで,ニッチャーがデザインを差別化要因に選んだ場合にのみ適用される。チャレンジャーの場合と同様に,ニッチャーも,必ずしもデザインを差別化要因に選ぶ必要はないからである。

4.1 チャレンジャーが得られる成果

　まず，チャレンジャーが当該戦略を採用した場合に得られる成果は，高い成長率である。その理由は，彼らが採用する差別化戦略は，常にリーダーが気づいていない有望な市場や，リーダーの製品に不満を持っている層を探し出し，そこを開拓しようとするものだからである。ターゲットとするのは，未だ誰も手を付けていない未開拓の市場か，少なくともリーダーにとって未開拓の市場であり，そのような市場を絶えず発見し，開拓し続けることができれば，企業は持続的に成長することができる。

　具体的に，差別化したデザインを武器に，市場を切り開いている企業の例としては，韓国の現代自動車がある[7]。現代自動車は，2009年の「ソナタ」のモデルチェンジ以降，「流線的彫刻」と呼ばれる，大胆でスポーティーなデザインをほとんどの車種で採用し，高い成長率を実現している（2011年度の成長率は，前年比15％で，より上位のゼネラルモーターズやフォルクスワーゲンの成長率を上回っている）[8]。特に，北米大陸の中型セダン市場ではこれまで，トヨタ「カムリ」とホンダ「アコード」が圧倒的なシェアを誇っていたが，両社では保守的なデザインを採用することが多かった。現代自動車は，そこに大胆なデザインで差別化した新型車を投入し，日本勢からシェアを奪っている。

4.2 ニッチャーが得られる成果

　一方，ニッチャーが当該戦略を採用した場合に得られる成果は，高い利益率である。その理由は，彼らが採用する差別化戦略は，自らが得意とする特定の市場に経営資源を集中して，他社が真似できないような圧倒的な違いを作り出し，特定の人々の心をとらえようとするものだからである。熱狂的なファンやマニアは，惜しみなく大金を払ってくれたり，企業の言い値で買ってくれたりするため，高い利益率を確保することができる。

　特定のターゲットに対して，差別化したデザインを武器に，高い利益率を上げている企業の具体的な例としては，米国の家具メーカーのハーマンミ

---

[7] 『日本経済新聞』「現代自　純利益5600億円」2012年1月27日。
[8] デザイン以外にも，ウォン安やFTA締結による関税撤廃の効果などもある。

ラーがある（渡辺，2003）。ハーマンミラーは当初，家庭向け家具の小さな会社に過ぎなかったが，1940年代から，イサム・ノグチやチャールズ＆レイ・イームズなどの有名デザイナーと連携して，「ラダーコーヒーテーブル」や「プライウッドラウンジチェア」などの革新的なデザインの製品を生み出してきた。そして，そのようなデザインを武器に，高級オフィス家具市場に進出し，それ以降，高い利益率を上げ続けている。

ハーマンミラーの売上高営業利益率は8-13％程度あり，日本の家具業界の7倍近くに上る（日本の家具業界の平均的な売上高営業利益率は1-2％程度）[9]。同社の製品は高価なため，幅広い層を引き付けることは難しいが，特定の人々の関心を引き付けることには成功しているのである。

4.3 多くは，ニッチャー型

このように，一口に「差別化戦略」といっても，いずれの方向を目指すかによって，得られる成果は異なる。ただ，一般に，「デザインによる差別化戦略」という場合，暗黙のうちに，ニッチャー型の差別化集中戦略を指していることが多い。なぜなら，デザインを差別化の武器にして，シェアの拡大を図ることは難しいからである。

そもそも，リーダーのデザインと差別化しつつ，多くの人に受け入れてもらえるデザインを生み出すことは至難の業である。リーダーのデザインは，多くの人に嫌われないようなオーソドックスなものであるため，チャレンジャーのそれは，少し攻撃的で挑戦的なものになる必要がある。しかし，あまりに挑戦的なデザインは，一部の人には受け入れられるかもしれないが，多くの人からは敬遠されるおそれがある。つまり，差別化が極端になると，対象が特定の市場に絞られてしまうのである。反対に，あまり違いが感じられないデザインでは，リーダーに経営資源で劣る分，チャレンジャーにほとんど勝ち目がない。このさじ加減が難しいのである。

---

9 日本の家具業界の平均的な売上高営業利益率については，『平成22年中小企業実態基本調査報告書』（中小企業庁）の「家具・装備品製造業」を基に算定した。また，ハーマンミラーの売上高営業利益率については，Yahoo! Finance（http://www.yahoo.com）を参考に算定した。

また，デザインを差別化するには，それなりにコストがかかる場合が多いため，他の部分でコストダウンが図れなければ，価格が割高になり，高いシェアを獲得することは難しくなる。そのため，デザインによる差別化戦略を採用する企業では，他の部分でコストダウンが図れない場合は，利幅を削ってでも高いシェアを獲得しようとするか，ターゲットを特定の市場に絞り込んでシェアの獲得をあきらめる代わりに，価格を高めに設定し，投資を回収しようとする。そして，そのような状況になった場合，多くの企業では，後者の方法を選択するのである。

2　デザインによる差別化戦略の中身

　前節では，デザインによる差別化戦略の有効性を検討する際に，注意すべき４つの点を明らかにしてきた。ただし，以上では議論を単純化するため，デザインによる差別化戦略が，あたかも１種類しか存在しないかのように仮定してきた。しかし，一口に「デザインによる差別化」といっても，現実には様々な方法や選択肢がある。ここでは具体的に，個別の製品単位で考えた場合の差別化，製品ラインの単位で考えた場合の差別化，グローバルに考えた場合の差別化の３つを取り上げてみたい。

1. 個別の製品単位で考えた場合のデザインによる差別化

　１つ目は，個別の製品単位でデザインによる差別化を考える方法である。この考え方には，さらに，空間軸で差別化を考える方法（＝同じ時期の市場に存在する他社製品のデザインに注目して，それとは異なるデザインを作り出そうとする考え方）と，時間軸で差別化を考える方法（＝自社の旧製品のデザインに注目して，それとは異なるデザインを作り出そうとする考え方）の２つがある（**図表Ⅰ-1-5参照**）。以下では，順に，それぞれの考え方を説明していく。

1.1　空間軸で考える差別化

　まず，前者の「空間軸で差別化を考える方法」とは，先にも述べたように，

同時期の市場に存在する他社製品のデザインに注目して，それとは異なるデザインを作り出そうとする考え方のことである。

この方法を，**図表Ⅰ-1-5**の中にあるB社の視点から説明すると，ライバル企業のA社とC社がそれぞれ，丸い形の製品と四角い形の製品を市場に投入しているので，自社（B社）は，いずれとも異なる三角形の製品を投入して，彼らとの差別化を図ろうとしているのである。この場合，差別化のターゲットは，あくまでライバル企業が投入している製品のデザインとなるため，それらと異なるデザインを開発することだけが戦略の指針となる。

このような方法で差別化されたデザインは，人目を引くことができるため，他社製品との違いを強調したり，自社製品の存在をアピールしたい場合には有効な方法となる。例えば，1980年代から90年代初頭にかけての韓国企業の多くは，このようなデザイン戦略を採用して，韓国市場で成果を上げてきた。80年代から90年代初頭の韓国では，製品の見かけの違いを重視して買い物をする消費者が多かったからである。

図表Ⅰ-1-5　個別の製品単位でのデザインによる差別化の考え方

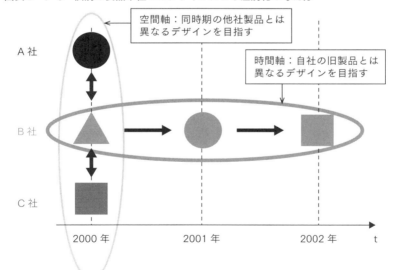

出所：筆者作成。
※図中の●▲■は，それぞれの企業が投入した製品の形状を表わしている。

しかし，その反面，このような差別化戦略の採用は，受け身的で，場当たり的で，近視眼的なデザインの開発に終始するリスクをはらんでいる。デザインを開発する際の基準が他社に置かれているため，いつまでたっても，自社内にデザインを開発する際の明確な基準やポリシーが生まれてこないからである。また，他社製品とは異なる形の製品を作ることが製品開発の目標にされるため，「見た目はユニークだが，使いにくい」製品が開発されてしまうことも多い。いずれにしても，このような差別化戦略の下では，デザインは「装飾」でしかないのである。

1.2 時間軸で考える差別化

一方，後者の「時間軸で差別化を考える方法」とは，先にも述べたように，自社の旧製品のデザインに注目して，それとは異なるデザインを作り出そうとする考え方のことである。

この方法を，**図表Ⅰ-1-5**の中にあるB社の視点から説明すると，B社では，2000年までは三角の形をした製品を市場に投入してきたので，2001年度は，それとは異なる丸い形をした製品を投入し，さらに，2002年度は，その丸い形の製品とも異なる四角い形をした製品を投入することで，旧製品との差別化を図ろうとしているのである。この場合，差別化のターゲットは，あくまで自社の旧製品のデザインとなるため，それとは異なるデザインを開発することだけが戦略の指針となる。

モデルチェンジするたびに，全く違う製品に見えるようなデザインにすることのメリットは，消費者に，それまで使用してきた製品が古くなったと感じさせ，新たな消費を喚起できるところにある。このような手法は，一般に「計画的陳腐化」と呼ばれ，1920年代の米国で始まった。

ゼネラルモーターズの礎を築いたアルフレッド・スローン氏は，ライバルのフォード・モーターが単一製品を大量生産していた時代に，年に1回，製品のモデルチェンジを行う戦略を採用し，新しい外観の自動車を次々と市場に投入することで，新たな消費を生み出していった（Sloan, 1963）。彼は，デザイナーのハーリー・アール氏を雇って，新しいデザインを次々と考えさせ，従来からある製品の陳腐化を図っていったのである。スローン氏は，自

身の著書の中で，その狙いを次のように語っている。

「自動車の設計・デザインをファッションの視点からのみ論じるわけにもいかないが，それでも，パリ・ファッション界の法則が自動車にも普及しているというのは，あながち過言ではないだろう。この趨勢を軽く見た企業は，苦境に陥るに違いない。自動車業界の一角を占めるGMも，このような業界トレンド，さらには消費者の要望に応えようと努めている。（中略）各モデルのスタイリングをどの程度改めるべきかは，とりわけ繊細な問題である。新しいモデルには十分な新鮮さと魅力を持たせて需要を呼び起こすとともに，旧モデルをやや見劣りさせる必要がある。」（Sloan, 1963, 邦訳, 294-295頁）

しかし，その反面，このような差別化戦略の採用は，長い目で見た場合，デザインが飽きられる速度を速めるだけでなく，リピーターが生まれにくいなどのリスクもはらんでいる。

まず，定期的に製品の外観を変える方法が慣例化してくると，消費者はそのような刺激に鈍感になるため，新しい消費を喚起するには，より短期間でのモデルチェンジが必要になる。しかし，より短期間のモデルチェンジは，陳腐化の速度を速め，結果として，デザインが飽きられる速度も速めてしまう。そして，このようなことが繰り返されるうちに，デザインで消費を刺激すること自体が難しくなる。

また，旧製品との違いを強調するには，旧製品のデザインを刷新する必要があるため，そのような戦略をとり続ける限り，いつまでたっても，自社のデザインに一貫した特徴を持たせることができない。つまり，自社のデザインの特徴を消費者に印象づけたり，消費者との間に信頼関係を構築したりすることができないのである。その結果，他社製品に浮気されるリスクが高くなる。信頼関係を構築することなく，移り気な消費者の心をつかまえ続けることは困難だからである。

例えば，長年にわたって，ブラウンのデザイン部長を務めたディーター・ラムス氏は，以下の発言からも分かるように，デザインを計画的陳腐化のツールとして用いることには批判的である[10]。

「何よりも大事なのは,企業自体がデザインに対して真剣に向き合って,大事にしているということを外から見て分かるようにすることです。これの反対の例として,例えば米国の自動車を挙げたいと思います。とても,モデルチェンジの間隔が短いですね。そして,スタイリングを構成している要素がどんどん変わっていきます。こんなに頻繁に変えなければいけないのであれば,以前のデザインは良くなかったのかと思ってしまいます。つまり,ユーザーがメーカーに対する信頼を醸成する時間がありません。」[11]

このように,計画的陳腐化の考え方には賛否両論があるものの,その成否は,時代や地域,業界などによっても大きく異なってくる。例えば,計画的陳腐化の考え方が生まれた米国でも,近年では,個人消費の衰退や,大量生産・大量廃棄による環境破壊を危惧する声の高まりなどから,計画的陳腐化の終焉がささやかれ始めている[12]。また,日本でも,短期間で製品の見た目をほとんど変えないアップルの製品や,パナソニックのモバイルパソコン「レッツノート」などの成功により,ロングライフ・デザインの価値が見直されるようになってきている。

しかし,一般的には,日本企業や米国企業は,デザインを陳腐化の加速ツールとして活用する傾向が強く,欧州企業は,自然な陳腐化を待つ傾向が強い。特に,日本企業はこれまで,頻繁にデザインを変えることで,意図的に陳腐化を加速させてきた。以下は,そのことを裏づけるデザイナーの柴田文江氏の発言である。

---

10 ブラウンは,オーディオや電気シェーバーなどで有名なドイツの老舗企業であり,その機能主義的で無駄を排したデザインは,世界中で高く評価されてきた(ただし,現在はオーディオ事業から撤退し,電気シェーバー事業も米国のP&Gの傘下にある)。また,ディーター・ラムス氏は,過剰な装飾を排除し,機能を重視する"Less but Better"という哲学を持ったデザイナーで,ドイツデザイン界の重鎮である(渡辺・「超感性経営」編集委員会,2009)。
11 『日経デザイン』「ND Interview ディーター・ラムス氏」2009年7月号,70-73頁。
12 『週刊東洋経済』「アップル躍進が示す"計画的陳腐化"の終焉」2009年7月11日号,134-135頁。

「学生の頃，ボルボのカーデザイナーに凄く間抜けな質問をしたことがあるんです。ボルボのカーデザイナーなんかしていて面白いんですかって。（中略）デザインなんていっても毎回同じじゃないですかと言ったんです。そうしたら，ヨーロッパのデザイナーから，なぜ変わる必要があるんだ，と逆に問われてすごく驚いたんですね。それまでは変わることがデザインだと教えられてきましたから。日本人にとって変わることは良いことだけど，変わることを厭う国もあるんだなと，その時知りました」[13]。

2. 製品ラインの単位で考えた場合のデザインによる差別化

2つ目は，製品ラインの単位でデザインによる差別化を考える方法である。前項では，企業があたかも1種類の製品しか開発していないかのような前提で議論を行ってきた。しかし，実社会において，そのような企業はほとんど存在しない。大抵の企業では，複数種類の製品を開発している。そのため，ここでは，そのような現実に即して，デザイン戦略の中身を，もう少し細かく見ていくことにする。

ここでの議論と前項での議論との違いは，前項では，1種類の製品だけを取り扱う企業を想定していたため，自社内にある他の製品との関係を考慮してこなかったのに対し，ここでは，複数種類の製品を取り扱う企業を想定しているため，自社内にある他の製品のデザインとの関係も考慮に入れているところにある。

通常，複数の製品を開発している企業では，それらのデザインの間にどのような関連性を持たせるかについて，複数の選択肢を用意することができる。さらに，その中のどの選択肢を選ぶかによって，製品ラインの性格を違った形に演出することもできる。例えば，製品間のデザインの関連性を濃くして，製品ファミリーとしての性格を際立たせることもできれば，逆にそれを薄くして，個々の製品の性格を際立たせたりすることもできる[14]。このように，多

---

[13] 『Straight』「"あのデザイナーのこのデザイン"でモノを選ぶ時代がやってきた」2007年2月号，42-47頁。

[14] 一般に，前者は「コーポレート・ブランド戦略」と結び付きやすく，後者は「個別ブランド戦略」に結び付きやすい。詳細は第2章を参照のこと。

くの企業では、デザインによる差別化を個別の製品単位だけでなく、製品ラインの単位でも考えることができる。つまり、製品間のデザインの関係性をコントロールすることで、製品ラインの性格を変え、他社との差別化を図ることもできるのである。

さらに、そのような製品ライン単位での差別化の考え方には、前項と同様に、空間軸で差別化を考える方法（＝製品間のデザインの関係性をコントロールして、製品ラインの性格を様々な形で演出し、同時期の市場に存在する競合他社との差別化を図ろうとする考え方）と、時間軸で差別化を考える方法（＝製品間のデザインの関係性を時間の経過とともに変化させることで、自社の製品ラインの性格を変化させようとする考え方）との２つがある。以下では、順に、それぞれの考え方について説明してみたい。

2.1 空間軸で考える差別化

まず、前者の「空間軸で差別化を考える方法」とは、先にも述べたように、製品間のデザインの関係性をコントロールして、製品ラインの性格を様々な形で演出し、同時期の市場に存在する競合他社との差別化を図ろうとする考え方のことである。そして、その具体的な方法としては、製品間のデザインに統一感を持たせて、製品ライン全体で差別化を図る方法と、製品間のデザインに多様性を持たせて、個別の製品単位で差別化を図る方法、その中間を狙う方法の３つがある（**図表Ⅰ-1-6**参照）。

１つ目の製品間のデザインに統一感を持たせる方法とは、自社のすべての製品のデザインに共通の特徴を持たせ、一目で、その製品が自社のものだと消費者に気づかせるような戦略のことである。

この方法を、**図表Ⅰ-1-6**を使って説明すると、それは、左側の列に示してあるように、自社で開発するすべての製品（製品A～製品G）を丸い形状で統一して、自社のデザインの特徴を消費者に強く印象づけることで、他社との差別化を図ろうとするものである。そして、具体的に、このような方法を採用している企業としては、フォルクスワーゲンやプジョーなどの欧州の自動車メーカーがある。欧州の自動車メーカーには、ヘッドライトやグリル（＝自動車の前面にある格子状の窓のこと）などの形状を全車種で統一した、ファ

ミリーフェイスを採用しているところが多い。

続いて，2つ目の製品間のデザインに多様性を持たせる方法とは，すべての製品のデザインに何も共通点を設けずに，個々の製品にとって最適と思われるデザインを提供する戦略のことである。

この方法を，**図表Ⅰ-1-6**を使って説明すると，それは，右側の列に示してあるように，製品Ａには丸い形状，製品Ｂには四角の形状，そして，製品Ｇには三角の形状をそれぞれ与え，製品の形状に多様性を持たせることで，個々の製品単位で差別化を図ろうとするものである。そして，具体的に，このような方法を採用してきた企業としては，1990年代のトヨタ自動車がある。当時のトヨタ自動車では，多様化し始めた消費者の好みに対応するために，車型（例えばSUV，ミニバン，セダン）や車種数を増やすとともに，それぞれのクルマに個別最適なデザインを与えてきた[15]。

図表Ⅰ-1-6　製品ラインとしてデザインで差別化を図るための3つの方法

製品ライン	製品間のデザインに統一感を持たせる方法	両者の中間を狙う方法（その一例）	製品間のデザインに多様性を持たせる方法
製品Ａ	●	▲	●
製品Ｂ	●	◣	■
︙	︙	︙	︙
製品Ｇ	●	▼	▲

出所：筆者作成。
※図中の●▲■などの記号は，それぞれの製品の形状を表わしている。

[15] 『日経ものづくり』「新トヨタデザインは二律背反への挑戦」2004年5月号，89-94頁。

最後に，3つ目の両者の中間を狙う方法とは，完全な統一感でも完全な多様性でもなく，その中間的な性格を製品ラインに持たせ，消費者になんとなく共通の雰囲気を感じてもらおうとする戦略のことである。

　この方法を，**図表Ⅰ-1-6**を使って説明すると，それは，中央の列に示してあるように，自社で開発するすべての製品の形状に，何らかのぼんやりした共通点（この場合は，三角形のモチーフ）を持たせることで，製品ライン全体で他社との差別化を図ろうとするものである。そして，具体的に，このような方法を採用している企業としては，2000年代以降の日産自動車がある。同社では，特徴的なデザインのモチーフを複数の車種に散りばめ，欧州の自動車企業に見られるような（相似形の）統一感とは異なるタイプの製品ラインの演出に取り組んでいる[16]。

　このように，多くの企業では，いずれかの方法を採用して，製品ラインを違った形に演出することができるが，いずれの方法を採用するかで，得られる効果は異なる。また，以下に示すように，企業が持つ製品ラインの幅によっても，有効な方法は違ってくる。

　一般的には，幅広い製品ラインを持つ企業（＝たくさんの種類の製品を開発している企業）ほど，製品間のデザインに多様性を持たせる方法と相性が良く，製品ラインの幅が狭い企業ほど，製品間のデザインに統一感を持たせる方法と相性が良いといえる。

　例えば，日本の自動車メーカーを見た場合，製品間のデザインに統一感を持たせる方法を採用している（いた）のは，2000年代の富士重工業（スバル）や三菱自動車工業，1990年代後半以降のマツダなどである。そして，それらの企業に共通するのは，製品ラインの幅が狭いことである。各社では，スポーツカーやSUVなどの特定の領域に特化した製品の開発を行っている[17]。その中でも，特にマツダは，1996年以降，長年にわたり，製品間のデザインに統一感を持たせる方法を採用してきた。欧州の自動車メーカーのように

---

[16] 『カースタイリング』「日産デザインの成果と課題」2004年9月号，66-70頁。

[17] ただし，三菱自動車工業だけは2012年以降，日産自動車からOEMの形で車両の供給を受け，高級車「ディグニティ」を発売している（『日本経済新聞』「車名 ディグニティ」2012年5月17日）。

ファミリーフェイスを導入して，すべての車種に共通の「顔」を取り付けてきたのである[18]。その結果，製品数は少ないものの，どの製品を見ても，一目でマツダ車と分かるため，マツダが企業として，どのような製品の開発に取り組んでいるかが，消費者に伝わりやすくなっている。

　反対に，幅広い製品ラインを持ちながら，製品間のデザインに統一感を持たせる方法を取り入れて失敗したのは，ゼネラルモーターズである（Clark and Fujimoto, 1991）。かつてのゼネラルモーターズでは，高級車の「キャデラック」，中級車の「ビュイック」，低価格車の「オールズモビル」など，様々な種類の製品を抱えていたが，製品ライン全体におけるデザインの共通性を強調し過ぎた結果，製品間の差別化がおろそかになった。そこへ，同社で最も低価格の「ポンティアック」や「シボレー」などの製品にも同じようなデザインが取り入れられたため，米国の消費者は混乱した。特に，キャデラックの消費者にとっては，そのような方法はマイナスに作用した。「キャデラックがオールズモビルと同じように見えるなら，わざわざキャデラックを買う必要があるのか」との疑問が生じたのである。

　このように，いずれの方法が有効に機能し得るかは，それぞれの企業が持つ製品ラインの幅によっても違ってくる。

2.2 時間軸で考える差別化

　一方，後者の「時間軸で差別化を考える方法」とは，先にも述べたように，製品間のデザインの関係性を時間の経過とともに変化させることで，自社の製品ラインの性格を変化させようとする考え方のことである。

　具体的に，製品間のデザインの関係性を時間の経過とともに変化させていく方法には，多様性のあるデザインから，ある程度統一感のあるデザインや完全に統一感のあるデザインへと変化させていく方法，完全に統一感のあるデザインから，ある程度統一感のあるデザインや多様性のあるデザインへと変化させていく方法，ある程度統一感のあるデザインから，多様性のあるデザインや完全に統一感のあるデザインへと変化させていく方法の３つがある

---

[18] 『日経デザイン』「マツダ　企業復活を支えたデザインの力」2000 年 1 月号，64-69 頁。

（図表Ⅰ-1-7参照）。

これらの事例を，具体的に**図表Ⅰ-1-7**を使って説明すると，まず，多様性のあるデザインから，ある程度統一感のあるデザインへと製品ラインの性格を変化させていった企業の例としては，2000年代の日産自動車がある。同社では，ルノーと提携した1999年を境に，それまで車種ごとにバラバラだったデザインを改め，車種間に何らかの共通点を持たせたデザインへと，製品ラインの性格を変化させている[19]。

これは，国内の自動車市場が成熟して，市場に多くの製品が溢れるようになった結果，それまでのような個別の製品単位だけで差別化を図ることが非効率になってきたからである。ライバル製品の数が急増している状況下で，それらとの違いを個別にアピールしても，消費者に認知される可能性は低い。そこで，日産自動車では，製品間でデザインを統一し，製品ライン全体で差別化を図ることで，企業単位で個性をアピールしようとした。ただし，同社では，高級車から小型車まで，多種類の製品を開発しているため，デザインを過度に統一してしまうと今度は逆に，消費者に飽きられてしまう危険がある。そのため，デザインをある程度は統一しつつも，車種ごとの個性も残したデザインへと製品ラインの性格を変化させている。

一方，多様性のあるデザインから，統一感のあるデザインへと製品ラインの性格を変化させていった企業の例としては，2000年代の三菱自動車工業がある。同社では，2000年に行われたダイムラーとの提携を機に，大規模な車種のリストラとファミリーフェイスの導入が同時に行われ，すべての車種に共通の「顔」が付けられるようになった[20]。リストラにより製品数が減る一方，市場の成熟化により，ライバル製品の数が増える状況下で，埋没することなく，消費者に自社製品の存在を知ってもらうには，デザインを統一し，企業単位で存在感を誇示する必要があったのである。

また，完全に統一感のあるデザインから，ある程度統一感のあるデザイン

---

[19] 『読売ADリポート』「ブランド資産の継承とデザイン」2002年12月号，3-7頁。
[20] 『Response』「デザイナー対談　外からなら見えるわかるジャパン・オリジナル　オリビエ・ブーレイ×エンリコ・フミア」(http://response.jp/feature/2003/0627/f10041.html)。

図表 I-1-7　時間軸で考えたデザインによる差別化

①デザインに多様性を持たせた製品ラインからの変化

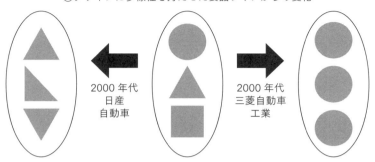

②デザインに完全な統一感を持たせた製品ラインからの変化

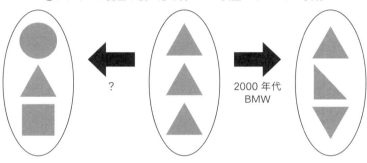

③デザインにある程度の統一感を持たせた製品ラインからの変化

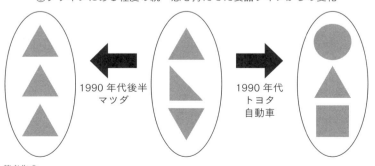

出所：筆者作成。
※図中の●▲■などの記号は、それぞれの製品の形状を表わしている。なお、完全に統一感のあるデザインから、多様性のあるデザインへと製品ラインの性格を変化させた例は、見つけることが出来なかった。そのため、図中では「？」と表示している。

へと製品ラインの性格を変化させていった企業の例としては、2000年代のBMWがある。当時のBMWでは、製品ラインの拡張を計画していたが、従来のようなデザインの統一感を保ったままそれを行うと、同じ表現の繰り返しが多くなる分、製品ラインの見た目がくどくなり、消費者に飽きられる危険があった。そこで、製品ラインの拡張と歩調を合わせる形で、それまでの完全に統一感のあるデザインから、ある程度統一感のあるデザインへと製品ラインの性格を変化させている。BMWで当時デザイン・ディレクターを務めていたクリストファー・バングル氏は、変化の背景を次のように説明している。

「大きな背景としてひとつあるのは、BMWというメーカーの間口が広がってきたためです。ほんの少し前までは、3シリーズ、5シリーズ、7シリーズの3種類しかなかったのですが、いまはX5もありますし、Zシリーズもあります。本立ての間に挟む本が増えたということですね。(中略)こうなると、もう、ソーセージを切っていくだけ(日本語でいうところの"金太郎飴")ではダメなんです。」[21]

さらに、ある程度統一感のあるデザインから、完全に統一感のあるデザインへと変化させていった企業の例としては、1990年代後半のマツダがある。それまでのマツダの製品ラインは、漠然としたヨーロピアン志向という以外に、デザインに明確な共通点があるわけではなかった(Clark and Fujimoto, 1991)。しかし、1996年のフォード・モーターとの合併を機に、大規模な車種のリストラとファミリーフェイスの導入が同時に行われた。(先に見た三菱自動車工業の場合と同様)リストラにより、自社の製品数が減る一方、市場の成熟化により、ライバル製品の数が増える状況下で、消費者に自社製品の存在を知ってもらうには、製品間でデザインを統一し、企業単位で存在感を誇示する必要があったからである。

[21] 『LEVOLANT』「インタビュー デザイナーに会う BMWデザイン本部デザインディレクター クリストファー・E・バングル氏」2002年1月号、79-83頁。なお、カッコ内は筆者が補足した。

一方，ある程度統一感のあるデザインから，多様性のあるデザインへと変化させていった企業の例としては，1990年代のトヨタ自動車がある。1980年代までの同社では，取り扱う製品数が少なかったことに加え，階層型の製品戦略を採用していたことで，デザインのバラつきも一定の範囲内に抑えられていた（辻，1996）。ここでいう階層型の製品戦略とは，車種間の序列を決め，それぞれの地位に応じたデザインや装備を割り当てていく戦略のことである（榊原，1988）。それに対し，1990年代は，製品ライン全体の秩序よりもむしろ，個々の車種の性格を重視して，それぞれのクルマに個別最適なデザインを与えるようになる。このような変化の背景には，1990年代に入り，消費者の好みが多様化し始めたとの社内での判断があった。

3. グローバルに考えた場合のデザインによる差別化

　3つ目は，グローバルな視点からデザインによる差別化を考える方法である。前項では，企業があたかも国内市場だけで活動しているかのような前提で議論を行ってきた。しかし，現実には，複数の国の市場をまたいで活動している企業も少なくない。そのため，ここでは，そのような現実に即して，デザイン戦略の中身を，もう少し細かく見ていくことにする。

　通常，製品を国内だけでなく，海外市場でも販売している企業では，市場ごとに製品のデザインを「変更する」のか，「変更しない」のかを選択することができる。さらに，複数の製品を海外市場で販売している場合には，製品ラインの演出方法についても，製品間でデザインを統一するのか，多様性を持たせるのか，それとも，両者の中間でいくのかを選択することができる。このように，視点を「海外市場」にまで広げると，より多くの差別化のバリエーションを考えることができる。そして，この考え方には，さらに，空間軸で差別化を考える方法と，時間軸で差別化を考える方法との2つがある。以下では，順に，それぞれの考え方について説明してみたい。

3.1　空間軸で考える差別化

　まず，前者の「空間軸で差別化を考える方法」について見ていきたい。通常，企業が海外市場に参入する際には，自国と同じ製品を投入する「標準化

戦略」でいくのか，現地市場に合わせた製品を投入する「適応化戦略」でいくのかを選択しなければならない（Walters and Toyne, 1989）。そして，このような議論は，製品のデザインにおいても当てはまる。企業は，市場ごとに製品のデザインを変更するか，それとも，変更しないのかを決めなければならないのである。

　まず，デザインを全世界で共通のものにすれば，それぞれの国の市場にいる消費者からは，とっつきにくいなどの理由で，敬遠されるリスクがあるものの，現地企業の製品とは差別化できる可能性が高い。

　例えば，自国で販売している製品のデザインを手直しせずに輸出する場合は，それが地域色の強いデザインであればあるほど，海外市場では目立つため，現地企業の製品と差別化することができる[22]。また，最初から世界で販売することを想定してデザインされた製品の場合は，反対に地域色を薄めた，無国籍なデザインが採用されることが多いため，それぞれの市場において差別化を図ることができる[23]。ただし，全世界で共通のデザインであっても，様々な地域の要素を盛り込んだ，多国籍なデザインがなされた場合は，中途半端な差別化しか図れない可能性がある。

　一方，デザインをそれぞれの市場に適応させれば，現地の消費者に受け入れてもらいやすくなる反面，過度に適応した場合には，差別化を図ることが難しくなる。例えば，現地であまり認知度の高くない外国企業が，現地の人の意見に合わせてデザインを開発すると，現地のトップ企業のデザインの後追いになることが多くなる（森永，2013）。なぜなら，現地の人たちに，どのようなデザインが好きかと尋ねれば，たいていの場合，現地で売れている製品の名前やそのデザインを答えるからである。

　ほとんどの消費者は，自分なりのデザイン観を持っていないため，どのよ

---

[22] 例えば，イタリア企業の多くは，デザインに「イタリアンテイスト」のような地域色（あるいは，文化的背景）を持たせることで，意識的に他国の企業との差別化を図ろうとしている（小林，2007）。

[23] 例えば，ドイツ企業の多くは，「ジャーマンテイスト」のような地域色よりも，むしろ「機能主義的デザイン」のような哲学によって，デザインに普遍性を持たせ，世界展開を図ると同時に，他国の企業との差別化を図ろうとしている（『日経デザイン』「ND Interview ディーター・ラムス氏」2009年7月号，70-73頁）。

うなデザインが好きかと聞かれても，自分なりの格好良さを答えることはできない。その結果，自分が好きな企業や製品のデザインをイメージして答えることになる。よって，そのような言説を鵜呑みにしてデザインを開発すると，現地のトップ企業と似通ったデザインを開発することになり，結局は，消費者から高い評価を得ることはできない。つまり，親近感はあるものの，どこか二番煎じのデザインだと消費者に認知されてしまうのである。

　このように，標準化と適応化のいずれの方法を採用しても，デザインによって差別化を図ることはできるが，いずれの方法を採用するかで，それを行う際の注意点や，消費者にアピールできる差別化の中身などが異なってくる。さらに，それぞれの市場で，製品間のデザインを統一するのか，デザインに多様性を持たせるのか，それとも，それらの中間を目指すのかによっても，差別化を図ることができる。

　したがって，グローバルな視点からデザインによる差別化を考えていく際には，「2通り（標準化or適応化）」×「3通り（デザインの統一orデザインの多様性orその中間）」の，計6通りの方法を考えることができる（**図表Ⅰ-1-8**参照）。

3.2 時間軸で考える差別化

　次に，後者の「時間軸で差別化を考える方法」について見ていきたい。グローバルに事業を展開している企業が，製品間のデザインの関係を変えることで，製品ラインの性格を変え，それによって差別化を図ろうとする場合，それらの企業では，（標準化戦略や適応化戦略という）戦略の枠組み自体は維持したまま，製品間のデザインの関係を変化させていくのか，それとも，戦略自体を変更して，製品間のデザインの関係を変化させていくのかを選択することができる。

　まず，前者の「それぞれの戦略の枠組みを維持したまま，製品間のデザインの関係を時間の経過とともに変化させていく方法」には，さらに，標準化戦略を維持したまま製品ラインの性格を変化させていく方法と，適応化戦略を維持したまま製品ラインの性格を変化させていく方法の2通りがある（**図表Ⅰ-1-9**参照）。

図表 I-1-8　グローバルに考えた場合のデザインによる差別化

1. 市場ごとに個々の製品のデザインを変えないだけでなく，それぞれのデザインの間にも統一感を持たせる

	日本市場	米国市場	欧州市場
製品 A	△	△	△
製品 B	△	△	△
⋮			
製品 G	△	△	△

4. 市場ごとに個々の製品のデザインは変えるが，各市場のデザインには統一感を持たせる

	日本市場	米国市場	欧州市場
製品 A	△	○	□
製品 B	△	○	□
⋮			
製品 G	△	○	□

2. 市場ごとに個々の製品のデザインを変えないだけでなく，それぞれのデザインの間にもある程度の統一感を持たせる

	日本市場	米国市場	欧州市場
製品 A	△	△	△
製品 B	▽	▽	▽
⋮			
製品 G	▲	▲	▲

5. 市場ごとに個々の製品のデザインは変えるが，各市場のデザインにはある程度の統一感を持たせる

	日本市場	米国市場	欧州市場
製品 A	△	○	□
製品 B	▽	◎	◇
⋮			
製品 G	▲	●	■

3. 市場ごとに個々の製品のデザインは変えないが，各市場のデザインには多様性を持たせる

	日本市場	米国市場	欧州市場
製品 A	○	○	○
製品 B	△	△	△
⋮			
製品 G	□	□	□

6. 市場ごとに個々の製品のデザインを変え，かつ各市場のデザインに多様性を持たせる

	日本市場	米国市場	欧州市場
製品 A	▽	△	▲
製品 B	●	◎	○
⋮			
製品 G	■	□	◇

出所：筆者作成。
※図中の●◎○▲△▽■□◇などの記号は，それぞれの製品の形状を表わしている。

図表Ⅰ-1-9 それぞれの戦略内での変化

①標準化戦略を維持したまま，各市場での製品ラインの性格を変化させていく方法

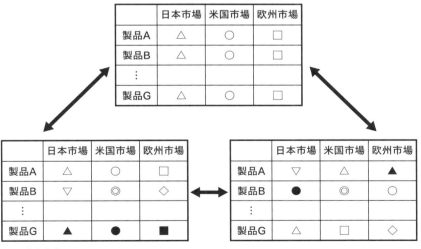

②適応化戦略を維持したまま，各市場での製品ラインの性格を変化させていく方法

出所：筆者作成。
※図中の●◎○▲△▽■□◇などの記号は，それぞれの製品の形状を表わしている。

ただし、いずれの方法を採用するかで、変更の仕方が異なってくる。例えば、適応化戦略を採用している企業では、それぞれの市場が独立しているため、各市場でバラバラに製品ラインの性格を変更することができる。しかし、標準化戦略を採用している企業では、1つの市場の製品ラインの性格だけを変更することはできない。すべての市場が連動しているため、すべての市場で同時に変更が行われてしまうのである。

　一方、後者の「互いの戦略をまたいで、時間の経過とともに製品間のデザインの関係を変化させていく方法」には、最初に適応化戦略を採用した後で標準化戦略に切り替えていく方法と、最初に標準化戦略を採用した後で適応化戦略に切り替えていく方法の2通りがある（**図表Ⅰ-1-10**参照）。

　具体的に、前者の方法を採用している企業の例としては、トヨタ自動車がある。同社の場合、海外進出の際には、適応化戦略から始め、時間の経過とともに、他の市場にある製品との統合を図って、標準化戦略へと切り替えていくことが多い（大薗ほか、2008）。そのため、最初は、市場ごとに親近感のある外観をした製品が作られるものの、気が付くと無国籍な雰囲気のデザインへと変質していることが多い[24]。

　反対に、後者の方法を採用している企業の例としては、本田技研工業（ホンダ）がある。同社では、当初、標準化戦略を採用して、地域色の強いデザインの製品を海外に投入するが、時間の経過とともに、製品の一部を各市場の事情に合わせたデザインへと変更していくケースが多い[25]。

---

[24] ただし、標準化戦略への切り替えが必ずしも上手くいっているわけではない。例えば、2000年に投入された9代目「カローラ」は、全世界で共通のデザインを採用していた。しかし、そのようなデザインは地域ごとに好き嫌いが分かれ、2006年に投入された10代目「カローラ」では、再び日本向けと海外向けの2種類のボディを用意するなど、地域専用モデルへと変更がなされている（『日本経済新聞』「トヨタ　針路を探る（上）」2011年11月24日）。このようにトヨタ自動車では、適応化戦略と標準化戦略の間を行き来している部分もある。

[25] 例えば、「シビック」はかつて1種類のデザインしかなかったが、後に仕向地ごとの多様なデザインが登場した。また最近では、「フィット」が同様の流れに乗って、仕向地ごとにデザインを変えている。

図表 I-1-10　互いの戦略をまたいだ変化

デザインの標準化戦略（3タイプ）

Aタイプ

	日本市場	米国市場	欧州市場
製品A	△	△	△
製品B	△	△	△
︙			
製品G	△	△	△

Bタイプ

	日本市場	米国市場	欧州市場
製品A	△	△	△
製品B	▽	▽	▽
︙			
製品G	▲	▲	▲

Cタイプ

	日本市場	米国市場	欧州市場
製品A	○	○	○
製品B	△	△	△
︙			
製品G	□	□	□

デザインの適応化戦略（3タイプ）

Dタイプ

	日本市場	米国市場	欧州市場
製品A	△	○	□
製品B	△	○	□
︙			
製品G	△	○	□

Eタイプ

	日本市場	米国市場	欧州市場
製品A	△	○	□
製品B	▽	◎	◇
︙			
製品G	▲	●	■

Fタイプ

	日本市場	米国市場	欧州市場
製品A	▽	△	▲
製品B	△	◎	□
︙			
製品G	■	□	◇

出所：筆者作成。
※図中の●◎○▲△▽■□◇などの記号は、それぞれの製品の形状を表わしている。

3 本章のまとめ

　本章では，デザイン戦略の意味を差別化戦略の意味に限定した上で，経営学における戦略論の文脈に沿って，それらを巡る議論を整理してきた。具体的に，本章で取り上げた内容は，以下の2つである。1つは，デザインによる差別化戦略の有効性を検討する際に注意すべき点であり，もう1つは，デザインによる差別化戦略そのものの中身についてである。

　まず，本章では，デザインによる差別化戦略が有効に機能するための前提条件や，その有効性の中身を明らかにしてきた。いかなる戦略にも，それが上手く機能するための前提条件があるのと同様に，デザインを用いた差別化戦略にも，それが上手く機能するための様々な前提条件がある。

　1つ目の前提条件は，企業が取り扱っている製品の性格である。当該戦略が有効に機能するのは，企業が生産財を取り扱っている場合よりも，消費財を取り扱っている場合である。2つ目の前提条件は，企業の属する産業や企業の取り扱う製品のライフサイクルである。当該戦略が有効に機能するのは，それらが成長期や成熟期にある場合である。そして，3つ目の前提条件は，企業が置かれている競争上の地位である。当該戦略が有効に機能するのは，企業がチャレンジャーやニッチャーの立場にある場合である。さらに，企業がチャレンジャーやニッチャーのいずれの立場にあるのかで，市場での成果の中身も変わってくる。具体的には，企業がチャレンジャーの場合に得られる成果は，高い成長率であるのに対し，企業がニッチャーの場合に得られる成果は，高い利益率である。

　続いて，本章では，デザインによる差別化戦略の中身を明らかにしてきた。その理由は，一口に「デザインによる差別化戦略」といっても，現実には様々な方法や選択肢があるからである。具体的に，本章で取り上げたデザインによる差別化戦略の中身は，大きく次の3つである。

　1つ目は，個別の製品単位で考えた場合のデザインによる差別化である。これは，最もシンプルな差別化の方法で，ライバル製品や自社の旧製品をターゲットにして，それらとは異なるデザインを目指そうとする考え方のこ

とである。2つ目は，製品ラインの単位で考えた場合のデザインによる差別化である。これは，自社の製品間のデザインの関係に注目する方法で，製品間のデザインの関係を変えて，製品ラインの性格を変えることで，他社との差別化を図ろうとする考え方のことである。そして，3つ目は，グローバルに考えた場合のデザインによる差別化である。これは，複数の市場に注目して，市場ごとにデザインを維持・変更したり，製品ラインの性格をコントロールしたりすることで，差別化を図ろうとする考え方のことである。

　以上のように，デザインによる差別化戦略が有効に機能し得るかどうかは，企業を取り巻く経営環境や，企業が採用する経営戦略などと深く関わっており，それ単独で考えても上手くいかない。また，その実施方法や，その結果として得られる成果も様々で，自社がデザインによる差別化戦略に期待する成果と，そのために必要な戦略の中身を事前に照らし合わせておくことが必要になる。つまり，デザインによる差別化戦略は，企業の経営ときちんと結び付いたときにはじめて，その効果を発揮するのである。

> **付録：戦略論の文脈から書かれたデザイン本**
> - 小川亮（2010）『パッケージデザインマーケティング』日本能率協会マネジメントセンター。

■参考文献
- 小川亮（2010）『パッケージデザインマーケティング』日本能率協会マネジメントセンター。
- 大薗恵美・清水紀彦・竹内弘高（2008）『トヨタの知識創造経営』日本経済新聞出版社。
- 小林元（2007）『イタリア式ブランドビジネスの育て方』日経BP社。
- 榊原清則（1988）「製品戦略の全体性」伊丹敬之・加護野忠男・小林孝雄・榊原清則・伊藤元重『競争と革新』107-143頁，東洋経済新報社。
- 佐渡山安彦・三留修平・井口博美（1992）『デザイン戦略経営入門』講談社。
- 嶋口充輝（1986）『統合マーケティング』日本経済新聞出版社。
- 辻正重（1996）『車の売れ行きはデザインで決まる：トヨタ・日産の売れる車，売れない車をデザイン面から検証』エール出版。

- 日経デザイン編（2014）『アップルのデザイン戦略』日経 BP 社。
- 沼上幹（2015）『わかりやすいマーケティング戦略』有斐閣アルマ。
- 福田民朗（2008）「デザイン経営の現状と課題：サムスンの事例を中心に」『慶応経営論集』第 25 巻第 1 号，143-174 頁。
- 森永泰史（2013）「デザイン戦略の類型化に関する仮説」『経営論集』第 11 巻第 1 号，21-32 頁。
- 山下和彦・関田理恵（2008）『ヒット商品のデザイン戦略を解剖する』ピエ・ブックス。
- 渡辺英夫・「超感性経営」編集委員会（2009）『超感性経営』ラトルズ。
- 渡辺力（2003）『ハーマンミラー物語：イームズはここから生まれた』平凡社。
- Clark, K. and T. Fujimoto (1991) *Product Development Performance：Strategy Organization and Management in the World Auto Industry*, Harvard Business School Press.（田村明比古訳『実証研究・製品開発力：日米欧自動車メーカー 20 社の詳細調査』ダイヤモンド社，1993 年）
- Kotler, P. (1980) *Marketing Management*, Prentice Hall.（小坂恕・疋田聰・三村優美子訳，村田昭治監修『マーケティング・マネジメント（第 4 版）』プレジデント社，1983 年）
- Kotler, P. and A. Rath (1984) "Design：A Powerful but Neglected Strategic Tool," *The Journal of Business Strategy*, Autumn, pp.16-21.
- Levitt, T. (1983) *The Marketing Imagination*, The Free Press.（土岐押訳『マーケティングイマジネーション』ダイヤモンド社，1991 年）
- McNamee, B. (1985) *Tools and Techniques for Strategic Management*, Pergamon Press.
- Porter, M. (1980) *Competitive Strategy*, Free Press.（土岐押・中辻萬治・小野寺武生・戸成富美子訳『競争の戦略』ダイヤモンド社，1982 年）
- Sloan, A. (1963) *My Years with General Motors*, Harold Matoson Company.（有賀裕子訳『GM とともに』ダイヤモンド社，2003 年）
- Walters, P. and B. Toyne (1989) "Product Modification and Standardization in International Markets：Strategic Options and Facilitating Policies," *Columbia Journal of World Business*, Winter, pp.37-44.

補講①：デザインは経営戦略に従う？

　第1章では，デザイン戦略は，企業の経営ときちんと結び付いたときにはじめて，その効果を発揮すると述べた。デザインは，全くの無条件下で，デザイナーの自由な意志や発想に基づいて開発されたり，選択されたりしているわけではない。実際には，デザインを開発する際の指針や，それを選択する際の基準などは，企業の経営戦略に大きく依存している。下記の日産自動車デザイン本部長（当時）の中村史郎氏の発言は，そのことを端的に表わしている。

　　「エラそうなことを言っているけど，結局，デザインだけじゃなんにもできないんです。デザインっていうのは最終的にモノ選びと一緒で，選ぶ時の基準，つまり会社の基本的なモノ作りに対する考え方がないと選べない。ブランド・アイデンティティにのっとったデザインアイデンティティという順番が大事で，デザインだけが先行しても，一貫したモノ作りが出来ないんです。」[1]

　したがって，以下のような論理を導き出すことができる。まず，経営戦略がよくできている企業では，自社の強みをはっきり認識しているため，製品戦略や製品のコンセプトに加えデザインの狙いも明確な場合が多い。そして，その結果として，個性的なデザインが生み出されやすくなる。
　反対に，経営戦略が不明確な企業では，自社の強みもよく分かっていないケースが多いため，製品戦略や製品のコンセプトも曖昧になり，デザインの狙いも曖昧になる。そして，その結果として，トレンドを追いかけた，場当たり的で没個性的なデザインが多くなる。つまり，「デザインは経営戦略に従う」のである（榊原，1996）。

■ 参考文献
- 榊原清則（1996）『美しい企業　醜い企業』講談社。

---

[1] 『TITLE』「デザインマニアなクルマ選び」2004年1月号，47頁。

補講②：差別化のさじ加減が難しい

　第1章では，デザイン戦略を差別化戦略として捉え，その「差別化」の中身についても明らかにしてきた。ただ，その際には，本書はデザインの指南書ではないため，個別具体的にどのように差別化すべきかについては一切触れず，抽象的な議論のみを行ってきた。しかし，実務においては，そのような差別化のさじ加減こそが重要になる。インダストリアル・デザイナーの草分け的存在であるレイモンド・ローウィ氏は，その適度な状態のことを「MAYA（Most Advanced Yet Acceptable＝先進的ではあるが，先進的過ぎず，ぎりぎり受け入れられる）」と呼んだ（Loewy, 1951）。

　しかし，このMAYAの状態を見極めるのは，それほど容易なことではない。そして，そのように差別化のさじ加減を難しくする原因として考えられるのが，以下のような消費者の面倒くさい心理である。

> 「人は皆，他の人とは違うものが欲しいんです。でも，結局はみんなと同じものを持つことによる安心感を捨てきれない生き物でもあります。目立ちたいけど，周囲から浮くのは気恥ずかしい。新しいものに憧れるけど，新しすぎるものは怖い。」
> （佐藤，2013，79頁）

　経済学では，前者のように他人と違うものに憧れる気持ちのことをスノッブ効果と呼び，後者のように皆と同じものを求める気持ちのことをバンドワゴン効果と呼んでいる（坂本，2009）。それぞれの定義を改めて述べると，スノッブ効果とは，「俗っぽいのはいやだ。流行りに乗るのは恥ずかしい」と敬遠する気持ちである。それに対して，バンドワゴン効果とは，「みんなが出かけるなら，自分も連れていってほしい。ブームに乗り遅れるのは嫌だ」という気持ちである。誰もがその両方の気持ちを持っており，それが差別化のさじ加減を難しくさせていると考えられる。

　また，両者の間には，絶えずせめぎあいがあり，時には世間においてスノッブ効果が優勢になり，時にはバンドワゴン効果が優勢になったりする。特に，世間でバンドワゴン効果が優勢になった場合は，一気に特定のデザ

イン・トレンドが広がっていく。しかし，これには閾値があって，あるレベルまで行くと揺り戻しが始まる。今度は，スノッブ効果が優勢になるのである。どんなものでも決してシェア100%にならないのは，こうした理由からである。そのため，デザイナーはバンドワゴン効果が優勢なうちは，差別化の程度が小さいデザインを投入し，スノッブ効果が優勢になるタイミングで，これまでとは大きく異なるデザインを投入する必要がある。

　このように，デザイナーはスノッブ効果とバンドワゴン効果の狭間で，ぎりぎりの線を見極めてデザインを投入していかなければならない。これこそ，経験を積んだプロフェッショナルのみがなし得る技であり，素人には真似できない技である。

■ **参考文献**
- 坂本和子（2009）「デザイン・マーケティング研究に関する一考察」『横浜経営研究』第30号第1巻，191-202頁。
- 佐藤オオキ（2013）「目立ちたいけど恥ずかしい消費者の面倒くさい心理」『週刊ダイヤモンド』2013年7月27日，79頁。
- Loewy, R. (1951) *Never Leave Well Enough Alone*, Simon & Schuster.（藤山愛一郎訳『口紅から機関車まで』鹿島出版会，1981年）

第 2 章
デザインとブランド

学習の狙い
- デザインとブランドの関係を理解すること
- デザインがブランドを介して発揮する効果とそのメカニズムを理解すること
- ブランドの構築を促進・阻害する要因について理解すること

キーワードは「らしさ」

　ブランドとは，消費者がその企業や製品に対して感じる「らしさ」のことをいう。「らしさ」とは，他社や他の製品からでは感じられない，その企業や製品のみから感じる独特のイメージのことである。このように，ブランドの主導権は，基本的には消費者の側にあるが，だからといって，企業の側が何もしなくてよいというわけではない。どのような消費者に対して，どのようなイメージを持ってもらいたいのかを考え，それを実現していく必要がある。

　ビジネスにおいて，このようなイメージ作りが重要になるのは，一般の消費者が企業や製品の情報をすべて知ろうとしても，知ることができないからである。そして，その不足分を補うのがブランドである。つまり，「本当はよく分からないけれども，○○社の製品であれば，環境に配慮しているに違いない」などのイメージである。ほとんどの消費者は，製品をイメージや，そのイメージに基づく信頼をベースに購入している。そして，そのイメージ作りに深く関わっているのがデザインである。

　しかし，そのようにデザインをブランド構築に活用することは簡単ではない。それはなぜなのか。本章では，まず，デザインをどのように活用すれば，ブランド構築に貢献させることができるのかについて考え，次に，どのような要因がブランドの構築を促進・阻害するのかについて考えてみたい。

1 デザインとブランドの関係

　多くの人々は，ブランドとデザインの間には，なんとなく関係がありそうなことは分かっている。しかし，両者の間にどのような関係があるのかを明確に説明することは難しい。ここでは，その両者の関係について考えてみたい。

1. To See Is to Believe

　まず，デザインとブランドの関係についての最もシンプルな説明は，以下の三段論法によるものである。つまり，視覚情報であるデザインは，イメージであるブランドを形成するための重要な要素というものである。この説明からは，デザインとブランドは重なり合う部分が大きいことが窺える。

「ブランドとは，とどのつまりイメージである」
↓
「イメージの大半は視覚情報によって形成される」
↓
「デザインはその視覚情報である」

　通常，人間は，毎秒1,120万ビット以上の情報を受け取っており，そのうちの1,000万ビットを視覚情報が占めているとされている (Nørretrandes, 1991)。つまり，人間が受けとる情報の約90%は，視覚から取り込まれているのである。ただし，脳はそれらの情報をすべて処理することはできないため，意識下に留まった40ビットほどの情報を基にシミュレーションを行い，つじつま合わせを行っている。要は，処理した情報から作り出したイメージで不足分を補っているのである。

　このように，イメージの大半は視覚情報から形成される。そのため，イメージであるブランドは，視覚情報であるデザインなしには成り立たないということになる。まさに，"To See Is to Believe (百聞は一見にしかず)" である。

2. むやみに変えないことが大事

　以上のように，視覚情報によってイメージの大部分は規定されており，デザインはブランドを構築する上で強い影響力を有している。さらに，そのようにして作り上げられたイメージは，企業に様々な恩恵をもたらしてくれる。例えば，ある企業が消費者から好意的なイメージを持たれていれば，他社より販売価格が高くても商品を買ってもらえる。また，他社と条件が同じであれば，その企業の商品を選んでもらえる。

　このような，イメージが企業にもたらす効果を資産換算したものを，経営学では「ブランド・エクイティ」と呼んでいる（Aaker, 1991）。エクイティとは資産価値のことであり，ブランド・エクイティとは要するに，特定のブランドが持つ資産価値のことである。そして，上でも述べたように，デザインはそのようなイメージの形成において重要な役割を果たしている。そのため，近年では，デザインを販売促進のツールとしてではなく，ブランド・エクイティの構成要素として捉えようとする動きが強まっている[1]。

　このブランド・エクイティを向上させるには，まずは消費者の記憶の中に企業や製品に対するイメージを定着させる必要がある。イメージが定着すれば，消費者との間で信頼関係が構築しやすくなるだけでなく，消費者に他社との違いを印象づけやすくなるからである。しかし，そのためには，反復学習が必要になる。つまり，消費者に何度も同じような体験を繰り返させて，イメージの定着を図る必要があるのである。そして，そのような反復学習を行う上で，デザインの頻繁な変更は好ましくない。モデルチェンジごとにデザインが全くの別物になっていたり，製品ごとにデザインがバラバラでは，消費者の記憶の中に製品や企業に対する安定したイメージを築くことができないからである。

---

[1] 前者の「デザインを販売促進のツールとして捉える」とは，言い換えれば，デザインのフローとしての役割に注目するということであり，後者の「デザインをブランド・エクイティの構成要素として捉える」とは，言い換えれば，デザインのストックとしての役割に注目するということである。

3. 個性と統一感と一貫性

　以上では，ブランド・エクイティの向上に貢献するには，デザインをむやみに変えないことが重要になる旨を述べた。しかし，だからといって，何世代にもわたって全く同じデザインを繰り返したり，すべての製品のデザインを同一のものにしたりすることは得策ではない。消費者の記憶の中に強固なイメージを築くことができる反面，飽きられてしまうからである。それでは，具体的に，デザインをどのように活用すれば，ブランド・エクイティを高めていくことができるのであろうか。

　結論を先取りすると，デザインをブランド・エクイティ向上のために効果的に活用するには，企業は個性的で統一感や一貫性のあるデザインを開発することが必要になる。これまでも述べてきたように，視覚情報であるデザインは，イメージであるブランドを形成するための重要な要素である。そのため，デザインはまず個性的でなければならない。没個性的なデザインでは，その企業や製品に対する独自のイメージを築くことは難しいからである。さらに，個々のデザインの間には統一感や一貫性が確保されていなければならない。全くバラバラのデザインでは，共通のイメージを見出したり，特定のイメージを蓄積したりすることが難しいからである。

　なお，ここでいうデザインの統一感とは，複数の製品の間で，デザインの特徴がある程度共有されている状態のことを指す。一方，デザインの一貫性とは，製品の世代を超えて，デザインの特徴がある程度継承されている状態のことを指す。そして，統一感と一貫性がともに確保されている場合は，企業単位でのブランド（＝その企業らしさ＝コーポレート・ブランド）の構築が行われやすくなり，特定の製品においてのみ，世代を超えてデザインの特徴が継承されている場合は，製品単位でのブランド（＝その製品らしさ＝個別ブランド）の構築が行われやすくなる。つまり，いずれにしても，デザインを点ではなく，線や面で展開することで，はじめて「らしさ」を創り出すことができるのである。

2　デザインとブランドと競争力の関係

　以上では，デザインとブランドの関係について説明してきたが，ここでは，それらがどのようなメカニズムで市場での競争力に結び付くのかを説明してみたい。企業がデザインをコントロールして，「らしさ」を作り上げることに成功した場合，どのような形で，どのようなメリットを享受することができるのであろうか。

1. 長期にわたる模倣困難性

　まず，個性的で統一感や一貫性のあるデザインを作り出し，その企業らしさや独自の世界観を表現することができれば，他社に対して長期にわたる参入障壁を築くことができる。そのような「らしさ」や「世界観」の構築には，製品間でデザインを調整する必要があり，時間がかかるためである。

　例えば，マツダでは1998年に発売された「ファミリア」からデザインの統一を始め，すべての車種でデザインの統一がなされるまでに約3年を要した[2]。さらに，そのような手法を成熟させるのに約10年を要した[3]。デザインの統一を試みた当初は，「とにかく統一感を出さねば」といった強引さも時に目立った。その後，デザイナーの間で目指すべき世界観が共有され，その実現に向けて動き始めたのは，2002年頃である。

　単一製品のデザインの模倣とは異なり，複数のデザインが一丸となって醸し出すらしさや世界観を，短期間で模倣することは難しい。逆にいうと，一旦らしさや世界観を構築してしまえば，長期にわたる模倣困難性を作り出すことができるのである。ステーショナリーグッズを取り扱うデザインフィル

---

[2] 『日経デザイン』「マツダ，ブランド再生の軌跡」2004年12月号，44-79頁。この統一は98年発売の「ファミリア」に始まり，99年発売の「プレマシー」や「MPV」を経て，2000年に発売された「トリビュート」で一応の完成を見る。ただし，マツダが展開している車種数は10程度しかないため，それ以上に多くの車種を抱えている自動車メーカーではより多くの時間が必要になる。

[3] 『マガジンX』「デザイン不振の責任はどこに」2014年11月号，116-119頁。

でCEOを勤める会田一郎氏の以下の発言には、そのことが端的に示されている。

> 「（セレクトショップという業態は）単に商品を販売しているのではなく、商品と商品のあいだにある空気でショップのスタイル観を表しているのであり、それこそが売っているものの本質です。（中略）このようなスタイル観は、一朝一夕に構築できるものではありません。商品と商品の関連性やデザインテイスト、外してはいけないポイントなどを何年も追及して少しずつ積み上げていくものです。その感覚は、感性と経験に裏打ちされたものであり、計数的に測定できず、物質的なものと違ってなかなか真似ができません。（中略）スタイル観の確立は定性的な見えない（比較できない）優位性をもたらします。他社が追随しようにも、その商品の本質的な優位性がスタイル観にこそあるということが理解できなければ、困難なことであり、長期的な差別化要因になり得ます。」（会田, 2009, 13-14頁）[4]

2. リピーターとコレクターの獲得

さらに、個性的で統一感や一貫性のあるデザインを作り出し、その企業（あるいは、製品）らしさや独自の世界観を表現することができれば、リピーターやコレクターを獲得することができる（補講③も参照のこと）。

消費者が、らしさや世界観を気に入ってくれて、彼らとの間に信頼関係が構築されれば、当該企業や製品に対するロイヤリティ（＝忠誠心）が高まり、そこからリピーターやコレクターが生まれてくる。前述したように、らしさや世界観は、他にはない独特のものであるため、それが好きな消費者にとっては、それ以外の選択肢はあり得なくなる。また、らしさや世界観は模倣困難なため、長期にわたりライバルの登場を阻害する。その結果、当該企業の製品を長年にわたって買い続けてくれる可能性が高くなる（＝リピーターの誕生）。さらに、らしさや世界観を気に入った場合には、あらゆる製品を当該企業のもので揃えてみたくなる（＝コレクターの誕生）。そして、そのようなリ

---

4 カッコ内は筆者が補足した。

図表Ⅰ-2-1 「レッツノート」(外観)

出所：筆者撮影。

ピーターやコレクターの存在は，結果的に，製品の値崩れを防いだり，売上増につながっていく。

例えば，パナソニックの「レッツノート」は2002年以降，マグネシウム合金の軽量・堅牢なデザインを継承し，タフでビジネス用途に強いイメージを消費者に浸透させてきた（図表Ⅰ-2-1参照)[5]。よって，そのような世界観に惹かれた消費者は，パソコンの買い替えに際して，真っ先に当該製品の購入を検討してくれるであろうし，製品が代替わりしても買い続けてくれる可能性が高い。一方，ソニーは，デザインで企業らしさを表現している数少ない日本企業であるが[6]，そのようなソニーの創り出す世界観に惹かれた消費者は，テレビなどの特定の製品を買い続けてくれるだけでなく，スマートフォンやデジタルカメラ，携帯型音楽プレイヤーなど，すべての製品をソニー製品で揃えようとする可能性が高い。

このように，製品らしさはリピーターの誕生と結び付きやすく，企業らしさはリピーターとコレクター双方の誕生と結び付きやすい。そして，これらの効果は，らしさや世界観を作り出さなければ，得られない効果である。モデルチェンジごとにデザインが全くの別物になっていては，消費者に特定の

---

[5] 『週刊東洋経済』「アップル躍進が示す"計画的陳腐化"の終焉」2009年7月11日号，134-135頁。
[6] 『NAVI』「美しくなければソニーでない：ソニーデザインの系譜」2003年3月号，126-127頁。

イメージを刷り込むことは難しく，当該製品を買い続ける誘因にはなりにくい。また，製品ごとにバラバラのデザインでは，消費者にそれらを収集しようという動機を起こさせることは難しい。

3 なぜ，日本企業のデザインには「らしさ」がないのか？

　続いて，ここでは，どのような要因が個性的で統一感や一貫性のあるデザインの創出を阻害するのかについて考えてみたい。

　以上では，デザインをどのように活用すれば，ブランド構築に貢献させることができるのか，またそれがなぜ市場での競争力に結び付くのかを考えてきた。しかし，個性的で統一感や一貫性のあるデザインを生み出して「らしさ」を演出することは，口で言うほど簡単ではない。現に，多くの日本企業では，そのようなデザインを創出できていない。日本企業，しかもいわゆる大企業が生み出すデザインの多くは，没個性的でバラバラで，らしさがないなどと批判されてきた（浜野，1985；Stalk and Webber，1993；榊原，1996）。もちろん，日本企業においても，個性的で統一感や一貫性のあるデザインを生み出したいと思っているデザイナーは多い。しかし，現実にはなかなかそうならない。それはなぜであろうか。

　以下では，個性的で統一感や一貫性のあるデザインの創出を阻害する要因として，多い製品数，効率性を重視した組織構造，頻繁な人事異動，日本型流通システムの4つを取り上げ，順に見ていきたい。ただし，これらの要因は，すべての業界に等しく影響を与えているというわけではない。業界によって，主犯格が異なる可能性が高い。この点にも注意が必要である。

1. 多い製品数

　1つ目の要因は，多い製品数である。日本企業は外国企業に比べ，概して取り扱う製品数（＝種類）が多い。そして，そのような製品数の多さが，デザインに統一感を持たせることを困難にし，らしさの演出を難しくしている。

　そもそも，日本企業において取り扱う製品数が増加したのは，多くの企業

が,市場の不透明感の高まりに対して,「数撃てば当たる」戦略で対抗してきたためである。一般に,市場が成熟して,消費者のニーズや好みがつかみにくくなると,企業は次のいずれかの戦略を採用するようになる。1つは,製品数をそれほど増やさずに,企業の魅力や個々の製品の魅力を強化する戦略であり,もう1つは,多種多様な製品を投入して,ヒットする製品の数を確保する戦略である(恩蔵,1995)。

そして,日本企業の場合,その多くは,後者の戦略を採用してきた。つまり,多種多様な製品を低コストで迅速に開発し,頻繁に市場に投入することで,シェアを獲得してきたのである(延岡,1996)。ただ,その結果,取り扱う製品数が爆発的に増えていった。例えば,本田技研工業(ホンダ)では,1982年には,車種×グレード×オプションの組み合わせが,400バリエーションであったのが,2001年には4,608バリエーションと,20年間で10倍以上に増加している(山田,2007)。同社では,90年代後半以降の市場の不透明感の高まりに対して,多種多様な製品の投入で対抗してきたのである(図表Ⅰ-2-2参照)。

しかし,一般に,多い製品数は,デザインによる「らしさ」の演出を困難

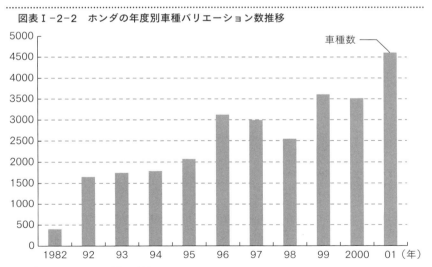

図表Ⅰ-2-2 ホンダの年度別車種バリエーション数推移

出所:山田(2007)140頁より引用。

にする。製品の数が多くなるほど，製品間でデザインを統一するのに手間や時間がかかるからである。また，多い製品数を維持したまま，デザインに統一感を出そうとしても，ぼやけたものになりがちになる。ビビッドで個性的なデザインで統一することは難しい。なぜなら，第1章2節2項でも見たように，製品ラインの幅が広いと，らしさは逆機能を起こし，消費者に飽きられる危険性を高めるからである。

例えば，BMWでは長年，特徴的なデザインで全車種を統一してきたが，2000年代以降は，製品ラインの拡張に伴い，従来のような完全に統一感のあるデザインから，ある程度統一感のあるデザインへと，デザインの性格を変化させている。これまでのような統一感を保ったまま製品ラインの拡張を行うと，同じ表現の繰り返しが多くなる分，見た目がくどくなり，消費者に飽きられる危険があったからである。反対に，取り扱う製品数を絞り込めば，デザインの統一は相対的に容易になる。その好例がアップルである。同社では，取り扱う製品の種類を絞り込む一方で，製品間のデザインを統一することで，「アップルらしさ」を上手く演出している。

もちろん，数多くの製品を扱う日本企業の中にも例外はある。「無印良品」を展開する良品計画である。同社では，7,000を超える幅広いアイテムを扱いながらも，デザインに統一感を持たせ，らしさの演出に成功している[7]。よって，このことは，基本的には製品数の多さはデザインの統一にとって不利に働くものの，絶対的な阻害要因にはならない可能性を示唆している。つまり，他にらしさを阻害する真犯人がいる可能性が高いのである。そして，その容疑者として考えられるのが，これから見ていく3つの要因である。

2. 効率性を重視した組織構造[8]

前述したように，多くの日本企業ではこれまで，多種多様な製品を低コストで迅速に開発し，頻繁に市場に投入することで，市場の不透明感に対抗し

---

[7] これは，アドバイザリーボードなどの様々な仕組みが上手く機能しているからである。ここでは，これらの仕組みに関する詳細な説明は割愛するが，『日経デザイン』「無印良品の目利き力」2014年6月号，18-47頁に詳しい。

[8] ここでの議論の大部分は森永(2010)に基づいている。

てきた。つまり，いかに仕事の効率性を高めるかに主眼を置いて，組織を設計してきたのである。しかし，皮肉にも，そのような開発効率を高める組織構造を採用したことが，個性的で統一感のあるデザインの創出を困難にしてきた。

2.1 製品開発組織への配置

多くの日本企業では，製品の開発効率を高めるために，デザイン部門を製品開発組織の下に位置づけてきた。**図表Ⅰ-2-3**は，その一例として，日産自動車の組織構造を表わしたものである。

これは，製品の開発過程において，デザイナーとエンジニアは調整しなければならないことが多く，デザイナーをエンジニアの近くに置いておいた方が，コミュニケーションがとりやすく，便利だからである（例えば，自動車の開発では，1回のプロジェクトにつき，デザイナーとエンジニアの間で100回以上の調整会議が必要になる場合があるといわれている）。

しかし，そのような体制では，効率的な調整ができる反面，エンジニアに「自分たちの言うことを聞いてもらうために，開発部門にデザインを置いた」との意識が生まれやすい。また，開発担当役員のコントロール下にデザイン部門が置かれていると，開発部門が作業を進めやすいようにデザイン部門に圧力がかかることがあり，デザインの開発がどうしても，ハード寄りで没個

図表Ⅰ-2-3　90年代の日産自動車におけるデザイン部門の位置づけ

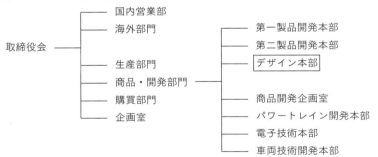

出所：『ダイヤモンド組織図・事業所便覧／全上場会社版（下巻）1999年』ダイヤモンド1727-1729頁を基に筆者作成。

性的なものになりがちになる。

　以下の発言は、日産自動車のカルロス・ゴーンCEOが、リバイバルプラン着手時に同社が抱えていたデザインの問題点について語ったものである。

　　「これまでは開発部門の長がデザイン部門を統括していました。（中略）こういった体制では、やり方のわかっている車づくりしかしなくなる傾向があります。開発部門がやり易いように、デザイン部門に圧力をかける状況になってしまう。そうなると（部品の）流用率を高めたり、作り易い構造を採用したりできるので、コスト的には有利になり、競争力は高まるかもしれません。しかし革新性はなく、魅力的とはいえない車になってしまいます。」[9]

　また、そのように、デザイン部門を製品開発組織の下に位置づけると、デザイン部門のポジションが低くなり、デザイン部門と経営トップとの距離が遠くなる。デザインをブランド構築に活用するには、本来、デザイナーと経営トップが二人三脚で仕事を進めていかなければならない。なぜなら、どのようなブランドを目指すかは、経営トップが決めることだからである。ブランドの決定権を持つ経営トップと、それを製品の形に落とし込むデザイナーとは、絶えずコミュニケーションをとる必要がある。しかし、両者の距離が遠いと、それが上手くいかない。

2.2　事業部ごとのデザイナー管理

　その他にも、日本企業には、製品開発を効率化するために、デザイナーを各事業部に張り付けて管理しているところも多い。組織図上には、独立したデザイン部門は存在するものの、実際は、各事業部にデザイナーが配属され、そこで管理されている場合が多いのである（**図表Ⅰ-2-4**は、その一例として、シャープの組織構造を表したものである）。

　しかし、そのような組織構造を採用すると、仮にデザイン部門全体でデザ

---

[9] 『カースタイリング』「社長、わが社のデザインを語る〈4〉　日産カルロス・ゴーン社長に聞く」2007年5月31日号、8頁。なお、カッコ内は筆者が補足した。

図表 I-2-4　90年代後半のシャープにおけるデザイナーの管理

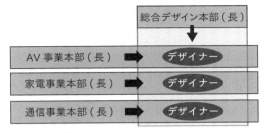

出所：『日経デザイン』「総合家電　新たなクリエーティブ集団を模索」1998年9月号，30-33頁を参考に筆者作成．
※図中の矢印の方向は，指揮命令系統を表わしている．また，矢印の太さは影響力の強さを表わしている．

インを開発する際のガイドラインや指針（以下，デザインポリシーとする）を決めたとしても，事業部ごとにデザイナーが分断されているため，企業全体で統一感のあるデザインを開発することは難しくなる．そのような組織構造の下では，デザイナーはデザイン部門の事情よりも，各事業部の事情を優先させてしまうからである．

　また，そのようにデザインポリシーが上手く機能しないと，他社のデザインと似通った没個性的なデザインが生み出されやすくなる．日本企業では，デザインの開発に際して市場調査を行うことが多いが，そのような調査を行うと，大抵の場合，どこの企業でも似たり寄ったりの結果になる．そのため，自社のデザインポリシーを無視して，その結果に盲従すると，他社と似通ったデザインになってしまうのである．

　そもそも，消費者の意見に合わせてデザインを開発すると，その製品領域やターゲット市場でトップシェアを持つ企業のデザインの後追いになることが多くなる．なぜなら，消費者に，どのようなデザインが好きかと尋ねれば，たいていの場合，現段階で売れている製品の名前やそのデザインを答えるからである．第1章2節3.1でも述べたように，ほとんどの消費者は，自分なりのデザイン観を持っていないため，どのようなデザインが好きかと聞かれると，よく見る製品をイメージして答えてしまう．そして，そのような消費者の言説を鵜呑みにしてデザインをすると，トップ企業と似通ったデザインを開発することになるのである．

3. 頻繁な人事異動

　加えて，3つ目の要因として考えられるのが，頻繁な人事異動である。前述したように，日本企業では，事業部の業務としてデザインの開発が行われることが多い。しかも，そのトップである事業部長が，短期間で人事異動してしまい，継続的にデザインを発展させていくことが難しい状況に置かれている（喜多，2007）。事業部長が異動するたびに，デザイナーはスタート地点に引き戻され，なかなか一貫性のあるデザインを開発することができないのである。

　それとは対照的に，欧州企業では，そもそもデザイン部長が役員クラスであることが多く，デザイナーは事業部長ではなく，デザイン部長のコントロール下に置かれている。しかも，在任期間は，日本企業に比べると概して長い。例えば，ルノーのパトリック・ルケマン氏は副社長として，1987年〜2009年の20年以上にわたり，デザイン部門の指揮を執ってきた[10]。もちろん，欧州企業でもデザイン部長が変われば，デザインの方針も大きく変わる。前出のルノーでも，デザイン部長がルケマン氏から，ローレンス・ヴァン・デン・アッカー氏に代わって，デザインの方針が大きく変化した。しかし，方針の持続時間が日本企業に比べて長いため，一貫性のあるデザインを開発することができる。

　また，そのようにデザインの方針は変わっても，デザインの特徴的な部分や，根幹にあるブランドの方向性は変わらない。欧州企業には大抵，電話帳並みの厚さのあるデザイン用のガイドラインが存在しており，変えてよいことと，変えてはいけないことの線引きがきちんとなされている。例えば，BMWでは，顔の正面に2つ並んだラジエーターグリルは「キドニー（腎臓）グリル」と呼ばれ，1930年代からのデザインの伝統である[11]。その他，トランク部分のでっぱり（＝ダックテイル）や，くの字に折れ曲がったCピラーもBMWの伝統となっている（河岡，1994）。

---

[10] 以下のルノーに関する記述は，『別冊モーターファン：ルノー・ルーテシアのすべて』(2013年11月)に基づいている。

[11] 『日本経済新聞』「ブランドビジネス　BMW（ドイツ）」2013年10月22日。

4. 日本型流通システム[12]

　最後に，4つ目の要因として考えられるのが，日本型流通システムである。日本企業から個性的なデザインがなかなか生まれないのは，日本では，メーカーよりも流通業が力を持っていることや，その流通業がPOS（Point of Sales）やQR（Quick Response）などの売れ筋重視の手法を採用しているからである[13]。このように，流通業の力が強く，かつそこからの要求が「売れ筋を追いかけよ」といった内容の場合，どのメーカーの製品も似たり寄ったりのデザインになってしまう。

　通常，モノが不足している時代には，流通側よりもメーカー側が力を持っている。なぜなら，モノさえあれば売れるような時代では，作り手の側が，売り手の側を選ぶことができるからである。しかし，供給過剰なモノ余りの時代に入ると，一転して，流通側が力を持つようになる。作り手の側が多くなり，今度は売り手の側が，作り手を選べる立場になるからである。そして，現在の日本では，多くの業界においてモノ余りの状態にあり，メーカーよりも流通業が力を持っている。

　加えて，日本の流通業の多くは，現場での売り易さを優先して，POSやQRなどの売れ筋を重視した手法を採用している。トレンドやブームに乗る方が，消費者への宣伝コストを低く抑えることができるからである。これは逆にいうと，近年の流通業界では，「売れる製品をじっくり育てる」とか，「今は売れなくても売れるまで我慢する」などの選択肢が取られにくくなっていることを示している。しかし，そのような手法を採用すると，どこのメーカーからも似たような製品しか生み出されなくなり，画一化が進んでいく。デザインもその例外ではない。他社と似たような没個性的なデザインばかりが生み出されるようになっていくのである。デザイナーの村田智明氏は，次

12　ただし，ここでの説明は，アパレルメーカーや電機メーカーなどには当てはまっても，自動車メーカーには当てはまらない。なぜなら，自動車メーカーでは，自前の流通網を持っているからである。

13　ここでいうPOSとは，商品を販売するごとに商品の販売情報を記録し，その集計結果に基づいて販売予測を行ったり，在庫管理を行ったりする手法のことで，QRとは，そのPOSを用いて，販売情報を迅速に生産に反映させる手法のことである。

のように述べている。

「供給過剰の時代は，流通が権力を握る。マーチャンダイザー（MD）がノーと言えば，商品の納入はできない。では，マーチャンダイザーはどうやって判断するのか。POSデータを分析し，そういうものを作れとメーカーに指導する。だから，製品の顔はみな同じになる。同じものはブランドではなく，コモディティだ。」[14]

さらに，そのような手法に長く依存し続けていると，デザインだけに限らず，他社との違いを生み出す能力をメーカーが失ってしまう危険がある。最悪のシナリオは，以下の記述にあるように，「後追いするだけの存在」→「デザイナーや企画担当の力量が落ちる」→「消費者が離れていく」という流れに陥ってしまうことである[15]。

「売れ行きが流行や天候に左右されてきたアパレル業界。IT（情報技術）革命で切り札を得たつもりだった。売れ筋情報を素早く生産に反映させれば，最短2週間で商品が店頭に並ぶ。業界用語でいうQRの確立だ。これで販売機会の損失を防げると受け止めた。ところが，（中略）QRは収益を改善させたが，副作用も大きい。トレンチコートがはやれば，みんなが追随して百貨店の売り場は一色に。メーカーは新しい売り場の提案どころか，後追いするだけの存在になりかねない。やがて，デザイナーや企画担当者の力量が低下。最後に顧客が離れる。売れ筋重視の波乗り経営のパラドクスだ。」[16]

---

[14] 『週刊東洋経済』「デザイン経営の時代」2005年10月8日号，94-95頁。
[15] そこで，そのような流れに抗しようと，家電業界などでは，2000年代中盤以降，SPA（Specialty store retailer of Private label Apparel）に近い事業形態を採用して，デザインやブランド構築を重視するベンチャー企業が生まれ始めている。2003年に誕生したアマダナがその代表格である。同社では，直営店と同社の哲学を理解してくれるセレクトショップでのみ製品を販売し，大型家電量販店での販売を回避している（藤川・楊・廣瀬，2008）。
[16] 『日本経済新聞』「会社とは何か　第2部企業価値を紡ぐ」2005年5月18日。

4 なぜ，欧州企業のデザインには「らしさ」があるのか？

　以上では，なぜ多くの日本企業が，個性的で統一感や一貫性のあるデザインの創出に苦戦しているのかを見てきた。しかし，その一方で，欧州企業の多くは，個性的で統一感や一貫性のあるデザインの創出を得意とし，ブランドを強力な武器として活用している。なぜ，欧州企業では，そのようなことができるのであろうか。ここでは，日本企業との比較を通じて，どのような要因が個性的で統一感や一貫性のあるデザインの創出を促進しているのかについて考えてみたい。

　以下では，そのようなデザインの創出を促す要因として，少ない製品数とデザインを重視した組織構造，開発リードタイムの長さ，ある種の傲慢さ，文化的・歴史的要因の4つを取り上げ，それらを順に見ていく。

1. 少ない製品数とデザインを重視した組織構造

　1つ目の要因は，少ない製品数とデザインを重視した組織構造である。欧州企業では少なくとも，前節1項～3項で見たような日本企業が直面している制度的な諸問題からは解放されている。

　まず，多くの欧州企業では，日本企業に比べ，取り扱っている製品数が少ない。例えば，フォルクスワーゲンの主力製品は，「ゴルフ」，「パサート」，「ポロ」などの3種類しかない[17]。そのため，デザインに統一感を持たせやすい状況にある。あるいは，以下に示すように，取り扱う製品数が少ないが故に，逆に「らしさ」のあるデザインを開発せざるを得なかったという側面もある[18]。

　そもそも，欧州企業では，市場の不透明感が高まるなか，日本企業とは別

---

[17] 『日本経済新聞』「経営の視点　VW高収益の秘密」2013年5月13日。
[18] このような状況は，第1章2節2.2で見た三菱自動車工業が2000年代に置かれていた状況とよく似ている。リストラによる自社製品の減少と，市場の成熟化によるライバル製品の増加が同時に起こる中，消費者に自社製品の存在を知ってもらうには，デザインを統一し，企業単位で存在感を誇示する必要があった。

図表Ⅰ-2-5　2000年代のルノーにおけるデザイン部門の位置づけ

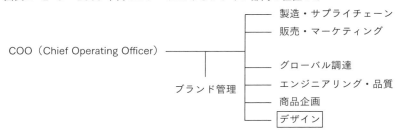

出所：『Renault Atlas March 13』を基に筆者作成。

のアプローチで売上や利益を確保しようとしてきた。それが，ブランド戦略である。市場が成熟し，消費者のニーズや好みがつかみにくくなっても，多くの欧州企業では，製品数を大幅に増やそうとはしなかった。しかし，製品数を増やさなければ，市場の見通しが利きにくい分，ヒットする確率も低くなる。また，外国企業が多くの製品を市場に投入してくれば，消費者にとっての選択肢が増えるため，ヒットの確率が下がる。

　そこで，注目されたのがブランド戦略である。ブランドを磨き，リピーターやコレクターなどのファンを作り出すことで，売上や利益を確保しようと考えたのである。その結果，個性的で統一感や一貫性のあるデザインが生み出されるようになった。

　さらに，欧州企業の多くは，日本企業が直面しているような組織構造上の問題もクリアしている。デザイン部門が社長直轄であったり，デザイン担当役員がいたりするなど，デザイン部門が組織の上位に位置づけられている場合が多い。また，欧州企業にはそもそも，デザイナーを直接雇用せず，デザインの開発を外注しているところも多いが，その場合でも，社内に数人のデザイン・ディレクターからなる組織を有し，デザイン担当役員が責任を負っていることが多い[19]。

　図表Ⅰ-2-5は，一例として，ルノーの組織図を表したものであるが，デザイン部門は社長（COO）の直轄下に置かれている。また，デザイン部長の地位も副社長と高い。このように，デザイナーと社長の距離が近いのは，ブランドは企業の理念や哲学と関係するトップ・マターである一方，デザイン

はその重要な構成要素であるため，経営者とデザイナーの二人三脚が必要になると考えられているからである[20]。

2. 開発リードタイムの長さ

2つ目の要因は，開発リードタイムやモデルチェンジのサイクルの長さである。欧州企業は日本企業に比べ，開発リードタイムやモデルチェンジのサイクルが長い。その結果，個性的で統一感や一貫性のあるデザインが生まれやすくなっている。なお，ここでいう開発リードタイムとは，新製品の開発に要する時間のことで，より具体的には，企画開始から生産開始前までに要する時間のことである（**図表Ⅰ-2-6**参照）。

前述したように，日本企業の多くは，多種多様な製品を迅速に開発し，頻繁に市場に投入してきた。つまり，製品を短期間で開発し，短いサイクルで市場に投入してきたのである。それに対して，欧州企業の多くは，それほど製品数を多く抱えていないため，製品の開発期間も長く，モデルチェンジの幅もゆったりしている。具体的に，日本の自動車企業での開発リードタイムは，平均45ヵ月程度であるのに対して，欧州の自動車企業でのそれは，平均55ヵ月程度である（藤本・延岡，2004）[21]。

そして，そのような開発リードタイムの違いは，デザインの開発期間にも影響を及ぼしている。日本の自動車メーカーでのデザインの開発期間は，平

---

19 欧州企業の多くが社内にデザイナーを抱えていない理由は，4節2項で述べるモデルチェンジサイクルの長さにある(杉山，2002)。欧州企業ではモデルチェンジのサイクルが長く，次の開発までに時間が空くため，企業内にデザイナーを抱えておくと固定費がかさむためである。反対に，日本企業は常に製品開発を行い，製品数も多いため，ほぼすべての企業が社内にデザイナーを抱えている。

20 その他，前述したように，多くの欧州企業には，厳格なデザインのガイドラインが存在し，それによる縛りと，デザイナー間で競争を促す雇用慣行の相乗効果で，個性的で統一感や一貫性のあるデザインの創出が可能になっている。ガイドラインによって様々な制約を受けつつも，個性的なデザインを提案しなければ，ライバルとの競争に敗れ，年俸が下がるからである。そのため，デザイナーは課された制約の中で，創造力を最大限に発揮して，ブレークスルーを生み出そうと努力する。なお，欧州におけるデザイナーの雇用事情については，第5章2節1項を参照のこと。

21 さらに，メルセデス・ベンツやBMWなどの高級車の開発リードタイムはそれよりも長く，平均63ヵ月程度である。

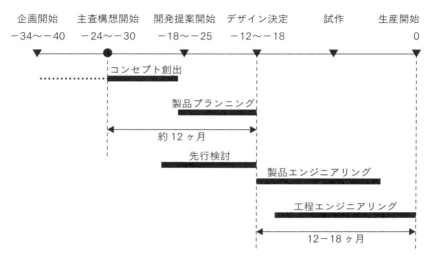

図表Ⅰ-2-6　トヨタの製品開発プロセスと開発リードタイム

出所：森永（2004）119頁より一部を修正して作成。
※図中の数字は月数で表示している。

均13ヵ月程度なのに対して，欧州の自動車メーカーでのデザインの開発期間は，平均22ヵ月程度もある（森永，2008）。

　さらに，そのような開発期間の違いは，生み出されるデザインの性格にも影響を与える。日本企業では，短期間で新しい製品を投入するため，製品寿命は短い。それゆえ，どうしてもトレンドを追いかけたデザインになりやすい。短期間で売上を伸ばすには，トレンドを反映させる必要があるためである。しかし，そのような方法をとると，デザインが他社のものと似通ったり，自社の製品間でデザインにバラつきが生じたりしやすくなる。

　一方，欧州企業では，次の製品が投入されるまでの時間が長いため，逆にトレンドに左右されない普遍性のあるデザインを生み出す必要がある。市場のトレンドを追いかけたところで，開発中のデザインが投入される頃には，そのトレンドが変わっている可能性が高いからである。したがって，デザインを開発する際により所とされるのが，自社の伝統やデザインポリシーである。時間や製品の枠を超えてデザインを継承・共有していくことで，普遍性を演出することができるからである。

このように，開発リードタイムの長短は，創出されるデザインの性格にも影響を及ぼす。特に，短いリードタイムで製品開発を行う場合，個性的で統一感や一貫性のあるデザインを開発することは難しい。

3. ある種の「傲慢さ」

　3つ目の要因は，ある種の「傲慢さ」である。例えば，フランスの自動車メーカーはかつて，米国に自動車を輸出する際にも，インテリアの雰囲気を損なうなどの理由から，カップホルダーを付けなかった[22]。米国では，カップホルダーが必需品であったにもかかわらず，である。

　このような行動は，一見すると，消費者のニーズを無視した傲慢な振る舞いのように見える。しかし，実は，これこそがブランドを構築するための秘訣でもある。ブランドを構築するには，仮に消費者に求められても，自社のイメージやキャラクターに合わないことは行わないという自律が必要になるからである。しかし，日本企業には，なかなかそれができない。極度の心配性だからである[23]。その結果，デザインの開発においても，できる限り多くの人々に配慮しようとして，他社と似通った没個性的なデザインになってしまうことが多い。

　例えば，「製品に角があれば，あらかじめ丸くしておいて，いざというときの事故に備えておく」とか，「取扱いのエラーが多いとしたら，見えるところに表示やガイドをつけておく」など，日本企業の多くは，このような点に配慮してデザインを開発することが多い（荷方，2013）。しかし，このような対処を積み重ねていくと，多くの企業でデザインに共通点が増え，次第に似通ったものになっていく。つまり，多くの人々に配慮すればするほど，没個性的なデザインに陥りやすいといったジレンマにはまり込んでしまっている

---

[22] 『ENGINE』「フランス車の『独善』と『普遍』」2011年11月号，50-101頁。なお，現在はカップホルダーをつけている。

[23] 例えば，ロボット掃除機の市場投入で，iRobotの「ルンバ」に先を越されたのも，掃除機が仏壇のろうそくを倒し，火事になった場合の訴訟リスクを恐れたからである。また，多くの日本企業が高度な技術を持ちながらも，医療機器の開発に消極的なのは，医療訴訟に対する過度な心配があるためである（『SankeiBiz』「日本の家電各社が"ルンバ"を作れない理由」http://sankei.jp.msn.com/west/west_economy/news/120211/）。

のである。

4. 文化的・歴史的要因[24]

4つ目の要因は，文化的要因・歴史的要因である。これらの要因は，これまで見てきたいずれの要因とも異なり，企業の戦略や事業形態などの制度の枠を超えた社会の深層に潜在するものである。つまり，欧州には歴史的・文化的に見て，個性的で統一感や一貫性のあるデザインを支持する素地があるということである[25]。以下では，具体的に7つの歴史的・文化的要因を取り上げてみたい。

4.1 経営者がデザインを選ぶ伝統

1つ目の要因は，経営者がデザインを選ぶという伝統である。欧州では，伝統的に経営者がデザインについても最終的な判断を下すことが多く，デザインの選択は，トップの重要な仕事の1つとして位置づけられてきた（奥山，2007）。そのため，経営者のデザインに対するこだわりやブランドに対する思い入れも強く，個性的で統一感や一貫性のあるデザインが重視されてきた。

4.2 M&A（企業買収）の歴史

2つ目の要因は，M&A（企業買収）の歴史である。欧州では，過去にM&Aを繰り返してきた結果，1つの企業が複数のブランドを保有するようになり，それぞれのブランドの違いを明確にしないと，共食いを起こす危険があった。そのため，それぞれのブランドに固有の個性的なデザインや，統一感や一貫性のあるデザインを採用し，他のブランドとの違いを際立たせてきた。

4.3 人間中心の発想

3つ目の要因は，伝統的な人間中心の発想である。欧州では，「技術は人間のためにある」という人間中心の発想が強い。そのため，最先端の技術に

---

[24] ここでの議論の大部分は森永（2008）に基づいている。
[25] なお，これらは個々の企業の努力だけではコントロールすることができない要因である。

よってライバルと競争するのではなく，技術的にはありふれた製品であっても，見た目の良さや使いやすさ，新しい体験を提案することで，ライバルと競争しようとする傾向が強い。その結果，個性的なデザインが生み出されやすくなっている。

4.4 クラフトマン・シップの伝統

4つ目の要因は，伝統的なクラフトマン・シップである。欧州では，クラフトマン・シップが根づいている。デザイナーは自分の仕事にプライドを持っているため，自己主張が強く，オリジナリティへのこだわりが強い。また，周囲にもデザイナーを含めた職人へのリスペクトがあるため，デザイナーの主張を認め，受け入れる素地がある。特にイタリアでは，デザイナーの考えがそのまま製品に反映されやすく，個性的なデザインが生まれやすい（奥山，2007）。

4.5 強固な社会階層

5つ目の要因は，強固な社会階層の存在である。欧州には，ある程度固定された社会階層が存在し，消費者は，自身の社会階層に応じた企業や製品を選択する傾向が強い（齋藤，2006）。つまり，欧州の企業やその製品には，長年にわたる固定客がついていることが多いため，デザインにおいても，変わることよりも，変わらないことの方が重要になる。つまり，一貫性のあるデザインの方が好まれやすいのである。

4.6 地理的要因

6つ目の要因は，地理的要因である。欧州では，多くの国々が陸続きで隣接しているため，何度も戦争が繰り返されてきた。その結果，自己のアイデンティティに対する思い入れが強く，それを重視する傾向が強い。そして，そのような傾向が，デザインにも反映されている。特に自動車業界では，多くの企業がシェアを分け合っており，自社の存在感を示すために，個性的で統一感や一貫性のあるデザインが重視されてきた。

4.7 生活スタイルや生活習慣

7つ目の要因は，欧州に特有の生活スタイルや生活習慣である。欧州の建物には，居間とダイニングが一体化している間取りのものが多い。そのため，テレビなどの家電製品と，電子レンジやコーヒーメーカーなどの調理機器との調和を重視する傾向が強い。また，パーティーを開く文化があるため，様々な製品が来客の目に触れる機会が多い[26]。その結果，製品間でのデザインの統一感が重視されるようになった。

5 本章のまとめ

以上で見てきたように，本章では，ブランドの文脈に沿って，デザインを巡る議論を整理してきた。具体的には，企業がデザインをいかに活用すれば，その企業（ないし，製品）らしさを演出することができ，消費者から信頼を得ることができるのか，また，そのためには，企業はどのようなマネジメントを行わなければならないのかを論じてきた。

まず，デザインとブランドの関係については，視覚情報であるデザインは，イメージであるブランドを形成するための重要な要素であり，ブランドは，デザインなしには成り立たないことを明らかにしてきた。さらに，そのデザインをブランド構築のために活用するには，企業は，個性的で統一感や一貫性のあるデザインを開発する必要があることも明らかにしてきた。

次に，デザインがブランド構築を介して発揮する効果として，ここでは，長期にわたる模倣困難性と，リピーターやコレクターの獲得の2つを取り上げた。

個性的で統一感や一貫性のあるデザインを作り出し，その企業らしさや独自の世界観を表現することができれば，他社に対して長期にわたる参入障壁を築くことができる。そのような「らしさ」や「世界観」の構築には，製品間でデザインを調節する必要があり，時間がかかるためである。

---

[26] 『日本経済新聞』「見せる白物家電　リビングの主役」2007年2月16日。

また，消費者が，「らしさ」や「世界観」を気に入ってくれ，彼らとの間に信頼関係が構築されれば，当該企業や製品に対するロイヤリティが高まり，そこからリピーターやコレクターが生まれてくる。そして，そのようなリピーターやコレクターの誕生は，結果的に，製品の値崩れを防いだり，売上増につながっていく。

　しかし，個性的で統一感や一貫性のあるデザインを生み出して「らしさ」を演出することは，それほど簡単ではない。現に，多くの日本企業では，そのようなデザインを創出できていない。ここでは，その原因として，多い製品数，効率性を重視した組織構造，頻繁な人事異動，日本型流通システムの4つに注目してきた。

　これまで多くの日本企業では，多種多様な製品を迅速に開発し，頻繁に市場に投入してきた。しかし，多い製品数は，デザインの統一に手間や時間がかかるため，「らしさ」の演出を難しくする。また，効率性に主眼を置いて組織を設計すると，デザイナーがエンジニアの近くや各事業部に配置されるため，デザイナーの発言力やデザイン部門のコントロールが弱まり，デザインが没個性的でバラバラなものになりがちになる。さらに，メーカーよりも流通業の力が強く，そこから「売れ筋」重視の指示が来る場合，どのメーカーの製品も似たり寄ったりのデザインになってしまう。

　このように，多くの日本企業が，個性的で統一感や一貫性のあるデザインの創出を苦手としている一方で，欧州企業の多くは，そのようなデザインの創出を得意としている。ここでは，その理由として，少ない製品数とデザインを重視した組織構造，開発リードタイムの長さ，ある種の「傲慢さ」，文化的・歴史的要因の4つに注目してきた。

　まず，欧州企業の多くは，取り扱う製品数が少ないだけでなく，デザインを重視した組織構造を採用している。また，そのように製品数が少ないため，開発リードタイムやモデルチェンジのサイクルが長く，短期的なトレンドを追いかけたデザインが開発されることはあまりない。このように，欧州企業では少なくとも，日本企業が直面している制度的な諸問題からは解放されており，そのことが，個性的で統一感や一貫性のあるデザインの創出を可能にしている。加えて，欧州企業にはある種の傲慢さがあることや，欧州の文化

的・歴史的要因が，その下支えとなっている。

> **付録：ブランドの文脈から書かれたデザイン本**
> - 会田一郎（2009）『デザインで視せる企業価値』幻冬舎メディアコンサルティング。
> - 中西元男（2010）『コーポレート・アイデンティティ戦略』誠文堂新光社。
> - 西澤明洋（2011）『ブランドをデザインする』パイインターナショナル。
> - 道添進（2005）『ブランド・デザイン』美術出版社。

■ 参考文献

- 会田一郎（2009）『デザインで視せる企業価値』幻冬舎メディアコンサルティング。
- 奥山清行（2007）『フェラーリと鉄瓶』PHP研究所。
- 恩蔵直人（1995）『競争優位のブランド戦略』日本経済新聞出版社。
- 河岡徳彦（1994）『クルマの時代とかたち』オーム社。
- 喜多俊之（2007）『ヒット商品を創るデザインの力』日本経済新聞出版社。
- 齋藤通貴（2006）「社会階層とラグジュアリー・ブランド」『三田商学研究』第49巻第4号，163-177頁。
- 榊原清則（1996）『美しい企業 醜い企業』講談社。
- 杉山和雄（2002）「これからもデザインの時代」『郵政研究所月報』2002年9月号，35-41頁。
- 荷方邦夫（2013）『心を動かすデザインの秘密』実務教育出版。
- 延岡健太郎（1996）『マルチプロジェクト戦略：ポストリーンの製品開発マネジメント』有斐閣。
- 浜野安宏（1985）『企業トップのデザイン観』講談社。
- 藤川佳則・楊佩綸・廣瀬文乃（2008）「ビジネスケース：リアルフリート　美しいカデン『amadana』が目指すデザイン・イノベーション」『一橋ビジネスレビュー』2008年春号，128-147頁。
- 藤本隆宏・延岡健太郎（2004）「製品開発の組織能力：日本自動車企業の国際競争力」『RIETI Discussion Paper Series』04-J-039。
- 森永泰史（2004）『デザイン（意匠）重視の製品開発：自動車企業の事例分析』神戸大学大学院経営学研究科博士論文。
- 森永泰史（2008）「デザイン戦略の類型化と，デザイン開発における意思決定スタイルに関する研究：自動車企業と電機企業の国際比較」『経営論集』第6巻第

2 号，47-68 頁。
- 森永泰史（2010）『デザイン重視の製品開発マネジメント：製品開発とブランド構築のインタセクション』白桃書房。
- 山田太郎（2007）『日本製造業の次世代戦略』東洋経済新報社。
- Aaker, D.A. (1991) *Managing Brand Equity*, New York：The Free Press.（陶山計介・中田善啓・尾崎久仁博・小林哲訳『ブランド・エクイティ戦略』ダイヤモンド社，1994 年）
- Nørretrandes, T. (1991) *The User Illusion：Cutting Consciousness Down to Size*, Penguin Books（柴田裕之訳『ユーザーイリュージョン：意識という幻想』紀伊国屋出版，2002 年）
- Stalk, G. and A. Webber (1993) "Japan's Dark Side of Time," *Harvard Business Review*, Vol.71 No.4, pp.93-102.

補講③：統一性と典型性

　第2章で見たような「らしさ」や「世界観」に惹かれるリピーターやコレクターの誕生は，消費者行動論の「統一性（unity）」と「典型性（prototypicality）」という2つの概念を援用しても説明できるかもしれない。

　まず，Veryzer and Hutchison（1998）を参考に，両概念のオリジナルの定義を見てみたい。前者の統一性とは，製品内部におけるフォルムの統一性のことを指している。固定電話を例にとると，それは，本体と受話器部分の2つのパーツがどれくらい統一性を持っているかの程度によって測定される。より具体的には，本体部分が四角い形であれば，受話器も四角い形である方が，受話器部分だけが丸みを帯びた形になっている場合よりも統一性が高いということになる。そして，統一性が高い方が消費者の評価は高くなる。一方，後者の典型性とは，対象となる製品のフォルムが，多くの人が思い浮かべるような典型的な製品のフォルムと一致する度合のことを指している。一致する項目が多いほど典型性は高くなる。そして，こちらも典型性が高い方が消費者の評価は高くなる。

　このように，統一性の概念は元々，1つの製品のデザインの性格を評価する際に用いられ，一方の典型性の概念は元々，対象となるデザインと市場に流布するデザインとの関係を考える際に用いられてきたが，それぞれの概念の適用範囲を拡張・変更すると，次のような議論が展開できそうである。

(1) 統一性とシークエンス効果

　まず，前者の統一性の適用範囲を製品間のデザインの関係にまで拡張した場合，それは，製品間のデザインの統一性という新たな問題として捉えることができる。

　例えば，松下電器（現・パナソニック）では2000年代以降，製品ごとにバラバラにデザインを行うのではなく，ブランドごとに統一感のあるデザインを行うようになった。そうすることで，パナソニック・ブランドやナ

ショナル・ブランドのイメージを一貫させるとともに，それぞれのブランド・イメージを高めようとしたのである。そして，このような取り組みは，一定の成果を上げている（川島，2005）。

よって，この場合においても，Veryzer and Hutchison（1998）が示した研究結果に近い成果が認められる可能性がある。つまり，製品間のデザインにおいても統一性が高いほど，消費者からの評価が高くなる可能性があるのである。

そして，その根拠として考えられるのが，シークエンス効果である。第3章でも触れるが，ここでいうシークエンス効果とは，消費者から見た品揃えの考慮のことで，消費者は既存の持ち物との調和度合いを考慮して，買い物を行うというものである（Block，1995）。例えば，Forty（1986）は，製品のデザインは単体でも消費者から高く評価されることがあるが，究極的には，消費者の既存の持ち物との適合度合いが低ければ忌避される可能性が高いことを，歴史を振り返りながら明らかにしている。同様に，Bell et al.（1991）は，消費者は個々の製品を独立したものとして評価しているのではなく，自分が所有する他の製品とのアンサンブルを評価して購買に及んでいると論じている。

つまり，これらの研究からは，消費者は「個」ではなく，「群」でデザインを評価している可能性があるため，製品のデザインを行う際には，その製品を買ってくれた人が他の製品も買い揃えたくなるように，デザインに統一感を持たせる必要があることを示唆している。これは逆にいうと，製品間のデザインに統一感を持たせることで，コレクターを作り出すことが可能になるということを示しているのである。

(2) 典型性とカテゴライゼーション効果

一方，後者の典型性の測定基準を，従来の「市場に流布するデザイン」から「自社のこれまでのデザイン」に変更した場合，それは，デザインの一貫性という新たな問題として捉えることができる。

例えば，フォルクスワーゲンでは，新しい車のデザインを行う際には市場のトレンドのリサーチだけでなく，自社のこれまでのデザインも振り返り，その成果を反映させている。チーフデザイナー（当時）のグスタフ・ホ

フマン氏は以下のように述べている。

　「以前から当社でもトレンドをいち早くつかもうとリサーチし，その結果をクルマにトランスフォームしようとしていますが，それだけでは駄目なんです。いかにフォルクスワーゲンのブランドを維持向上させるかという意味で，フォルクスワーゲンの核となる部分を見つけるべく，フォルクスワーゲンというブランドの内側のさらに奥へと，過去をリサーチすることも忘れないようにしています。そして，その核をニューモデルにいかに移植していくかが私たちの課題です。」[1]

　そして，このような取り組みは，一定の成果を上げている。よって，この場合においても，Veryzer and Hutchison（1998）が示した研究結果に近い成果が認められる可能性がある。つまり，自社のこれまでのデザインとの関係においても，典型性が高いほど（＝特定の企業名を聞いて一般の人々が思い浮かべるデザインのイメージと，そのデザインが近いほど）消費者からの評価が高くなる可能性があるのである。

　そして，その根拠として考えられるのが，カテゴライゼーション効果である。ここでいうカテゴライゼーション効果とは，デザインが物事のカテゴリー化（＝分類・区分）を容易にし，消費者の情報処理を助け，物事に対する理解やコミュニケーションを促進する効果のことをいう（Kreuzbauer and Malter, 2005）。このように，消費者は，製品の形を手掛かりに企業や製品を区別するだけでなく，製品の性格やスタイルを理解したり，製品とのコミュニケーションを行ったりしている。そのため，消費者がデザインを通して，自社や自社の製品に興味を持ち，それを1つのカテゴリーとして一旦認識すれば，それ以降のコミュニケーションは格段に容易になる。つまり，一旦カテゴリーとして認識され，かつ好意を持ってもらえれば，デザインを大きく変えない限り，ずっと好意を持ち続けてもらうことができるのである。

　例えば，Garber et al.（2000）は，バーチャルシミュレーションを用いた実験によって，パッケージカラーと製品選択の関係について検討して

---

[1] 『AXIS』「どんなリサーチをしていますか」2000年11・12月号，26-27頁。

いる。その結果，熱心なファンを持つ製品は，パッケージカラーの変更程度が高まるにつれ購買される確率は低下する一方，熱心なファンを持たない製品は，パッケージカラーを大幅に変更することで購買される確率が上昇することが明らかになっている。

　彼らの研究は，直接デザインを対象としたものではないものの，何らかの要素を通じて，消費者の心の中に一旦カテゴリーが形成されれば，そのカテゴリーを同定する要素を維持する限り，特定の消費者をつなぎとめることができることを示している。つまり，特色のあるデザインを作り出し，それを継承していくことで，リピーターを作り出せる可能性があることを示唆しているのである。

■ **参考文献**
- 川島蓉子（2005）『松下のデザイン戦略』PHP 研究所。
- Bell, S., M. Holbrook and M. Solomon (1991) "Combining Esthetic and Social Value to Explain Preferences for Product Styles with the Incorporation of Personality and Ensemble Effects," *Journal of Social Behavior and Personality*, Vol.6 No.6, pp.243-274.
- Bloch, P. (1995) "Seeking the Ideal Form: Product Design and Consumer Response," *Journal of Marketing*, Vol.59 No.3, pp.16-29.
- Forty, A. (1986) *Objects of Desire : Design and Society since 1750*, Thames and Hudson Ltd.（高島平吾訳『欲望のオブジェ：デザインと社会 1750 年以降』鹿島出版会，2010 年）
- Garber, L.L., R.R. Burke Jr., and J.M. Jones (2000) "The Role of Package Color in Consumer Purchase Consideration and Choice," *Working Paper*, Marketing Science Institute.
- Kreuzbauer, R. and A. J. Malter (2005) " Embodied Cognition and New Product Design : Changing Product form to Influence Brand Categorization," *Journal of Product Innovation Management*, Vol.22 No.2, pp.165-176.
- Veryzer, R.W. and J.W. Hutchison (1998) "The Influence of Unity and Prototypicality on Aesthetic Responses to New Product Design," *Journal of Consumer Research*, Vol.24 No.4, pp.374-394.

第3章
デザインとマーケティング

学習の狙い
- デザインが製品の売上や企業業績の向上に貢献しているという事実を認識すること
- デザインをマーケティングの文脈から捉える場合，2つのアプローチがあることを理解すること
- デザインが消費者に訴求する価値には，主に4つのものがあることを理解すること
- それぞれの研究が消費者をどのような存在として捉えているのか（＝人間観）に注意する必要があることを理解すること

キーワードは「売れる」

　一般に，マーケティングとは，企業の対市場活動のことであり，学術的には，「企業経営にあたって必要とされる，企業の市場に対する考え方もしくは接近法」と定義される（和田，1996）。

　そして，学術の世界には，そのような文脈からデザインにアプローチした研究が数多く存在する。そこでは，売れるデザインを生み出すための市場調査の方法や，ヒットしたデザインの分析，デザインを起点とした購買メカニズムの解明など，デザインと市場をめぐる様々な問題の解明に力が注がれてきた。言い換えれば，どうすればデザインを購買へとつなげていくことができるのかに関心が寄せられてきたのである（坂本，2009）。

　本章では，そのようなマーケティングの文脈から行われてきた研究に焦点を当て，そこでは，これまでどのような事柄が明らかにされてきたのかを整理してみたい。

1 Good Design Is Good Business

"Good Design Is Good Business" とは，元 IBM 社長のトーマス・J・ワトソン・ジュニア氏が 1973 年にペンシルベニア大学で行った講演の中で述べた有名なフレーズである[1]。ここでの "Good Design" や "Good Business" が厳密にそれぞれ何を指しているかはともかくとして，「デザインが何らかの形で製品の売上や企業業績の向上に貢献している」という意見に反対する人はほとんどいないだろう。

例えば，ゼネラルモーターズは，自動車といえば黒一色で，単一モデルのT型フォードしかなかった 1920 年代に，毎年のモデルチェンジと派手なスタイリングで消費者の欲望をかき立て，フォード・モーターとのシェア逆転に成功した（Sloan, 1963）。また，近年では，小林製薬が一般女性保健薬である「命の母」のパッケージデザインを変えることで，売上の急拡大に成功した[2]。このように，「製品の中身や機能はそのままに，デザインを変えただけで売上が飛躍的に伸びた」という事例は，古今東西，枚挙に暇がない。

また，実際に，デザインに対する評価と売上との関係や，デザインへの投資と企業業績との関係を調べた研究でも，総じて両者の間には正の相関関係があることが分かっている。**図表Ⅰ-3-1** は，それらの研究の一部を集めたものである。この図表からも分かるように，それらの研究において調査対象となった国や地域は（欧州が相対的に多いものの）多様であり，製品や産業も幅広い。さらに，研究が行われた時期もバラバラである。その意味で，デザイ

---

[1] 彼は，当時のオリベッティのショールームの素晴らしさに触発されて，このフレーズを述べたとされている（『IBM ホームページ』「Good Design is Good Business」http://www-03.ibm.com/ibm/history/ibm100/us/en/icons/gooddesign/）。なお，オリベッティはイタリアの老舗情報通信企業であるが，当時はタイプライターの開発・製造などを手掛けていた。

[2] 「命の母」は，もともと笹岡薬品から販売されていたが，2005 年に，小林製薬がその独占販売権を取得し，パッケージのデザインを変更した。その結果，従来は年間 2 億円程度だった売上が，9 ヵ月で 5 倍の 10 億円程度になった（『日経デザイン』「坂井直樹のデザイン経営談義」2007 年 6 月号，74-77 頁）。

ンやパッケージが売上のアップや利益の獲得に貢献するという事実は、ある程度普遍性を持っているといえる。

図表Ⅰ-3-1　デザインと製品の売上や企業業績との関係を調べた諸研究

研究者名	調査対象	分析単位	主な変数と結論
Talke, Salomo, Wieringa, and Lutz（2009）	ドイツ市場に投入された自動車157モデル	製品単位	デザインの新奇性と製品の売上との間に相関関係が認められた。
Chiva and Alegre（2009）	スペインとイタリアのセラミックタイル産業	企業単位	デザインへの投資の多寡は、デザインマネジメントの巧拙を介して、企業の成長率や利益率に影響を与えていた。
British Design Council（2005）	英国の企業（約1500社）	企業単位	多くの企業において、デザインへの投資が売上などの経営指標に正の影響を与えていた。
Hertenstein, Platt and Brown（2001）	家具、コンピュータ、家電、自動車産業内のデザインに秀でた企業群（26社）と、そうでない企業群（25社）の比較	企業単位	グループ間で、成長率やキャッシュ・フローなどの12の指標を比較した結果、デザインの秀でた企業グループの方が総じて優れていた。
Gemser, Mark and Leendersb（2001）	オランダの家具産業と精密装置産業	企業単位	デザインに対する投資の多寡と売上との間に相関関係が認められた。また、2つの産業の間で相関係数の値にほとんど差は見られなかった。
三留（1997）	日本の自動車・情報通信機器・家電	製品単位	（製品によって差はあるものの）デザインの変更率と売上との間には一定の関係があることが確認された。
Yamamoto and Lambert（1994）	産業機器	製品単位	総体的に、製品の美しさは、価格・機能に次いで売上に影響を与えていた（一部の製品では、美しさは価格や機能をしのいでいた）。
Hise, O'Neal, James and Parasuraman（1989）	米国を代表する製造企業287社（35業種）	企業単位	最新製品が商業的に成功していると答えた"high"企業と、そうでないと答えた"low"企業を比較した結果、high企業では、low企業に比べ、デザイン部門が幅広い活動を行っていた。

出所：筆者作成。

2 「良い」デザインをめぐる鶏卵論争

このように、過去のいくつかの事例や、アンケート調査などに基づく定量的な研究からは、デザインが製品の売上や企業業績の向上に貢献し得ることが窺える。しかし、だからといって、単に「良いデザインを作れば、良い売り上げを確保することができる」と考えるのは早計である。なぜなら、そもそも「良いデザインとは何か」を定義すること自体難しいからである。例えば、今は良いデザインであっても、それは今の消費者にとって良いというだけであって、将来の消費者が何を良いと判断するかは分からない。消費者の嗜好は絶えず変化するからである。

また、仮にそれを定義したとしても、その「良いデザイン」が「売れるデザイン」になるとは限らない。両者の間には断絶がある場合が多いのである。例えば、日本の主要なデザイン賞の1つに、公益財団法人日本デザイン振興会が主催するグッドデザイン賞があるが、その受賞を示すGマークの取得が、必ずしも売上の向上に貢献しているわけではない。グッドデザイン賞の金賞や大賞を受賞したものの、販売数を伸ばせなかった例も多い[3]。

さらに、「良いデザイン」を定義しないまま議論を行うと、トートロジーに陥って、生産的な議論ができなくなる。ここでいうトートロジーとは、いわゆる鶏卵論争のことで、いずれが原因で、いずれが結果なのかが区別できない状態のことを指す。この場合でいうと、「デザインが良かったから製品が売れた」と考えるべきなのか、「製品が売れたからデザインが良かった」と考えるべきなのかが分からないということである。このような事態に陥ると、議論が堂々巡りするだけで、前進させることができなくなる。つまり、不毛な議論に陥るのである。

そこで、学術の世界では、そのような厄介な問題を避けるために、様々な工夫を行ってきた。例えば、**図表Ⅰ-3-1**にあるTalke et al. (2009) は、デ

---

[3] 『戦略的デザイン活用研究会報告』(http://www.meti.go.jp/policy/mono_info_service/mono/human-design/kennkyuukaihoukoku.html)。なお、グッドデザイン賞の内訳は、特別賞、金賞、大賞の3種類である。

ザインを消費者の「好き嫌い」や「善し悪し」などの主観的な指標ではなく，「新奇性」などの客観的な指標を用いて表現することで，議論がトートロジーに陥るのを回避してきた。また，Chiva and Alegre (2009) は，デザインに対する投資と売上との関係をダイレクトに調べるのではなく，両者の間に「デザインマネジメントの巧拙」という項目を入れた。つまり，デザイン部門への投資がデザイナーの様々なスキルや能力を伸ばし，その結果として，企業の業績が向上するという文脈で研究を進めてきたのである。

ただし，これらの研究では，デザインと購買との間にある因果関係については明らかにされておらず，ブラックボックスのままである。そこで，以下では，それらの部分の解明に取り組んだ研究を取り上げ，どのような事柄が明らかにされてきたのかを整理してみたい。

3　2つのアプローチ

デザインと売上の間にあるブラックボックスの解明には，これまで次の2つのアプローチが採用されてきた。1つは，デザインやパッケージそのものを分析対象としたものであり，もう1つは，製品を購入する人間を分析の中心に据えたものである。

一般に，前者のアプローチは，実務家によって採用される場合が多い。例えば，トヨタ自動車ではかつて，統計的品質管理の手法を取り入れた自動車のプロポーション研究が行われてきた（長屋・松原, 1997）。これは，高級車「アリスト」の開発に先立ち，自動車の各部の寸法比率の対比をどのように設定すれば，狙いとする高級感や新しさを消費者が感じるのかを分析したものである。このように，企業において研究が行われる場合は，デザインやパッケージそのものが分析対象となることが多い。

一方，後者のアプローチは，研究者によって採用されることが多い。研究者の多くがそのようなアプローチを採用するのは，デザインが購買の決め手となれるかどうかは，消費者がそのデザインをどう認識するかにかかっていると考えているからである。つまり，消費者の認知や行動の様式が購買の決

め手となるため，その中身を正確に分析したり，理解したりすることが重要になると考えられてきたのである。

以上のように，ブラックボックスの解明には２種類のアプローチが存在するが，ここでは，後者のアプローチに焦点を当てる。ただし，一口に「人間を分析の中心に据えた研究」といっても，それは複数の研究分野にまたがって行われており，かつ研究分野ごとに人間の捉え方（＝人間観）や，関心を寄せるデザインの価値などが異なっている。そこで，次節では，研究分野，人間観，デザインの価値の３点に注目して，それらを整理してみたい。

4　５つの人間観と４つのデザイン価値

前述したように，人間を分析の中心に据えた研究は，様々な研究分野で取り組まれているが，そのうち，ここで取り上げるのは次の４つの研究分野である。１つ目は経営学の消費者行動論，２つ目は人間工学，３つ目は脳科学（ないし神経科学），４つ目は文化人類学である。

また，それぞれの研究分野において想定されている人間観も多岐にわたるが，ここでは，それを次の５つに整理している（**図表Ⅰ-3-2 参照**）[4]。

１つ目は，消費者を理性的で合理的な存在として捉える認知的人間観，２つ目は，消費者を理性より感情によって突き動かされる存在として捉える情動的人間観，３つ目は，消費者を外界から直接意味を拾い上げる存在として捉える生態学的人間観，４つ目は，消費者を神経回路の集合体として捉える脳科学的な人間観，５つ目は，消費者を意味世界の住人として捉える文化人類学的な人間観である。

それぞれの研究分野では，これらのうちのいずれか（場合によっては複数）の人間観に立って，研究を進めてきた。

さらに，それらの研究が関心を寄せるデザインの価値については，ここで

---

[4] 生態学的な人間観と文化人類学的な人間観には共通点が多いが，両者の関係を厳密に論じた研究がないため，ここではとりあえず別物として扱っている。

図表Ⅰ-3-2　5つの人間観

人間観	定義
1．認知的人間観	消費者は理性的で合理的な存在である
2．情動的人間観	消費者は理性より感情に突き動かされる存在である
3．生態学的人間観	消費者は外界から直接意味を拾い上げる存在である
4．脳科学的な人間観	消費者は神経回路の集合体である
5．文化人類学的な人間観	消費者は意味世界の住人である

出所：筆者作成。

図表Ⅰ-3-3　デザインやパッケージが消費者にもたらす4つの価値

	購買場面	使用場面
合理的側面	情報処理価値 （例えば，情報の伝わりやすさ）	製品消費価値 （例えば，使い勝手の良さ）
情緒的側面	購買誘因価値 （例えば，美しさ）	消費経験価値 （例えば，楽しさ，心地良さ）

出所：石井・恩蔵（2010）36頁の図表3に一部加筆。

は次の4つに整理している（**図表Ⅰ-3-3**参照）。1つ目は，購買場面において消費者の合理性に訴えかける情報処理価値，2つ目は，使用場面において消費者の合理性に訴えかける製品消費価値，3つ目は，購買場面で消費者の情緒に訴えかける購買誘因価値，4つ目は，使用場面で消費者の情緒に訴えかける消費経験価値である（石井・恩蔵，2010）。

　ただし，これらの4つの価値は，すべての研究分野において等しく重視されているわけではない。情報処理価値などの購買場面で生じるデザインの価値に関心を寄せる研究分野もあれば，製品消費価値などの使用場面で生じるデザインの価値に関心を寄せる研究分野もある。

　このように，人間を分析の中心に据えた研究には，人間観や関心を寄せるデザインの価値が異なる研究が混在しているが，それらを整理したものが**図表Ⅰ-3-4**である。以下では，この図表に沿って説明を行っていく。

図表 I-3-4 人間を分析の中心に据えた研究の全体像

研究分野	人間観	関心を寄せるデザインの価値
消費者行動論	認知的人間観 情動的人間観	情報処理価値（例えば，情報の伝わりやすさ） 購買誘因価値（例えば，美しさ）
人間工学	認知的人間観 生態学的人間観	製品消費価値（例えば，使い勝手の良さ）
	情動的人間観	購買誘因価値（例えば，美しさ）
	人間＝意味世界の住人	消費経験価値（例えば，楽しさ，心地良さ）
脳科学	人間＝神経回路の集合体	情報処理価値（例えば，情報の伝わりやすさ） 購買誘因価値（例えば，美しさ）
文化人類学	人間＝意味世界の住人	購買誘因価値（例えば，美しさ） 消費経験価値（例えば，楽しさ，心地良さ）

出所：筆者作成。

5 消費者行動論の分野に見るデザイン

1つ目は，経営学の消費者行動論の分野で見られるデザインの研究である。そこでは，消費者を認知的ないし情動的な存在として捉え，購買場面において彼らがデザインやパッケージに対してどのような心理的・行動的反応を示すのかを明らかにしてきた。

さらに，この分野には，大きく2種類の研究が存在する。1つは，デザインやパッケージを起点とした購買プロセスの全体像を説明しようとする概念モデル研究であり，もう1つは，デザインやパッケージの特定部位の性格に焦点を当てて，それらと消費者の心理的・行動的反応との関係を明らかにしようとする実証研究である。

1. 購買プロセスの全体像

まず，前者の概念モデル研究において最も有名なのが，Bloch（1995）である。彼は，「デザイン」から「心理的反応」を経て「行動的反応」に至る購買プロセスを中核に据え，その各段階に影響を与える諸要因を組み込んだ包括的なモデルを提示している（**図表 I-3-5** 参照）。

図表Ⅰ-3-5 購買プロセスの全体像

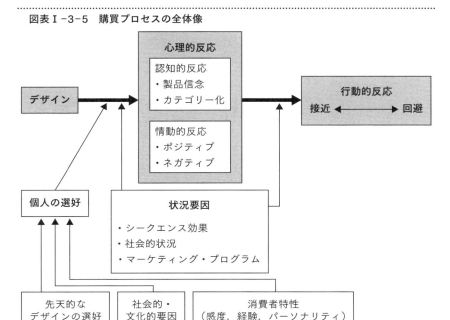

出所：Bloch（1995）p.17 を翻訳して引用。

　その中身を具体的に見ていくと，まず，デザインは，消費者の心理的反応を引き起こすが，その反応は，認知的反応と情動的反応に大別することができる。前者は，デザインに対する消費者の合理的で分析的な反応であり，当該デザインによってもたらされる製品の特徴の認知（＝製品信念）や，それをカテゴリー化しようとする反応である。一方，後者は，デザインに対する消費者の情緒的で感情的な反応であり，当該製品に対するポジティブ，あるいはネガティブな反応である。

　さらに，それらの心理的反応は，次の行動的反応の原動力になる。例えば，デザインに対してポジティブな心理的反応が生じると，消費者はその製品に接近し，逆にネガティブな心理的反応が生じると，消費者はその製品を回避しようとする。その結果，接近頻度の高い製品は良く売れ，回避頻度の高い製品は売れ残ることになる。ただし，それらの反応は，「個人の選好」と「状況要因」によっても影響を受ける。

前者の「個人の選好」とは、デザインの好みに関する個人差のことであり、その差異は、先天的なデザインの選好、社会的・文化的要因、消費者特性の3つの要因によって規定される。1つ目の先天的なデザインの選好とは、全人類にほぼ共通してみられる普遍的な好みのことで、黄金比や自然の美（例えば、雪の結晶）などがこれに当てはまる。2つ目の社会的・文化的要因とは、消費者が所属する社会や文化によって受ける制約のことで、異なる社会や文化に所属している消費者の間では、形に対する好みも異なることを指している。そして、3つ目の消費者特性とは、生まれ付きのデザイン感度や個人の経験によって受ける制約のことである。これらの要因は、個人の選好に影響を与え、デザインに対する消費者の心理的反応を左右する。

　一方、後者の「状況要因」には、様々なものがあると考えられるが、代表的なものとしては、既存の持ち物との調和の度合い（＝シークエンス効果）や、アドバイスをくれる第三者の有無（＝社会的状況）、広告やディスプレイによる効果（＝マーケティング・プログラム）などがある。そして、これらの要因は、消費者の心理的反応だけでなく、行動的反応にも影響を与える。

2. 特定部位への注目

　一方、後者の実証研究では、デザインやパッケージの特定部位の性格に焦点を当てて、それらと消費者の心理的・行動的反応との関係を明らかにしてきた。なお、ここでいう特定部位とは、パッケージの色、画像、文字、形状、サイズ、素材の6つである。以下では、それらの研究成果を簡単に紹介してみたい。

2.1　色に注目した研究

　例えば、Garber et al. (2000) は、小麦、レーズン、スパゲティなどの模擬購買実験を通じて、パッケージの色の変更は、製品に対する消費者のロイヤリティ（＝忠誠心）の高低によって、正反対の結果を招くことを明らかにしている。つまり、消費者のロイヤリティの高い製品では、色の変更度合いが高まるにつれ、購買される確率が低下するのに対して、ロイヤリティの低い製品では、変更度合いが高まるにつれ、購買される確率が上がるのである。

2.2 画像に注目した研究

例えば，Underwood and Klein（2002）は，キャンディ，ベーコン，マーガリンなどを用いて実験を行い，パッケージ上の写真は注意喚起効果があることや，画像がある方が消費者のパッケージに対する態度（＝好きor嫌い）や信念（＝製品が持つ特徴に対する認知）にポジティブな影響を与えることなどを明らかにしている。

また，Hagtvedt and Patrick（2008）は，画像の有無ではなく，その中身に注目した実験を行っている。彼らは，ゴッホやフェルメール，モネなどの有名絵画をパッケージに使用したシャンプーのボトルを用いて実験を行い，画像に有名絵画を用いると，消費者のラグジュアリー知覚を介して製品評価を高める効果があることを明らかにしている。

2.3 文字（言語情報）に注目した研究

例えば，Rigaux-Bricmont（1982）は，コーヒーを用いて実験を行い，製品名とパッケージの有無による製品評価の違いを調査している。その結果，消費者の知覚品質は，製品名とパッケージの両方が同時に提示されている場合に最も高く，製品名もパッケージも提示されていない場合に最も低いことが明らかになった。

また，溝本・竹内（2009）は，言語情報の有無ではなく，言語情報の内容と，製品に対する期待値の高低や態度との関係を調査している。その結果，言語情報に整合性がある場合は，製品への期待値が高まり，態度に強い影響を与えるが，整合性がない場合は，期待値が低下することが明らかになった。

2.4 形状に注目した研究

例えば，Folkes and Matta（2004）は，アップルジュースやレモネードなどを用いた実験を通じて，複雑な形状のパッケージの方が単純な形状のパッケージに比べ，消費者は内容量を多く知覚することを明らかにしている。ただし，複雑なパッケージであっても，消費者がそれを見慣れた場合は，そのような効果は低減するとされている。

また，Raghubir and Krishna（1999）は，「同じ面積の長方形を比較する

場合，短い辺に対する長い辺の割合が高い"細長い"長方形の方が，短い辺に対する長い辺の割合が低い"ずんぐりした"長方形に比べ，より大きく知覚される」というエロンゲーション効果に注目して，ビール，チーズ，コーラなどを用いた実験を行っている。その結果，細長いパッケージの方が，ずんぐりしたパッケージよりも内容量が多く知覚（錯覚）され，実際の消費も多くなることを明らかにしている。ただし，消費前の期待値が高い分，実際の内容量の少なさに消費者はがっかりするため，満足度は低くなる。

2.5 サイズに注目した研究

例えば，Wansink（1996）は，大きなサイズのパッケージは，消費者の知覚単位コストを低下させ，結果として使用量を増加させることを，食用油や水などを用いた実験で明らかにしている。それに対し，Folkes et al.（1993）は，トイレ用洗剤に見立てた液体を用いて実験を行い，使用量に影響を与えるのはあくまで内容量であって，パッケージサイズは使用量に影響を与えないとする反対の結果を示している。

2.6 素材に注目した研究

例えば，Krishna and Morrin（2008）は，消費者の接触要求に注目し，パッケージの触感が製品評価に与える影響を調べている。その結果，パッケージに触れたがる接触欲求の高い消費者は，そのような影響を受けにくいのに対し，接触欲求が低い消費者は，影響を受けやすいことが明らかになった。そして，その理由としては，接触欲求の高い消費者は触覚情報の処理に慣れているため，素材が内容物に影響を与えるか否かを判断することができるのに対し，接触欲求が低い消費者は不慣れなため，素材から得られた触覚情報を内容物の評価に反映しやすいと考えられている。

6 人間工学の分野に見るデザイン

2つ目は，人間工学の分野で見られるデザインの研究である。当該分野で

は、消費者を購買に駆り立てるのに必要なデザインの役割をいくつかに分類して研究を進めてきたが、ここでは、それらを大きく次の3つに分類して、整理していくことにする[5]。

1つ目は、使いやすさのためのデザイン（＝製品消費価値）、2つ目は、消費者の美的感覚を満足させるためのデザイン（＝購買誘因価値）、3つ目は、消費者に価値ある経験を提供するためのデザイン（＝消費経験価値）である。

1. 使いやすさのためのデザイン

人間工学では1960年代以降、一貫して、使いやすさの解明に取り組んできた。つまり、そこでは、「使いやすさをどのように評価すればよいのか」や、「どのような形状やインタフェイスであれば、消費者は使いやすいと感じるのか」などが研究されてきたのである。人間工学の分野では、このような使いやすさのことをユーザビリティ（＝利用品質）と呼び、その評価方法のことをユーザビリティ評価と呼んでいる。

1.1 基本的なモデル

現在、人間工学の分野では、このユーザビリティについて厳密な定義づけが行われており、ISOやJISの規格にも採用されている。具体的に、そこで用いられているユーザビリティの指標は、有効性、効率性、満足度の3つである。ここでいう有効性とは、消費者が指定された目標を達成する上での正確さと完全さのこと（＝目標との合致度）、効率性とは、消費者が目標を達成する際に、正確さと完全さに費やした資源のこと（＝目標を達成するまでに費やされた作業の数や時間）、満足度とは、製品使用に対して不快さがなく、肯定的な態度を持てることを意味している（澤田, 2001）。

さらに、それら3者は密接に関係しており、満足度は、有効性と効率性の程度に影響を受けるとされている。つまり、利用者が迷うことなく、正確に

---

[5] 前述のように、石井・恩蔵（2010）は、デザインが消費者に対して訴求する価値には、情報処理価値、製品消費価値、購買誘因価値、消費経験価値の4つがあるとしているが、人間工学の分野では、情報処理価値は積極的に取り上げられてこなかった。そのため、ここでは、情報処理価値を除く3つの価値に注目している。

図表Ⅰ-3-6　使い勝手に対する消費者反応のモデル

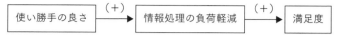

出所：Norman（1988）を参考に筆者作成。

目標を達成できれば，情報処理の負荷が低いため，満足しやすいと考えられているのである。したがって，この研究分野で用いられる基本的なモデルは，**図表Ⅰ-3-6**に示すような「使い勝手の良さの程度（有効性・効率性の程度）」→「情報処理にかかる負荷の軽減度合い」→「満足度合い」というシンプルなものである（Norman, 1988）。

ただ，その一方で，満足度からその先の選好へは，それほど簡単には結び付かないことが明らかにされている（Mack and Sharples, 2009）。残念ながら，使い勝手の良さが消費者の選好に与える影響は，機能や外観の美しさ，価格などに比べて，それほど高くないのである。

1.2 使いやすさ研究における人間観の変遷

このように，人間工学の分野では，使いやすさの解明に一貫して取り組んできたが，研究の前提となる人間観は時代とともに変化している。

まず，1960年代は，主に人間のフィジカルな側面に注目して研究が行われてきた。具体的には，体のサイズや各部位の寸法，関節の自由度などのデータを集めて，人間をモデル化したり，人間と機械の寸法を計測して，人間にとって使いやすい寸法とは何かを研究したりしてきた。このような研究は，エルゴノミクスと呼ばれ，産業医学をベースに発展していった[6]。

しかし，1970年代に入ると，研究対象の拡大に伴い，人間工学は新たな課題に直面するようになる。前述したように，1960年代までは，工場や乗り物の運転席など，機械を使用する場面が限定されていた。そのため，人間と機械の関係がイメージしやすく，人間をモデル化することは有効であった。それに対して，1970年代は，日常生活における人間と機械の関係に関心が寄せられるようになってきた。しかし，日常生活では，機械の使用場面が格

---

[6] 『REAL DESIGN』「特集：人間工学とデザイン」2010年9月号，26-55頁。

段に広がる。そのため，人間のフィジカルな側面に注目するだけでは，それらの関係を上手く捉えることは難しかった。そこで，1970年代〜1980年代は，人間のフィジカルな側面に加え，メンタルな側面にも関心が向けられるようになった。つまり，人間の認知的側面に重きが置かれるようになっていったのである。そこでは，「人間は機械をどのように理解するのか」や「どうすれば機械が人間に対して適切に情報を渡せるのか」などが研究されてきた（Norman, 1988）。

その後，1980年代終盤になると，認知科学の発達に伴い，人間工学にも新たな人間観が登場してくる。生態学的な人間観である[7]。それ以前の認知科学が情報処理モデルに依拠し，人間を「外界から情報を取り入れ，それを加工することで，意味を取り出す生き物」と考えてきたのに対し，新しい認知科学では，人間を「既に外界に存在している意味を取り入れる生き物」と考えている（佐々木, 1994）。そして，そのような外界に存在する意味は，アフォーダンス（affordance）と呼ばれ，その視点から，ユーザビリティも考え直されるようになってきた（木全, 2007）。つまり，「人間は，立体や素材を見ると瞬時に，それがどのように利用できるかを理解できる能力を持っているのだから，そのような直感に即したデザインを開発すべき」と考えられるようになってきたのである。そのため，近年では，ある立体や素材を見たとき，人間はそれを回したくなるのか，倒したくなるのか，それとも押したくなるのかといった，モノと人間の動作との関係を解明する取り組みが行われている。

2. 美的感覚を満足させるためのデザイン

次に，消費者の美的感覚の満足に注目した研究を取り上げてみたい。人間工学の分野では，1990年代以降，新たに感性工学と呼ばれる新しい研究領

---

[7] ただし，Norman（1988）が提唱したアフォーダンスの概念や考え方は，Gibson（1979）が唱えたオリジナルのものとは異なっており，彼のアプローチは生態学的な人間観を有していないとする批判もある。そのため，Normanは後の著書（2010）で，アフォーダンスの代わりに「知覚されたアフォーダンス」や「シグニファイア」などの別の言葉を用いるようになっている。

域が誕生してきた[8]。

　元来，人間工学にいう「人間」とは，どちらかといえば，合理的で認知的な人間を想定してきた。しかし，そのような人間観からは，当時，消費の鍵になりつつあった美的満足感などの人間の非合理的で情動的な側面を捉えることは難しかった。そこで，そのような側面に工学的にアプローチするために生まれてきたのが感性工学である（名城ほか，1994）。

　感性工学の分野では，人間がモノを見たときに感じる感情のことを「感性」と呼んでいるが，人間の感性はもともと曖昧で漠然としたものであるため，直接測定することはできない。そこで，当該分野では，感性を間接的に測定するための様々な方法が開発されてきた。その中でも特に有名なのが，一対比較法とSD法である。

　前者の一対比較法とは，複数の評価対象物がある場合に，2つを1組にして比較評価させ，トーナメント形式で順々に勝敗を決めていく方法のことである。一方，後者のSD法とは，「明るい─暗い」，「かわいい─かわいくない」などの人間の感性表現に最も近い言葉を通して，間接的に感性を測定していく方法のことである（長町，1989）。一般的には，製品の形や色，素材などが消費者に与える感情的なイメージを5-7段階に分けて，得点形式で評価していく。なお，SD法にいうSはSemantic（＝意味），DはDifferential（＝微分）のことで，直訳すると「意味を微分する方法」ということになる。

　感性工学では，これらの手法を用いてデザインの印象評価と態度との結び付き度合いなどを明らかにしてきた。

2.1 オーソドックスな研究

　例えば，関口ほか（2007）は，29種類のMDプレイヤーの写真パネルを用いて，消費者を惹き付ける部位の抽出と各部位の印象評価を行い，それらと態度（＝買いたいor買いたくない）との関係を調べている。その結果，13カ所の部位と7種類のイメージ用語が抽出され，そのうち，「シンプルな」，「量感のある」，「高級感がある」の3つのイメージ用語が，消費者の態度形成に

---

[8] 日本感性工学会が設立されたのは1998年のことである（『日本感性工学会ホームページ』http://www.jske.org/）。

大きな影響を与えていることが分かった。

その他にも，当該研究領域には，印象評価における男女の違いに注目したものや，国や文化による違いに注目したものなど，様々なものがある。

2.2 男女の違いに注目したもの

例えば，木下ほか（2008）は，携帯電話を用いた実験を通じて，印象評価には男女で差があることを明らかにしている。具体的に，彼らは，男女それぞれ30名を対象に，「認知」→「イメージ」→「態度」というモデルを使って，その違いを明らかにしている。

なお，ここでいう認知とは，「丸い，四角い」などの形に対する認識であり，イメージとは，心の中に思い浮かべる姿や像のこと，態度とは，「好き」や「格好良い」などの購買に直結する感情のことを指している。そして，実験の結果，男性は，製品の厚みや角を丸めた四角い形状に強い関心を寄せ，女性は角張ったデザインを好み，ボタンの形状に独自のこだわりがあることなどが明らかになっている。

2.3 国や文化の違いに注目したもの

また，坂本（2008）は，携帯電話を用いた実験を通じて，国や文化によってデザインに対する印象評価が異なることや，購買行動が異なることなどを明らかにしている。具体的に，彼女は，日本人学生とアジア圏からの留学生を対象に，「和テイスト」を含む様々な製品イメージの測定と，それらと評価内容との関係を比較考察している。

その結果，和テイストに対する印象評価は，日本人学生と留学生の間で異なる傾向が見られた。具体的には，日本人学生の間では，和テイストとセクシー因子との関係が強くみられ，留学生の間では，洗練因子との関係が強くみられた。さらに，和テイストと嗜好性や購買意向との関係では，日本人学生のみ高い相関がみられた。

3. 価値ある経験を提供するためのデザイン

最後に，経験が生み出す価値に注目した研究を取り上げてみたい。人間工

学の分野では，2000年代以降，この価値に対する関心が急速に高まってきた（黒須，2010）。その理由は，アップルの「iPod」や「iPhone」，任天堂の「Wii」など，消費者に楽しい経験やワクワクする経験を提供するタイプの製品が大成功を収めたからである。

そもそも，デザインと消費者に提供される経験との間には強い相関がある（深澤，2002）。なぜなら，消費者にどのような経験を提供するかは，消費者との間にどのようなインタフェイスを構築するのかにかかっており，そのようなインタフェイスの在り方は，製品のデザインによって大部分が規定されるからである。ただし，ここでいう「経験」は，6節1項で見たような「使いやすさ」とは性格の異なるものである。使いやすいデザインが必ずしも，使って楽しいデザインとは限らないからである。

人間工学の研究分野では，90年代はじめから，UX（User Experience）という概念を用いて，製品利用者（特に情報通信機器の利用者）の経験に関する研究が行われてきた。そこでは，「どのようなデザインにすれば，どのような経験を消費者に提供することができるのか」や，「人間はどのような行為に対して，どのような意味付けを行うのか」などに関心が寄せられ，それらを解明するための様々な手法が開発されてきた（山岡，2008）。ここでは，それらの中から，代表的なペルソナマーケティングとデザイン・シンキングの2つを取り上げてみたい。

3.1 ペルソナマーケティング

まず，1つ目のペルソナマーケティングとは，「多くの消費者を満足させようとするよりも，むしろ，1人の消費者を満足させるために設計・開発した方が成功する」との発想から生まれたマーケティング手法のことで，様々な定量・定性データを駆使して，具体的な消費者像（＝ペルソナ）を作り出していくところに特徴がある（Pruitt and Adlin, 2006）。通常，ペルソナという言葉は仮面や人格などを意味するが，ソフトウェアの設計やデザインなどの分野では，2000年代以降，架空のユーザー像や消費者像を表わす言葉として用いられてきた。

このような取り組みの根底には，「平均は，消費者の本当の姿を反映した

ものではない」との確信がある。データから抽出された平均的な消費者は，現実には存在しない。そのため，それに合わせて製品やデザインを開発しても，現実の消費者を満足させることはできない。また，平均像に合わせて開発された製品やデザインが提供できる経験は，平板なものになりがちで，結局は，誰に対しても中途半端な経験しか提供することができない。それに対して，特定の人物を想定して開発された製品やデザインは，逆説的ではあるが，消費者のすべてを対象としないが故に，汎用性と斬新性を確保することができる。それは，あたかも障害のある人や高齢者向けのデザインが健常者にもやさしく，使い勝手が良いのと似ている。

3.2 デザイン・シンキング

2つ目のデザイン・シンキングとは，デザイナーの仕事の進め方を取り入れた製品開発手法のことで，ヒトとモノとの関係を作っていく際に，開発担当者自身もその過程に入って，何度も試作と実験を繰り返し，実際にそれが使われる場面を観察しながら，改良を重ねていくところに特徴がある（奥出，2007）。

通常の製品開発活動では，開発プロセスの終盤になって，製品の完成度を確認するためにプロトタイプが作成されることが多い。しかし，デザイン・シンキングの考え方を取り入れた製品開発活動では，開発プロセスの初期段階からプロトタイプを作成し，実際の使用場面を観察しながら，改良を重ねていく。なぜなら，そのようなやり取りを通じてしか，消費者の経験を目にしたり，それを管理したりすることができないからである。

前述したように，近年では，消費者にどのような経験を提供することができるかで，製品の成否が決まるケースが多くなっている。そのため，開発担当者は，消費者がどのような新しい経験を望んでいるのかを知る必要がある。しかし，そのことを直接，消費者に尋ねても答えは得られない。なぜなら，人間はそもそも，自分の行為に無自覚な場合が多いだけでなく，未だ経験したことのない経験を誰もリクエストするようなことはできないからである。その意味で，インタビュー調査やアンケート調査には限界がある。そこで考え出されたのが，デザイン・シンキングである。

3.3 学術世界での低い使用率

　以上の2つの方法は，科学というより，むしろ文化人類学のそれに近く，人間を「意味世界の住人」と捉えているところに特徴がある。

　具体的に，ペルソナマーケティングでは，その都度，ターゲットとなる人間をモデル化し，その人物の気持ちになって，製品やサービスのデザインを考えていく。その理由は，具体的な消費者像を作り上げ，その人物のことを念頭に置いて考えた方が，意味世界の深層に入り込むことができるからである。同様にデザイン・シンキングも，「既に分かっている人間の振舞いは，ある程度，限られた範囲内での"分かっている"に過ぎない」との立場に立っている[9]。未知のモノや複雑なシステムに対して，人間がどのように接し，どのような意味を見出すのかを予測することはできない。そのため，ヒトとモノの間で起こっていることを1つ1つ丁寧に観察し，その都度，その行為が持つ意味を解釈していくしかないと考えているのである[10]。

　このように，人間工学の分野では，消費者の経験を解明するための様々な手法が開発されてきた。しかし，その一方で，それらの観察重視の手法を採用した実証研究の数は少ない。その理由の1つは，当該手法が多くの工学系の研究者にとって馴染みが薄いことである。それらは，前述したように，科学というより，むしろ文化人類学の考え方や方法論に近い。そこでは，人間を「意味世界の住人」として捉えており，これまで人間工学が前提としてきた認知科学的な人間観とは大きく異なっている。

　そして，もう1つの理由は，意味は見えないだけでなく，測定も困難で，

---

[9] 『REAL DESIGN』「特集：人間工学とデザイン」2010年9月号，26-55頁。

[10] ただし，人間工学の分野で用いられる観察重視の手法は，文化人類学で用いられるそれとは少し異なっている。1つ目の違いは，観察範囲の違いである。人間工学では，観察を行う範囲を限定している。その理由は，人間工学の主眼が，人工物によって消費者の特定の行為や作業を支援することに置かれているからである。また，企業での実践を考えた場合には効率性が重要になるからである。そして，2つ目の違いは，意味が発生する場所を，利用者の「内部」にあると考えている点である。それに対し，文化人類学では，意味は利用者の外側にあると考えている。前者の立場では，人間の内面が直接の分析対象になるが，後者の立場では，人間を取り巻く環境や文化が直接の分析対象になる。

客観的に捉えにくいからである（星野, 1993）。当該手法を採用した場合には、調査者の能力や直感への依存度が高くなるため、調査方法の標準化や結果の妥当性の見極めが難しい。加えて、当該手法は時間と費用がかかり過ぎるため、大量サンプルによる調査の実施が難しい。このことも、採用が見送られる理由の1つである。

3.4 デザインが提供する経験に対する消費者反応のモデル

その一方で、従来の実験方法をアレンジして行われた研究はいくらか存在する。そして、それらの研究の下敷きになっているのが、Norman のモデル（1988・2004）である。彼のモデルは、製品の使用によって得られた経験から、消費者が意味を引き出し、その結果として、満足を感じるというシンプルなものである（**図表Ⅰ-3-7** 参照）。

このモデルの特徴は、「経験」という概念を導入したことで、これまで見てきた「使い勝手の良さ」や「見た目の良さ」だけでなく、使用中の情動的な反応も含めた、消費者の包括的な反応を捉えることができる点にある。ただし、カバーする範囲が広いため、実証に際しては、経験の中身をいくつかの要素に分解するアプローチが採用されている。

例えば、Hassenzahl（2001）は、デザインが提供する経験の中身を、親

図表Ⅰ-3-7　デザインが提供する経験に対する消費者反応のモデル①

出所：Norman（1988・2004）を参考に筆者作成。

図表Ⅰ-3-8　デザインが提供する経験に対する消費者反応のモデル②

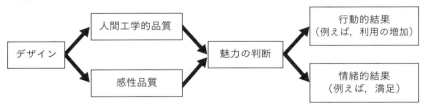

出所：Hassenzahl（2001）p.484 の図1を翻訳したのち、一部修正して筆者作成。

しみやすさや操作しやすさなどの「人間工学的品質」と，独創性や革新性などの「感性品質」の2つに分けて捉えている。そして，それらが利用者の認知プロセスの中で，「魅力度」を判断する際の材料として統合され，その結果が，利用頻度などの「行動的結果」や満足度などの「情緒的結果」に結び付くことを明らかにしている（**図表Ⅰ-3-8**参照）。

7 脳科学の分野に見るデザイン

　3つ目は，脳科学の分野で見られるデザインの研究である。そこでは，脳科学で用いられる研究手法や研究成果のデザインへの応用が試みられてきた。一般に，脳科学の研究手法や研究成果を応用したマーケティング研究は，ニューロマーケティングと呼ばれ，2000年代以降，盛んに研究されてきた。その意味では，ここで取り上げる研究は，ニューロマーケティングの1つとして捉えることができる。

　この脳科学の手法や成果を用いた研究では，人間を「神経回路の集合体」と捉え，その活動の在り方から，デザインに対して形成される消費者の態度や購買行動を説明しようとしてきた。また，そこでは，人間の脳は同じ刺激に対して均一の反応を示すため，大量の被験者を集めて検証したり，文化や年齢の違いなどを考慮したりする必要性は低いと考えられてきた。以下では，それらの研究成果を簡単に紹介する。

1. 大脳の半球優位性に注目したもの

　例えば，石井ほか（2008）は，大脳の半球優位性に注目して，効果的なパッケージデザインの在り方を解明しようとしている。

　ここでいう大脳の半球優位性とは，大脳半球が左右でそれぞれ異なる機能を持っていることを指す。具体的に，右脳は，映像や空間などの空間構成や音楽感覚などの機能を持ち，左脳は，言語や論理，計算，時間感覚などの機能を持っている。さらに，視野と脳は交差の関係にあり，右目，左目を問わず，左視野の情報は脳の右半球（右脳）へ，右視野の情報は脳の左半球（左脳）

図表Ⅰ-3-9 視神経交差のしくみ

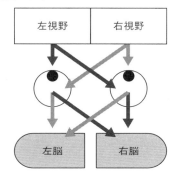

出所：筆者作成。

へ伝達される（**図表Ⅰ-3-9**参照）。

そのため，パッケージなどをデザインする際には，イラストや写真などの画像情報は左に配置し，キャッチコピーなどの言語情報は右に配置した方が消費者に理解・選好されやすいと考えることができる。彼らの研究では，実験を通じて，この仮説が検証された。その結果，チョコレートのパッケージに対しては当該仮説の有効性は認められたものの，カレーのパッケージに対しては一部のターゲットにしか有効性は認められなかった。

2. 脳内の視覚野の発達度合いに注目したもの

また，形や色に反応する脳内の視覚野の発達度合いに注目した研究もある。視覚野の発達度合いが異なれば，形と色に対する反応の仕方も異なる。通常，形に対する反応は，色に対する反応よりも高次の反応であるため，成長した大人であれば，色よりも形に反応しやすい。

しかし，これには男女差がある。千々岩（1988）は，色・形分類検査法を用いて，男性は形に惹かれ，女性は色に惹かれる傾向があることを明らかにしている。つまり，男性の方が，相対的に形状につられて買い物をする人が多いと考えられるのである。そのため，男性に製品を売りたければ，製品の形状に注力する必要がある。反対に，女性に製品を売りたければ，色彩に注意する必要がある。

3. 記憶の忘却に注目したもの

　さらに，宮本（2003）は，多くの製品分野でデザインに流行があることに注目し，その原因を人間の記憶の忘却に求めている。彼によると，あらゆるデザインは，丸⇔角，曲線⇔直線，幅広⇔幅狭といった対立要素を持っており，一定の周期で，その対立要素の間を行き来する。このような現象が起こるのは，人間は忘れる生き物だからである。一方のデザイン要素（例えば，丸）を持った製品が流行して，一定の期間が経過すると，今度は，その反対のデザイン要素（例えば，角）が新鮮に見えるようになる。これは，遭遇頻度が低下することで，記憶が薄れるからである。

　一般的に，人間の脳は，思い出す回数や遭遇頻度によって，シナプスのつながり具合が変化し，それが弱くなると思い出せなくなると考えられている。そして，そのような忘却には，一定時間の経過が必要であるため，流行は，その忘却に必要な時間で一周することが多い。彼は，このような人間の記憶のメカニズムのせいで，流行が繰り返す（あるいは，流行には周期がある）と考えている。

4. 脳科学の調査手法を用いたもの

　その他，脳科学の研究成果ではなく，当該分野でよく用いられる調査手法を用いたデザインの研究もある。例えば，Sung et al.（2009）は，fMRI（functional Magnetic Resonance Imaging）と呼ばれる手法を用いて，脳の反応を測定し，デザインの美しさが必ずしも消費者の心を魅了するわけではないことを明らかにしている。つまり，美しさを感じる脳の部位と，購買意欲を感じる脳の部位は異なるのである。なお，このfMRIとは，医療用のMRIを利用して，人間の脳や脊髄の活動に関連した血流動態反応を視覚化する方法の1つで，脳科学の研究分野でよく用いられる。

8　文化人類学の分野に見るデザイン

　4つ目は，文化人類学の分野で見られるデザインの研究である。そこでは，

主に記号論の考え方の応用が試みられてきた。一般に，記号論の考え方を応用したマーケティング研究は，セミオティック・マーケティング（あるいは，消費記号論）と呼ばれ，1980年代中盤から盛んに議論されてきた。その意味で，ここで取り上げる研究は，セミオティック・マーケティングの1つに位置付けることができる。

1. 記号論とは？

そもそも，記号論とは，Saussure (1916) の言語学に端を発した研究分野で，そこでは，人々が持つ価値観（ないし，価値体系）の違いに注目して，様々な文化的・社会的な現象を説明しようとしてきた。Saussure は，言語とは何かと何かを区別するためにあると考え，さらに，その分け方は，そのときどきの人々が持つ価値観に依存すると考えた。つまり，人々から区別する価値を見出されるからこそ，それを区別するための言語が与えられ，そうでなければ，与えられないと考えたのである。

さらに，Saussure は，言語とは記号の体系であり，表現（＝シニフィアン）と内容（＝シニフィエ）の2つから成るが，言語はそもそも，人々の価値観に依存しているため，両者の関係も恣意的であるとした。つまり，特定の表現には，特定の内容しか対応できないなどの必然性はなく，時代や話し手が変われば，当然，両者の関係も変化すると考えたのである。

2. セミオティック・マーケティングとは？

そして，その記号論の考え方をマーケティングに応用したものが，前述したセミオティック・マーケティングである。

そこでは，消費行動の経済的側面ではなく，社会的・文化的側面に焦点が当てられてきた。そして，その嚆矢となったのが，Baudrillard (1968) の「消費される物になるためには，物は記号にならなくてはならない」という命題である。現在の消費行動は，生理的欲求や経済合理性だけでなく，自己表現やステータスの誇示などの社会的・文化的欲求が隠れた動機になっていることが多い。そのため，消費者が，そのモノを「何らかの価値（意味）あるもの」として捉え，他のモノと区別するに値する「記号」として認識しない限

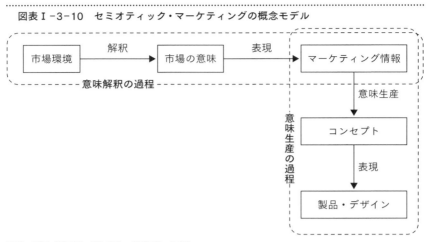

図表Ⅰ-3-10 セミオティック・マーケティングの概念モデル

出所：星野（1987）409頁を一部修正して引用。

り，モノは購入されないとした。

　したがって，消費を促進するには，自社の製品が，他社の製品と区別するに値する記号であると消費者に認識させることが必要になるが，そのように彼らを仕向ける活動がセミオティック・マーケティングである。つまり，消費者が自社の製品を記号として認識するのを待つのではなく，それが消費者に記号として認識されるよう，積極的に働きかける活動のことである。そして，そのような観点からは，デザインは極めて重要になる。なぜなら，第2章でも見たように，視覚情報であるデザインは，製品イメージの大部分を規定するからである。

　さらに，デザインにそのような役割を積極的に演じさせるには，現時点でのデザインとそれに付与されている意味との関係を正しく理解した上で，それらを組み換え，新たな意味を生産することが必要になる。つまり，消費行動の背後にある文化的な意味の体系を解き明かしていく「意味解釈」と，その解き明かした体系を基に将来の消費行動を予測し，未来の消費者が思わず飛び付くような新たな記号を創造していく「意味生産」の2つの作業が必要になるのである（図表Ⅰ-3-10参照）。

3. セミオティック・マーケティングの応用

　以上のように，セミオティック・マーケティングの考え方を応用したデザイン研究では，消費行動を単なる個人の営みとしてではなく，社会的・文化的な活動として捉え，消費者を「記号・象徴という文化体系の中にいる生き物（＝意味世界の住人）」として捉えている（星野，1993）。つまり，消費者は，自分たちを取り巻いている意味の体系と照らし合わせて，デザインに意味づけを行っているに過ぎないのである。

　したがって，当該研究分野では，これまで見てきた他の研究分野とは異なり，個々のデザインに対する消費者の心理的な反応には全く関心が払われていない。代わりに，そこでは，消費者を取り巻く様々な物のデザインと，それらに付与された意味との関係に焦点を当て，両者を結び付けている法則の解明に取り組んでいる。

　また，以上の内容からも分かるように，当該研究分野でいうデザインとは，基本的には製品の形や色，素材などの見た目部分のことを指しており，そこでは，それらが購買場面で消費者に与える情緒的な効果に注目してきた。つまり，当該研究分野では主に，デザインの購買誘因価値に注目してきたのである。しかし，後述するように，一部の研究では，消費者の経験までも研究の射程に入れており，その意味では，購買誘因価値だけでなく，消費経験価値にも焦点が当てられている。

　以下では，前者のデザインの購買誘因価値に注目した研究を「伝統的な記号論の考え方に基づいた研究」と呼び，後者の購買誘因価値と消費経験価値の双方に注目した研究を「製品意味論の考え方に基づいた研究」と呼んで，それぞれの中身を見ていきたい。

4. 伝統的な記号論を用いたもの

　1つ目は，伝統的な記号論の考え方に基づいたデザインの研究である。このような研究の嚆矢となったのは，Barthes（1967）である。彼は，衣服のデザインを題材に，新しい流行や様式の出現を新たな記号の出現と捉え，それらのデザイン（＝表現）と意味（＝内容）を結び付ける恣意的な力の中身を解明することで，その背後にある文化のカラクリを明らかにしようとした。

つまり，表現としてのデザインと，その背後にある意味との対応関係を明らかにしようとしたのである。

さらに，山本・石崎（2011）は，そのようなファッションデザインの領域で行われてきた記号消費の議論を振り返り，そこから得られた知見をプロダクトデザインに応用しようと試みている。彼らは，新製品が次々と生み出される現在のような状況下では，デザイナーは周辺的な差異の再生産に陥りやすく，それを避けるには，消費の背後にある文化のカラクリをきちんと理解した上でデザインを行う必要があると考えている。

しかし，問題は，それらの研究が文化的な意味の体系を解き明かした段階で留まっている点にある。例えば，山本・石崎（2011）では以下に示すように，解き明かした体系の検証作業は今後の課題とされている。

> 「今後は（中略）デザイン言語的なイメージに対応したモジュールを持つプロダクトデザインを提案する。その後，そのモデルを用いた感性工学的実験を行い，アンケートやリスニングを併用し評価することで，本研究の仮説の有効性についての検証を行うつもりである。」（53頁）

このように，多くの研究では，自らが解き明かした体系の正しさについての検証は行われていない。つまり，解き明かした体系を基にデザインの開発を行い，実験を通じて，その体系の正しさを確かめるなどの作業は行われていないのである。さらに，本来，セミオティック・マーケティングでは，意味解釈と意味生産の2つの作業が必要になるが（**図表Ⅰ-3-10**参照），ほとんどの研究では，前半の意味解釈しか行われていない。

研究の多くが，このような段階で留まってしまう理由は，学術の世界において，意味解釈の次のステップである意味生産を行うための方法論が開発されてこなかったからである。記号論や文化人類学のそもそもの目的は，異なる言語体系や文化，組織を理解することであり，それらを操作することではない。そのため，意味解釈の先にある意味生産に関しては，専ら実務家の課

題とされてきた[11]。また，6節3.3でも述べたように，科学的な研究ではこれまで，そのような意味の世界は，存在が不確かなものとして，研究対象から排除されてきたことも影響している可能性がある[12]。

5. 製品意味論を用いたもの

2つ目は，製品意味論の考え方に基づいたデザインの研究である。Krippendorff and Butter（1984）やKrippendorff（2006）は，モノのデザイン（例えば，形，色，質感）にも独自の意味があり，その表現を変えることで，消費者に異なる意味を伝えることができると考えている。このような考え方は，「製品意味論（product semantics）」と呼ばれ，記号論の一領域として発展してきた（川間，2002）[13]。

この製品意味論は，機能主義に代わる新たなデザイン理論として1980年代に登場してきた。その背景には，技術の電子化によるデザインの自由度の拡大や，技術のブラックボックス化など，人間を取り巻く環境の変化に伴い，「製品の形態は機能に従う」という従来の機能主義的な考え方が限界に差し掛かってきたことにある。つまり，技術の進化によって，デザインが機能的な制約から解放されたことで，逆にデザイナーは何を根拠にデザインすればよいのかが分からなくなってきたのである。

ただ，当初の製品意味論はモノのデザインに焦点が当たり過ぎており，狭義のデザインしか説明することができなかったため，1990年代に入ると，その概念は拡張され，人間と製品の相互作用（あるいは経験）まで含まれるよう

---

[11] 『日経ビジネス』「エスノグラフィー　人類学に学ぶ現場主義」2010年12月6日号，78-81頁。

[12] それ以外の理由として，栗木（1994）は，消費記号論自体が抱える自己矛盾を指摘している。彼によると，消費記号論はそもそも，客観的なルールのもとで行われる「合理的意思決定としての消費」を否定しているのだから，操作可能な客体としての文化が存在すると考えること自体，自己矛盾である。つまり，彼の観点からは，意味生産の過程を設けていること自体，間違いということになる。

[13] なお，Krippendorff自身は，製品意味論を記号論の中に位置付けられることを拒み，デザイン固有の理論としてその存在を主張しているが，川間（2002）は，製品意味論を記号論の枠組みの中に位置付けるべきとの反論を行っている。

図表 I-3-11　Krippendorff の概念モデル

```
┌─ ユーザーの理解 ──────────────────────┐
│                   意味                │
│            ↗         ↘               │
│       喚起する      展開する            │
│        ↑              ↘              │
│       予期する                          │
│        ↓                              │
│       感覚 ←── 予期する ── 行為        │
└───┬─────────────────────┬──┘
    │    ←インタフェイス→   │
   結果                    原因
    │                      │
    └──→  人工物  ←────────┘
              ←── 外在的なもの
```

出所：Krippendorff（2006）邦訳，95頁の図 3.3 の一部を引用。

になった。なぜなら，製品の意味は，視覚的なアピールによってだけでなく，その使用によっても生み出されるからである。

　Krippendorff は，Gibson（1979）の「アフォーダンス」の考え方に依拠しながら，意味は人間の外側にあり，それは利用者との相互作用的なコミュニケーションによって定まると考えている。つまり，製品は使われる前から決まった意味を持っているのではなく，人間が実際にそれを使おうとすることで，意味が生まれると考えているのである。よって，そこでは，本来，座るための道具としてデザインされた椅子を踏み台として使ったとしても，それは間違いではなく，別の意味が生まれたと解釈される。

　ただし，デザイナーが製品に意味を付与するためには，まずは消費者がどのようなプロセスを経て製品に意味を付与しているのかを知る必要がある。そこで，Krippendorff（2006）は，消費者が製品に意味を付与するメカニズムを概念モデル化している（**図表 I-3-11 参照**）。

　このモデルでは，まず出発点として，消費者の行為が人工物（デザイン）に原因を与えると考えられている。つまり，消費者が製品に接近することで，製品への意味付けがスタートすると考えているのである。そして，次に，自らに備わる感覚によって，そのデザインの意味が喚起される。さらに，消費

者はその意味に基づいて再び行動することで，循環が生まれる。つまり，製品の意味は，このような消費者と製品との相互作用の中で，徐々に定まっていくのである。

9 本章のまとめ

　以上のように，本章では，様々な研究分野を横断する形で，マーケティングの文脈で行われたデザインの研究を整理してきた。

　そもそも，デザインと購買との間には様々な要因が影響を及ぼしているため，両者の関係は，簡単な数式で表わせるようなものではない。それでも，研究者たちは様々な取り組みを行いながら，少しずつ「売れるデザイン」の解明を行ってきた。その結果，どのようなデザインやパッケージであれば，消費者からどのような反応を引き出すことができ，ひいては，製品に対する態度形成や購買行動にどのような影響を与えることができるのかなどが明らかにされてきた。このように，当該研究領域においても，研究成果は徐々に蓄積されてきており，それらをさらに深化させたり，組み合わせたりすることで，今後も発展していくことが期待される。

　ただし，研究者がそれを行う際には，それぞれの研究が依拠する人間観に注意を払う必要がある。なぜなら，異なる人間観を持つ研究の成果同士を組み合わせても，理論的な発展は見込めないからである。デザイン開発の現場では，人間観の違いを超えて様々な研究成果を組み合わせても上手くいく場合があるかもしれない。しかし，そのようなアプローチでは，学術的な理論構築を行うことは難しい。そもそも人間観が異なれば，研究を行う際の前提や，結果の解釈の仕方が異なる可能性が高いからである。

　例えば，多くの研究分野では，デザインの評価に対する文化的な差は大きいと考えているが，脳科学の分野では，人間の脳は同じ刺激に対して均一の反応を示すと考えているため，差はそれほど大きくないと考える傾向がある。その結果，iPhoneのような「単一のデザインによる世界規模での成功」という事例をめぐっても，解釈の仕方が大きく異なる可能性がある。脳科学の

立場からは、デザインに対する文化的な差は小さいのだから、iPhoneの成功は当然と考えるかもしれないが、他の分野では、それを例外と考えるかもしれない。さらに、研究分野によっては、関心が寄せられるデザインの価値も異なるため、その点にも注意を払う必要がある。

　一方、実務家が、それらの研究成果を活用してデザインの開発を行う場合には、それぞれの研究が掲げている前提条件に注意を払う必要がある。学術的な研究はあくまで、一定の条件下での仮説の検証に過ぎず、すべての場面で使える定石を示しているわけではないからである。その意味で、研究成果で示された内容をそのまま守れば、必ず売れるデザインが開発できるというわけではない。研究成果を実務に活用する場合には、この点に注意を払う必要がある。

付録：マーケティングの文脈から書かれたデザイン本
- 小川亮（2010）『パッケージデザインマーケティング』日本能率協会マネジメントセンター。
- 木全賢（2007）『売れる商品デザインの法則』日本能率協会マネジメントセンター。
- 辻正重（1996）『車の売れ行きはデザインで決まる』エール出版。

■ 参考文献
- 石井裕明・恩蔵直人・寺尾祐美（2008）「パッケージにおける言語的情報と非言語的情報の配置の効果」『商品開発・管理研究』第4巻第1号、2-16頁。
- 石井裕明・恩蔵直人（2010）「価値視点のパッケージデザイン戦略」『マーケティング・ジャーナル』第30巻第2号、31-43頁。
- 奥出直人（2007）『デザイン思考の道具箱』早川書房。
- 川間哲夫（2002）「製品意味論の歴史と展開」『デザイン学研究』第10巻第1号、30-38頁。
- 木全賢（2007）『売れる商品デザインの法則』日本能率協会マネジメントセンター。
- 木下祐介・井上勝雄・酒井正幸（2008）「携帯電話デザインの男女差調査分析」『感性工学研究論文集』第7巻第3号、449-460頁。
- 栗木契（1994）「マーケティング理論のフロンティア」『マーケティング・ジャー

ナル』第 14 巻第 2 号，59-71 頁。
- 黒須正明（2010）「ユーザーエクスペリエンスと満足度」『放送大学研究年報』第 28 号，71-83 頁。
- 坂本和子（2008）「購買行動に影響を及ぼす和テイスト効力」『デザイン学研究 研究発表大会概要集』第 55 号，300-301 頁。
- 坂本和子（2009）「デザイン・マーケティング研究に関する一考察」『横浜経営研究』第 30 巻第 1 号，191-202 頁。
- 佐々木正人（1994）『アフォーダンス：新しい認知の理論』岩波科学ライブラリー。
- 澤田久美子（2001）「ヒューマンセンタードデザインに向けて」三菱電機（株）デザイン研究所『こんなデザインが使いやすさを生む：商品開発のためのユーザビリティ評価』工業調査会，200-233 頁。
- 関口彰・嶋暁人・井上勝雄・伊藤弘樹（2007）「多変量解析とラフ集合を用いた携帯音響製品のデザイン評価構造分析」『デザイン学研究』第 54 巻第 1 号，49-58 頁。
- 千々岩英彰（1988）『色型人間の研究』福村出版。
- 長町三生（1989）『感性工学』海文堂。
- 長屋明浩・松原和子（1997）「自動車のプロファイルデザインの消費者指向に関する一研究：デザインの仕事に役立つ「デザイン SQC」の展開」『オールトヨタ TQM スタッフ大会予稿集』33-38 頁。
- 名城鉄夫・大熊和彦・田淵泰男（1994）『感性商品の開発管理』中央経済社。
- 深澤直人（2002）「気づかないインタフェイス」情報デザインアソシエイツ編『情報デザイン：分かりやすさの設計』グラフィック社，99-109 頁。
- 星野克美（1987）「マーケティングの認知科学：ブレーン・マシン・インターフェース」今井賢一編『経済の生態』NTT 出版，392-412 頁。
- 星野克美（1993）「セミオティック・マーケティング」星野克美編『文化・記号のマーケティング』国元書房，3-58 頁。
- 溝本将洋・竹内淑恵（2009）「製品パッケージがブランド態度形成に与える影響―言語情報の有効性について」『第 38 回消費者行動研究コンファレンス報告要旨集』日本消費者行動研究学会，67-70 頁。
- 三留修平（1997）「デザインの経済価値を測る；自動車，情報通信機器，家電の事例分析から」『日経デザイン』4 月号，60-67 頁，日経 BP 社。
- 宮本悦也（2003）『メガヒットするデザイン』本の泉社。
- 山本慎二・石崎友紀（2011）「記号消費社会に対するプロダクトデザインの方法に関する一考察」『芸術工学会誌』第 57 巻，52-53 頁。
- 和田充夫（1996）「マーケティング戦略への招待」和田充夫・恩蔵直人・三浦俊彦編『マーケティング戦略』1-17 頁，有斐閣アルマ。

- Barthes, R. (1967) *System de la Mode*, Seuil. (佐藤信夫訳『モードの体系』みすず書房, 2004 年)
- Baudrillard, J. (1968) *Le Systeme des Objets*, *Les Essais*, Gallimard, Paris. (宇波彰訳『物の体系』法政大学出版局, 1980 年)
- Bloch, P. (1995) "Seeking the Ideal Form：Product Design and Consumer Response," *Journal of Marketing*, Vol.59 No.3, pp.16-29.
- British Design Council (2005) *Design in Britain 2004-2005*. (http://www.designcouncil.org.uk.)
- Chiva, R. and J. Alegre (2009) "Investment in design and firm performance：The mediating role of design management," *Journal of Product Innovation Management*, Vol.26 No.4, pp.424-440.
- Folkes, V.S., I.M. Martin and K. Gupta (1993) "When to Say When：Effects of Supply on Usage," *Journal of Consumer Research*, Vol.20, pp.467-477.
- Folkes, V.S. and S. Matta (2004) "The Effect of Package Shape on Consumers' Judgments of Product Volume: Attention as a Metal Contaminant," *Journal of Consumer Research*, Vol.31 No.2, pp.390-401.
- Garber, L.L. Jr., R.R. Burke and J.M. Jones (2000) "The Role of Package Appearance in Consumer Purchase Consideration and Choice," *Marketing Science Institute Working Paper Series*, Report No.00-104.
- Gemser, G., A. Mark and M. Leendersb (2001) "How integrating industrial design in the product process impacts on company performance," *Journal of Product Innovation Management*, Vol.18 No.1, pp.28-38.
- Gibson, J.J. (1979) *The ecological approach to visual perception*, Hillsdale, NJ：Lawrence Erlbaum Associates.
- Hagtvedt, H. and V.M. Patrick (2008) "Art Infusion：The Influence of Visual Art on the Perception and Evaluation of Consumer Products," *Journal of Marketing Research*, Vol.45 No.3, pp.379-389.
- Hassenzahl, M. (2001) "The effect of perceived hedonic quality on product appealingness," *International Journal of Human-Computer Interaction*, Vol.13 No.4, pp.481-499.
- Hertenstein, J.H., M.B. Platt and D.R. Brown (2001) "Valuing design: Enhancing corporate performance through design effectiveness," *Design Management Journal*, Vol.12 No.3, pp.10-19.
- Hise, R.T., L. O'Neal, J.U. McNeal and A. Parasuraman (1989) "The effect of product design activities on commercial success levels of new

- industrial products," *Journal of Product Innovation Management*, Vol.6 No.1, pp.43-50.
- Krippendorff, K. and R. Butter (1984) "Product Semantics：Exploring the Symbolic Qualities of Form," *Annenberg School for Communication*, Departmental Papers, pp.4-9.
- Krippendorff, K. (2006) *The Semantic Turn：A New Foundation for Design*, Taylor & Francis Group, LLC.（小林昭世・川間哲夫・國澤好衛・小口裕史・蓮池公威・西澤弘行・氏家良樹訳『意味論的転回：デザインの新しい基礎知識』星雲社，2009年）
- Krishna, A. and M. Morrin (2008) "Does Touch Affect Taste? The Perceptual Transfer of Product Container Haptic Cues," *Journal of Consumer Research*, Vol.34, pp.807-818.
- Mack, Z. and S. Sharples (2009) "The importance of usability in product choice: A mobile phone case study," *Ergonomics*, Vol.52 No.12, pp.1514-1528.
- Norman, A.D. (1988) *The Psychology of Everyday Things*, Basic Books.（野島久雄訳『誰のためのデザイン』新曜社，1990年）
- Norman, A.D. (2004) *Emotional Design：Why we love (or hate) everyday things*, Basic Books.（岡本明・安村通晃・伊賀聡一郎・上野晶子訳『エモーショナル・デザイン』新曜社，2004年）
- Norman, A.D. (2010) *Living with Complexity*, Basic Books.（伊賀聡一郎・岡本明・安村通晃訳『複雑さと共に暮らす』新曜社，2011）。
- Pruitt, J. and T. Adlin (2006) *Persona Lifecycle*, Elsevier Inc.（perusonadesign. net 監訳『ペルソナ戦略』ダイヤモンド社，2007年）
- Raghubir, P. and A. Krishna (1999) "Vital Dimensions in Volume Perception：Can the Eye Fool the Stomach?," *Journal of Marketing Research*, Vol.36 No.3, pp.313-326.
- Rigaux-Bricmont, B. (1982) "Influences of Brand Name and Packaging on Perceived Quality," in Mitchell, A.A. (ed.), *Advances in Consumers Research*, Association for Consumer Research, Ann Arbor, MI, Vol.9, pp.472-477.
- Saussure, F. (1916) *Course in General Linguistics*, McGraw-Hill Book Company.（小林英夫訳『一般言語学講義』岩波書店，1972年）
- Schoormans, J.P.L. and H.S.J. Robben (1997) "The Effect of New Package Design on Product Attention, Categorization and Evaluation," *Journal of Economic Psychology*, Vol.18 No.4, pp.271-287.
- Sloan, A. (1963) *My Years with General Motors*, Harold Matoson

Company.（有賀裕子訳『GMとともに』ダイヤモンド社，2003年）
- Sung, Y.S., B.K. Kim, J.W. Lee, M. Son and K.Y. Choi (2009) "The Beauty of Product Design Is Not Enough to Attract Consumers' Mind," *Kansei Engineering International*, Vol.8 No.2, pp.137-140.
- Talke, K., S. Salomo, J.E. Wieringa and A. Lutz (2009) "What about design newness? Investigating the Relevance of a Neglected Dimension of Product Innovativeness," *Journal of Product Innovation Management*, Vol.26, pp.601-615.
- Underwood, R. and N. Klein (2002) "Packaging as brand communication: effects of product pictures on consumer responses to the package and brand," *Journal of Marketing Theory and Practice*, Vol.10 No.4, pp.58-69.
- Wansink, B. (1996) "Can Package Size Accelerate Usage Volume?," *Journal of Marketing*, Vol.60 No.3, pp.1-14.
- Yamamoto, M. and Lambert, D.R. (1994) "The impact of product aesthetics on the evaluation of industrial products," *Journal of Product Innovation Management*, Vol.11 No.4, pp.309-324.

補講④:分析ツールや方法論などを知りたい方は…

　ここでは，デザインの開発過程で用いられる分析ツールや方法論の一例を紹介する。なお，そのようなツールや方法論をより幅広く，詳しく知りたいという方には，『Journal of Marketing Research』などの専門誌のご一読をお勧めする。

　デザインの開発過程で用いられる分析ツールのうち最も有名なものの1つが，コンジョイント分析である。一般に，商品やサービスについて，消費者が望む要素は様々である。また，多くの場合，複数の要素が複雑に絡み合って，消費者の購買意欲を形成している。コンジョイント分析は，そのような複数の要素に対して，消費者はどの点に重きを置いているのか，また消費者に最も好まれるような要素の組み合わせはどれかを統計的に探るためのツールである。より具体的には，商品やサービスのアイデアを直接被験者に評価させるのではなく，複数のスペックの組み合わせを作成し，各々について被験者に評価させる。その際，それぞれの組み合わせの間にトレード・オフが生じるように設計しておくことで，被験者の「本当に重視すること」を明らかにし，各々のスペックの「買いたい気持ちを喚起させる力(=効用値)」を算定することができる。

　しかし，近年では，コンジョイント分析以外のツールの有用性や，その活用方法について様々な研究成果が報告されている。

　例えば，Luo et al.(2008)は，消費者のデザインに対する主観的な判断を把握するには，コンジョイント分析よりも，ベイズ統計による共分散構造分析の方が好ましいことを明らかにしている。ここでいう共分散構造分析とは，例えば，「Aの原因としてBとCの2つがある。BはさらにDとEに影響し，CはFとGに影響する。さらにFとGがCより影響を与えられる度合いには地域間で差がある」といった複雑な関係を検証したい場合に用いられる方法で，一度の分析で全体を数値化し，評価して統計的に検証することができる。いわば，因子分析とパス解析を組み合わせたような分析手法のことである。

　同様に，Pullman et al.(2002)は，馬具のデザイン開発を題材にし

て，コンジョイント分析と品質機能展開という2つの手法の違いを調べている。その結果，コンジョイント分析は，最も好ましいデザインの特性を探るのに適していた一方で，品質機能展開は，いくつかのデザイン特性の良い点と悪い点の双方を明らかにするのに適していることが明らかになった。なお，ここでいう品質機能展開とは，結果の特性と，結果に影響する要因との関係を二元表に示して分析するツールのことである。したがって，デザイナーは，現在の製品デザインに対する消費者の印象をつかむ際にはコンジョイント分析を活用し，デザインの今後の修正点を探る際には品質機能展開を活用するのが望ましいといえる。

その他にも，デザインのユーザビリティ評価の側面に注目した研究もある。ユーザビリティの評価方法には，定量的な方法と定性的な方法の2種類がある。通常，定量的な方法は，アンケート調査の形で行われ，複数のプロトタイプの中から1つを選択する場合や，プロトタイプの効果を測定する場合などに用いられる。一方，定性的な方法は，個別・具体的な問題点を発見する場合などに用いられる。

前者の定量的なアプローチとしては，第3章でも見たように，SD法や一対比較法などが有名であるが，近年では，様々なツールの開発・提案が行われている。例えば，Inoue et al.（2007）は，ラフ集合理論を用いて，アンケートから開発中のインタフェイス・デザインの長所と短所を抽出する方法を提案している。なお，ここでいうラフ集合理論を用いる方法とは，例えば，被験者に依頼して，複数のデザイン案を「使い勝手が良いと感じるグループ（＝上近似集合）」と「使い勝手が悪いと感じるグループ（＝下近似集合）」に分けてもらい，それぞれのグループの中に潜在する特徴をラフに（粗く）見付け出していく方法のことである。この手法を用いることで，他のデータマイニングの手法からは得られにくい，非数値の対象や矛盾のあるようなデータからも知識を得ることが可能になる。

■ 参考文献

- Inoue, K., M. Sakai and Y. Kinoshita (2007) "A Proposal of Usability Evaluation Method by Rough Set Theory," *Proceedings of International Association of Design Research 2007*, CD-ROM.

- Luo, L., P.K. Kannan and B.T. Ratchford, (2008) "Incorporating Subjective Characteristics in Product Design and Evaluations," *Journal of Marketing Research*, Vol.45 No.2, pp.182-194.
- Pullman M.E., W.L. Moore and Wardell, D.G. (2002) "A Comparison of Quality Function Development and Conjoint Analysis in New Product Design," *Journal of Product Innovation Management*, Vol.19 No.5, pp.354-364.

補講⑤：デザイン部門とマーケティング部門の連携は難しい？

　ここでは，デザイン部門とマーケティング部門の連携に焦点を当ててみたい。
　第3章の内容からも分かるように，デザインを購買につなげていくには，デザイナーは，消費者や市場のことをきちんと理解する必要がある。そして，一般に，社内でそのような知識や情報を有しているのは，マーケティング部門ないしマーケターである。そのため，デザイン部門とマーケティング部門の連携は，売れるデザインを開発する上でとても重要な作業になってくる。
　しかし，両者の連携は難しい。その理由として，情報の粘着性，思考世界の違い，デザイナーに対する不信の3つがあると考えられる。

(1) 情報の粘着性

　1つ目の原因は，情報の粘着性である。マーケティング部門は，消費者や市場に関する知識や情報を有しているが，それらの情報には粘着性があるため，そのすべてをデザイン部門と共有することは難しい。ここでいう粘着性とは，情報の中身を誰かに正確に伝えたり，相手方に完全に理解させたりする際の難しさの程度のことを指している。そして，マーケティング部門が持っている情報には暗黙的なものも多く，その粘着性は強い（川上，2005）。暗黙的な情報は適切に表現することが難しく，信頼性や関連性，理解可能性などを高めることが難しいからである。
　そのためか，企業の中には，マーケティング部門を介して市場の情報を得るのではなく，デザイン部門がダイレクトに市場と接触して情報を収集した方がよいと考えるところもある。例えば，サムスン電子では，マーケティング部門とは別に，デザイン部門が独自に市場調査を行うようにしている（日本に根づくグローバル企業研究会＆日経ビズテック編，2005）。その理由は，マーケティング部門から得られた二次情報では，細かなニュアンスまでは伝わらなかったり，マーケティング部門によって加工されたデータには，バイアスがかかっていたりするからである[1]。

(2) 思考世界の違い

2つ目の原因は，デザイナーとマーケターでは，志向性や思考様式などが異なるからである（Bruce and Cooper, 1997）。一般に，部門間における情報の共有や移転が難しいのは，部門ごとに異なる思考世界を有しているからだと考えられている（Dougherty, 1992）。ここでいう思考世界とは，ある活動領域に属し，活動の理解を共有する人のコミュニティのことである。特定の思考世界に属する人は，独自の志向性や思考様式などを通して情報を解釈するため，同じ情報を見ても，他の思考世界に属している人とは異なる解釈を行う傾向が強い。

例えば，デザイナーとマーケターでは，同じリサーチ活動を行っていても，真逆のものを求めている場合が多い。具体的に，マーケターによるリサーチでは，「正しいか，正しくないか」や「統計的に言えるか，言えないか」が重視され，根拠のある情報の抽出に力点が置かれる傾向が強い。それに対して，デザイナーによるリサーチでは極端な場合，統計的な正確さよりも，刺激的なアイデアや事例の発見に力点が置かれる傾向が強い[2]。このような志向性の違いも情報共有を難しくする。

(3) デザイナーに対する不信

3つ目の原因は，マーケター・サイドのデザイナーに対する不信である。企画担当者やマーケターの多くは，デザイナーと積極的に情報共有することの有効性について懐疑的である（Zhang et al., 2011）。なぜなら，企画担当者やマーケターの間では未だに，デザイナーは市場調査などの定量的な情報を分析することは苦手と考えられているからである。つまり，自分たちが集めた生のデータをデザイナーと共有しても，それほど有意義な成果は得られない（なので，加工済みのデータを渡せば十分）と考えられているのである。このようなメンタル面でのギャップを取り除かない限り，情報

---

[1] それ以外にも，デザイン部門に独自の情報収集ルートがないと，マーケティング部門の言いなりになってしまう危険があるなどの理由がある。製品開発の現場でデザイナーが発言力を持つには，自ら一次情報を有していることが時に重要になる。

[2] 『日経デザイン』「今こそデザインの真の力が試されるとき」2014年11月号，58-61頁。

共有を積極的に進めることは難しいかもしれない。

■ **参考文献**
- 川上智子（2005）『顧客志向の新製品開発』有斐閣。
- 日本に根付くグローバル企業研究会 & 日経ビズテック編（2005）『サムスンの研究：卓越した競争力の根源を探る』日経 BP 社。
- Dougherty, D.（1992）"Interpretive barriers to successful product innovation in large firms," *Organization Science*, Vol.3, pp.179-203.
- Zhang, P., P. Hu and M. Kotabe（2011）"Marketing–Industrial Design Integration in New Product Development: The Case of China," *Journal of Product Innovation Management*, Vol.28 No.3, pp.360–373.

第 4 章
デザインとイノベーション

学習の狙い
- イノベーションとデザインやデザイナーとの関係を理解すること
- イノベーション活動においてデザイナーの果たす役割は多様であり，実現するイノベーションの中身や製品特性によっても異なることを理解すること
- デザイナーをイノベーターとして活用する際の注意点を理解すること

キーワードは「価値づくり」

　近年，デザインやデザイナーがイノベーションの文脈で取り上げられることが多くなってきている。

　しかし，そもそも，イノベーションとはどのような現象を指しているのであろうか。その定義は著者によって様々であるが，ここでは，延岡（2011）に基づいて，イノベーションを「経済的な付加価値を新たに創出すること（＝価値づくり）」と定義したい。世間でよくいわれるように，イノベーションとは技術革新のことではない。そもそも，イノベーションが技術革新のことだけを指すのであれば，デザインやデザイナーにほとんど出番はない。それは，研究者や技術者だけのものになってしまう。

　その一方で，イノベーションを「価値づくり」と捉えると，デザインやデザイナーにも出番が出てくる。まず，デザインそのものがイノベーションになり得る。なぜなら，第3章でも見たように，デザインは消費者に様々な価値を訴求することができるからである。さらに，デザイナーも，それらの価値づくりを通じて，イノベーションに貢献することができる。

　このように，本章では，イノベーションを「価値づくり」と定義した上で，イノベーションとデザインやデザイナーとの関係を整理していきたい。

1 デザインとイノベーションの関係

　まず、デザインとイノベーションとの関係については、次の2つの考え方をベースに整理することができる。1つは、「デザインそれ自体がイノベーションである」とする考え方であり、もう1つは、「斬新なデザインの導入が技術や素材を革新する」とする考え方である。

1. デザインそれ自体がイノベーション

　前者の考え方の特徴は、デザインを単なる差別化や販売促進のためのツールではなく、革新性そのものとして捉えている点にある。なお、その革新性の内訳は、見た目がもたらす革新性（以下、見かけの価値とする）と、使用感がもたらす革新性（以下、使用価値とする）の2種類である。

1.1　見かけの価値への注目

　例えば、Talke et al. (2009) は、デザインの見かけの価値に注目し、それがもたらす独自の効果を明らかにしてきた。彼女らは、1978年から2006年までの間に、ドイツ市場に投入された自動車（157モデル）を対象に調査を行い、消費者からデザインの新奇性が高く評価されると、製品の技術的な新奇性の程度に関わりなく、売上が伸びることを明らかにした[1]。

　また、Radford and Bloch (2011) は、コーヒーメーカーやハンドクリーナー、ペン、歯ブラシなどを用いて実験を行い、デザインの新奇性を高めることで、消費者は当該製品に対してポジティブなイメージを抱くことを明らかにしている。より具体的には、デザインの新奇性が高いほど、製品に対する消費者の情緒的反応や美的反応、象徴的反応などが高くなった。ただし、彼らの研究では、デザインの新奇性が、消費者の選好や購買につながるのか

---

[1] 彼女らは、デザインの新奇性を競合モデルの外観の平均像との差異の程度に基づいて測定している。このような測定方法は、消費者行動論の分野で「典型性」と呼ばれる考え方に基づいている。典型性の詳細については、補講③を参照のこと。

までは明らかにされていない。

　これらの研究の根底には，どうやらそれまでのイノベーション研究が，技術革新に偏り過ぎてきたことに対する反発があるようである。例えば，Talke et al.（2009）は，「製品の技術面は同質的で，外観が重要な競争要因となっている市場が多数存在するにもかかわらず，これまでの研究は製品の革新性を技術面でのみでとらえ，デザインをそこに含めてこなかった」（p.601）と述べている。

1.2 使用価値への注目

　一方，Leonard and Rayport（1997）は，デザインの使用価値に注目して，その源泉やそれを探り出す方法を明らかにしてきた。

　彼女らは，製品と消費者の接点で生まれる経験が使用価値を生み，その価値の大きさは経験の質によって決まるとして，消費者が求める経験を探り出す方法を提案している。それが観察法による調査であり，具体的に誰が・どこで・何を・誰を観察すべきかなどが論じられている。さらに，観察によって得られる情報には，使用のきっかけ，消費者の環境との相互作用，消費者のカスタマイゼーション，製品の無形の属性，消費者の曖昧なニーズの5種類があるとされている。ただし，そのうちのどの情報が，質の高い経験の探索に有用かは明らかにされていない。

　それに対して，西川（2007）は，観察によって得られる情報を4つに分類し，そのうちのどの情報から消費者が求める質の高い経験を探索すべきかを議論している。

　彼は，消費者の行為が「意識的か/無意識か」，デザインの使用価値が「企

図表Ⅰ-4-1　観察によって得られる情報の類型化

		デザインの使用価値	
		意図	無意図
消費者の行為	意識	顕在的ユーザビリティ・ニーズ	顕在的コンセプト・ニーズ
	無意識	潜在的ユーザビリティ・ニーズ	潜在的コンセプト・ニーズ

出所：西川（2007），22頁より一部を修正して引用。

業の意図したものか/意図しなかったものか」という2軸を用いて，観察から得られる情報を4つに分類し（**図表Ⅰ-4-1参照**），そのうちの潜在的ユーザビリティ・ニーズと潜在的コンセプト・ニーズの2つが，質の高い経験の探索に役立つと述べている。

具体的に，1つ目の顕在的ユーザビリティ・ニーズとは，例えば，消費者が自ら製品の持ち手部分にテープを巻いていたなど，企業が意図した使い方ではあるものの，消費者が意識的に変更を加えていたなどの改善に関するニーズである。

2つ目の顕在的コンセプト・ニーズとは，例えば，企業としては踏み台として開発したものが，消費者によって飾り棚として使われていたなど，企業が意図していない使用方法を，消費者が意識して使っているなどの新しいコンセプトに関するニーズである。

3つ目の潜在的ユーザビリティ・ニーズとは，例えば，企業としては片手で使えるように開発したつもりの器具を消費者が両手で使っていたなど，企業が意図した使い方ではあるものの，消費者が無意識のうちに変更していた

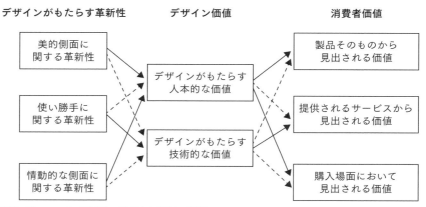

図表Ⅰ-4-2　デザインがもたらす革新性とデザイン価値，消費者価値との関係

出所：Moon et al.（2013），40頁より翻訳して引用。
※なお，図表中の実線の矢印は，パス解析の結果，強い因果関係が見られた（10％水準で有意）ことを示している。一方，点線の矢印は，ほとんど因果関係が見られなかった（10％水準で有意でない）ことを示している。また，当該研究は米国と韓国の比較研究の形をとっているが，この図表の検証結果には米国のものだけを反映している。

などの改善に関するニーズである。

4つ目の潜在的コンセプト・ニーズとは，例えば，CDケースをブックエンドとして活用していたなど，消費者が無意識のうちに，企業が意図していない方法で使っているなどの改善に関するニーズである。

1.3 見かけの価値と使用価値の双方への注目

さらに，Moon et al. (2013) は，見かけの価値と使用価値の双方に注目し，デザインがもたらすそれらの革新性と，消費者が知覚する品質との関係や競争力との関係を明らかにしている (**図表Ⅰ-4-2参照**)。

具体的に，彼らは，デザインがもたらす革新性を，美的側面に関する革新性，使い勝手に関する革新性，情動的な側面に関する革新性の3つに分類し，それらが，人本的な価値と技術的な価値 (**図表Ⅰ-4-2の「デザイン価値」**) を介して，様々な消費者価値を高めるとしている。

2. 斬新なデザインの導入が技術や素材を革新する

一方，後者の「斬新なデザインの導入が技術や素材を革新する」と考える立場では，デザインの新奇性が消費者に与える影響よりも，むしろ，新しいデザインの実現が企業に与える影響に関心を寄せてきた。もちろん，デザインを革新性そのものとして捉えている点では，先に見た研究と共通するが，それを実現するには，同時に技術や素材の革新も必要になると考えているところに特徴がある。

つまり，それらの多くが注目しているのは，斬新なデザインの導入によって，製品に搭載される技術や素材の革新（＝プロダクト・イノベーション）が引き起こされたり，製造技術の革新（＝プロセス・イノベーション）が引き起こされたりする組織現象である。以下では，そのような現象に注目した事例研究を取り上げ，その中身を見ていきたい。

具体的に，ここで取り上げるのは，日本の家具メーカーの天童木工のケースと，イタリアのアパレルメーカーのアスペジのケース，日本の洋食器メーカーの鳴海製陶のケースである。

2.1 天童木工のケース[2]

1つ目の天童木工のケースでは,斬新なデザインの導入が,製造技術の革新を引き起こしてきたことが窺える。天童木工は,山形県に本拠を置く,家具・インテリア用品の設計・製造・販売を行う家具メーカーである。

同社の特徴は,家庭向けの家具ではなく,企業やホテル,美術館向けの家具を主に手掛けている点と,社外の著名なデザイナーを数多く起用している点にある。天童木工では,それらのデザイナーの要求に応えるため,長年にわたり,製造技術の革新に取り組んできた。

その一例が,高周波加熱成形装置による高度な成形技術の開発である。これは,1mm程度の薄い板一枚一枚に接着剤を塗って型に入れ,プレスした後,高周波で加熱成形する技術である。この技術の開発により,より美しく柔らかな曲線を表現することが可能になった。成形合板の最大の魅力は,無垢材では表現することができない繊細な曲線を持ったデザインが実現できる

図表Ⅰ-4-3　曲線美を持った椅子の「ORIZURU」と,プレス機での成形の様子

出所:左の写真は筆者撮影。右の写真は天童木工より許可を得て同社のホームページから転載。

2 当該ケースの内容は,特段の断りのない限り,井村 (2011) に基づいている。ただし,天童木工からの指摘を受け,表現の一部を変更している。

ところにある（**図表Ⅰ-4-3**参照）。

2.2 アスペジのケース[3]

2つ目のアスペジ（ASPESI）のケースでも，天童木工と同様に，斬新なデザインの導入が製造技術の革新を引き起こしてきたことが窺える。綿織物や刺繍の産業集積があるイタリアのガララーテ地方に本拠を置くアスペジは，優れたデザインとそれを実現する独自の製造技術を武器に，アパレル業界で勝ち残ってきた。

同社では，刺繍を多様に使って面白いデザインや風合い，手触りの布地を考えるだけでなく，それらを大量生産するための新しい機械を開発してきた。アパレル業界では，通常，試作までは手作業のため，デザインの自由度は高い。しかし，試作品がいくら素晴らしくても，大量生産できなければ意味がない。そのためには，その試作品と同じものを大量に作ることができる機械が必要になる。

そこで，同社では，誰にも真似されないように，機械メーカーと共同で新しい機械を開発するだけでなく，そこに取り付ける様々な部品については自分たちだけで開発を行ってきた。そして，そのような試行錯誤の結果，機械を納入したメーカーも驚くような布地が作れるようになった。これは逆にいうと，仮に同業者が同じ機械を買ったところで，同じ布地を作ることはできないということである。

2.3 鳴海製陶のケース[4]

3つ目の鳴海製陶のケースからは，斬新なデザイン（正確には，デザイン・コンセプト）の導入が，新しい素材の開発を引き起こしてきたことが窺える。鳴海製陶は，名古屋市に本拠を置く，洋食器の老舗メーカーである。

同社では，国内陶磁器市場が縮小する中，起爆剤となる製品の開発を模索していた。その特命プロジェクトとして立ち上がったのが，「OSORO（オソロ）」である（**図表Ⅰ-4-4**参照）。OSOROは，食器としてだけでなく，加熱

---

[3] 当該ケースの内容は，伊丹（2009）に基づいている。
[4] 当該ケースの内容は，田子・田子・橋口（2014）に基づいている。

図表 I-4-4 「OSORO」

出所：鳴海製陶より許可を得て同社のホームページより転載。

調理器具や保存容器としても使える実用性と，美しい外観を兼ね備えた製品を意図して開発された。そして，そのようなコンセプトを提案したのが，当該プロジェクトにクリエイティブ・ディレクターとして参加していたデザイナーの田子學氏である。

しかし，提案されたコンセプトを実現するには，耐熱機能性を持ちつつも，高級洋食器並みの光沢と薄さを表現することができる素材が必要であった。そこで，新たに開発されたのが，「NARUMIO」と呼ばれる素材である。当該素材は，200通りのもの土と釉薬の組み合わせをテストして，ようやく完成に至ることができた。

2.4 デザインを重視する企業文化が必要

このように，斬新なデザインの導入が技術や素材の革新を引き起こすケースは，様々な業界で見付けることができる。

ただし，そのような現象はすべての企業で起こり得るわけではない。その発生にはいくつかの条件が必要になるからである。そのうち，特に多くの研究が指摘するのが，「デザインを重視する企業文化の存在」である。すなわち，デザインに対する経営トップの理解があり，社内でデザイナーがリスペクトされ，デザイン部門が高い地位に置かれているなどの諸条件が必要になるのである。

このようなデザイン重視の企業文化があると，「デザイン対設計」や「デザ

イン対製造」などの対立が生じた場合でも，基本的にデザインを生かす設計や製造が求められることで，技術革新がもたらされる可能性がある。つまり，デザインと技術の絶えざる緊張状態が，革新的な製品を生み出す源泉となるのである（補講⑦を参照のこと）。これは逆にいうと，社内にデザインに対する理解やデザイナーに対するリスペクトがなく，デザイン部門が低い地位に置かれている場合は，どれほど優秀なデザイナーを雇っても，成果は得られないということである。

2 デザイナーとイノベーション活動との関係

　続いて，ここでは，デザイナーとイノベーション活動との関係について整理してみたい。そもそも，デザイナーが伝統的なスタイリストの役割しか演じていなくても，イノベーションの実現に貢献することは可能である。なぜなら，斬新な製品の外観やパッケージを作ることで，見かけの価値を創出することができるからである。その意味では，純粋なスタイリング活動もイノベーション活動に含まれることになる。

　しかし，多くのデザイナーはこれまで，そのようなスタイリストの枠を超えて，イノベーションの実現に貢献してきた。**図表Ⅰ-4-5**は，デザイナーが貢献したプロダクト・イノベーション（＝新しい技術を搭載した製品や，新しい市場を作り出した製品の創出）の事例を集めたものである。この図表からも，デザイナーがこれまで，様々な革新的な製品の創出に貢献してきたことが窺える。しかも，その貢献の中身は多岐にわたる。

　例えば，「大清快」や「ラクルリ」のように，製品コンセプトを提示することでイノベーションの実現に貢献したケースもあれば，「液晶ビューカム」や「メモリースティック」のように，新技術の用途開拓を進めることでイノベーションの実現に貢献したケースもある。さらには，素材探しや販路の開拓など，それらとは全く異なる形で貢献したケースもある。そのため，ここでは改めて，イノベーション活動におけるデザイナーの役割を整理してみたい。

図表Ⅰ-4-5　デザイナーが貢献したプロダクト・イノベーション（その一例）

企業名	製品名	発売年	貢献の中身
東芝	電球型蛍光灯「ネオボール」	1980年	用途開拓 素材探し
	ノートPC「ダイナブック」	1989年	製品コンセプトの可視化
	エアコン「大清快」	2000年	製品コンセプトの提示 機構設計
三菱電機	掃除機「ラクルリ」	2006年	製品コンセプトの提示
	高級炊飯器「蒸気レスIH」	2009年	製品コンセプトの提示 製品コンセプトの可視化
シャープ	カメラ一体型VTR「液晶ビューカム」	1992年	用途開拓 製品コンセプトの可視化
キヤノン	卓上複写機「ミニコピア」	1982年	製品コンセプトの提示 販路開拓・営業支援
ソニー	携帯型音楽プレイヤー「ウォークマン」	1979年	アイデアの事業化
	カラーモニター「プロフィール」	1980年	製品コンセプトの提示
	記憶媒体「メモリースティック」	1997年	用途開拓
	放送用機材ENG「HDCAM」	2000年	製品コンセプトの提示
日立製作所	ヘアドライヤー「Wind-Kiss」	1999年	素材開発
	PDA「PERSONA」	1999年	製品コンセプトの提示
	超小型無線ICチップ「ミューチップ」	2004年	用途開拓

出所：筆者作成。
※なお，これらの事例の出所は，以下の通りである。
「ネオボール」・「液晶ビューカム」・「HDCAM」：森永・山下・河原林（2013）。
「ダイナブック」：三輪（1990）。
「大清快」：田子・田子・橋口（2014）。
「ラクルリ」中町（2007）。
「蒸気レスIH」：『日経トレンディ』「ヒットの軌跡：蒸気レスIH　NJ-XS10J（三菱電機）」2010年3月号，74-77頁。
「ミニコピア」：青木（2014）。
「ウォークマン」・「プロフィール」：黒木（1999）。
「メモリースティック」：『週刊東洋経済』「特集デザインで売れ：変革は人から始まる　デザイナー役員が必要です。」2002年11月9日号，98-101頁。
「Wind-Kiss」・「PERSONA」：『デザイン・マーケティング戦略2001』富士キメラ総研。
「ミューチップ」：『プロダクトデザイン戦略2011』富士経済。

1. デザイナーがイノベーション活動の中で果たす役割とは？

「イノベーション」という言葉を聞くと，多くの人は，一人の天才による偉業をイメージするかもしれない。しかし，実際のイノベーションは，チーム・

スポーツと似ている。その実現には，複数のプレイヤー間での連携が重要になるのである。なぜなら，イノベーションは，新しい技術を開発するだけで実現できるものではないからである。その実現には，新技術の開発に留まることなく，そのような技術を消費者ニーズと結び付けて製品化し，事業を立ち上げ，成長させていく必要がある。

このように，イノベーションを実現するには，異なる役割を持った複数のプレイヤーの連携が必要になるが，デザイナーはそのような場面において，次の2つの役割を果たしていると考えられている（森永，2014a）。1つは，"Designer-As-Integrator" と呼ばれるものであり，もう1つは，"The Dark Matter of Innovation" と呼ばれるものである。

前者は，新製品の開発において，デザイナーは統合者やリーダーの役割を演じることができるとする立場であり，この言葉自体は，Fujimoto（1991）の論文タイトルとして用いられた。ただ，そのようなデザイナーの役割をいち早く指摘したのは，Lorenz（1986）である。彼は，7社の事例を通じて，デザイナーには，多様な情報や知識を1つにまとめ上げていく能力があり，製品開発の統合者やリーダーになる資格があると主張してきた。

そもそも，デザイナーの多くは，頭の中で思い描いたことや文章，言葉などを絵に変換する能力を持っているが，そのような情報の可視化は，メンバー間での情報共有を促し，議論を活発にさせる。さらに，デザインの開発には通常，様々な部署との連携が必要になるため，そのような実践を通じてデザイナーには調整能力が蓄積されている。

それに対して，後者の "The Dark Matter of Innovation" は，イノベーションの実現において，デザイナーは重要な役割を果たしているものの，それは地味で見えにくいサポーターの役割に留まるとする立場であり，この言葉自体は，Marsili and Salter（2006）の論文タイトルとして用いられた。彼らは，オランダの製造業を取り上げ，デザインへの投資がプロダクト・イノベーションに結び付きやすいことを示すとともに，イノベーションにおけるデザイナーの貢献は第三者には見えにくい可能性を指摘している。そして，そのような実態を「ダークマター」と表現している。

ここでいうダークマター（暗黒物質）とは，宇宙物理学の専門用語で，「宇

宙空間の30%を占め、様々な物理現象に作用していると考えられるものの、色電荷を持たないため、光学的には観測することができない（われわれの目には見えない）理論上の物質」のことである（村山、2010）。つまり、彼らは、ダークマターという比喩を用いて、イノベーションにおけるデザイナーの働きを「実際には様々な貢献をしているのに、その存在がなかなか認知されないもの」として論じているのである。

このように、デザイナーは異なる2つの役割を演じていると考えられているが、いずれの役割を演じるかは置かれた状況によって異なる。以下では、その具体的な状況と、デザイナーが果たす役割との関係を見ていく。

2. イノベーションの中身による違いはあるのか？

まずは、実現するイノベーションの中身の違いに注目してみたい。一口に「イノベーション」といっても、そこには様々なタイプのものが存在する。そのため、デザイナーが統合者としてリーダーシップを発揮しやすいタイプのイノベーションもあれば、逆にリーダーシップを発揮しづらいタイプのイノベーションもあるはずである。

さらに、イノベーションの分類方法にもいくつかの選択肢があるが、ここでは、次の2つの方法に注目する。1つは、イノベーションを静的に捉え、結果的に「何が」・「どの程度」変わったのかに注目して、それを分類していく方法であり、もう1つは、イノベーションを動的に捉え、技術のライフサイクルに注目して、それを分類していく方法である。

2.1 イノベーションを静的に捉えた場合[5]

まず、静的なイノベーションの分類方法として、ここで取り上げるのは、Abernathy et al.（1983）による分類方法である。

彼らはイノベーションの分類軸として、「技術の革新性」と「市場の革新性」の2つを採用し、それぞれの軸で改善的なイノベーションと革新的なイノベーションがあるとして、イノベーションを次の4つのタイプに分類して

---

[5] 以下の内容は、森永（2011）に基づいている。

図表Ⅰ-4-6　イノベーションの類型化

	改善的	革新的
技術の革新性 革新的	革命的革新 （Revolutionary）	構築的革新 （Architectural）
改善的	通常的革新 （Regular）	隙間創造 （Niche Creation）

市場の革新性

出所：Abernathy, Clark and Kantrow（1983）邦訳，193頁より筆者が修正して作成。

いる（**図表Ⅰ-4-6**参照）。1つ目は，両方の軸での改善的なイノベーション（＝通常的革新），2つ目は，技術のみが革新的なイノベーション（＝革命的革新），3つ目は，市場のみが革新的なイノベーション（＝隙間創造），4つ目は，両方の軸で革新的なイノベーション（＝構築的革新）である。

そして，そのようにイノベーションを分類した場合，以下の事例が示すように，いずれのタイプにおいても，デザイナーが統合者としてリーダーシップを発揮し得ることが窺える。

①通常的革新とデザイナー

まず，通常的革新においてデザイナーが統合者としてリーダーシップを発揮している事例としては，アイリスオーヤマがある。

仙台市に本拠を置くアイリスオーヤマでは，主にガーデニング用品やインテリア用品，収納用品など，技術的にも市場的にも成熟した製品を取り扱っているが，それらの開発を主導しているのはデザイナーである（補講⑩を参照のこと）[6]。そこでは，デザイナーがマーケティング，デザイン，設計，生産技術，コスト管理など，モノづくり全体を統括する体制が採られており，デザイナー主導の製品開発が行われている。

---

[6] 『日経デザイン』「アイリスオーヤマ 社内デザイン部門にロイヤルティー制度を導入」2006年4月号, 110-113頁。

②革命的革新とデザイナー

次に，革命的革新においてデザイナーが統合者としてリーダーシップを発揮した事例としては，東芝の「ネオボール」がある。

東芝が1980年に発売したネオボールは，それまでの白熱球に代わる世界初の電球型蛍光灯であり，典型的な革命的革新型の製品であるが，この製品の開発を主導したのはデザイナーである（森永ほか，2013）。彼らは当時，先端技術であった蛍光管の用途開拓を行い，電球型蛍光灯というコンセプトを提案しただけでなく，それを実現するための素材探しを技術者とともに行ったり，巧みな意匠戦略（＝白熱電球用の口金と親和性の高い「くびれ」形状を持った製品を他社より先にデザインし，それに関連する意匠権をおさえてしまう戦略）で参入障壁を作り出し，ビジネスを成功に導いた。

③構築的革新とデザイナー

さらに，構築的革新においてデザイナーが統合者としてリーダーシップを発揮した事例としては，シャープの「液晶ビューカム」がある。

シャープが1992年に発売した液晶ビューカムは，カラー液晶という新しい技術を使って，「ビューカム・スタイル」と呼ばれる，今までにないビデオカメラの形状や使い方を提案し，新しい市場を掘り起こした構築的革新型の製品であるが，その開発を主導したのはデザイナーである（森永ほか，2013）。ビューカム・スタイルというアイデアを考え出したのは，現場のデザイナーであり，そのアイデアを社長に直接提案し，商品化の方向付けを行ったのは，上司のデザインセンター所長である。さらに，そのプロトタイプを迅速に製作し，コンセプトの成熟化や社内調整に奔走したのもデザイナーたちであった。

④隙間創造とデザイナー

最後に，隙間創造においてデザイナーが統合者としてリーダーシップを発揮した事例としては，P&Gの「スウィッファー」がある。

P&Gが1999年に発売したスウィッファーは，水ではなく静電気でほこりをとるというモップの新しい使い方を提案し，新しい市場を掘り起こした

隙間創造製品であるが，その開発を主導したのは社内外のデザイナーである（Lafley and Charan, 2008）。P&Gでは，外部のデザイン・コンサルティング会社の協力の下，床を掃除する人の観察を繰り返し，新しいコンセプトのモップの開発に成功した。

2.2 イノベーションを動的に捉えた場合

一方，動的なイノベーションの分類方法として，ここで取り上げるのは，Foster（1986）による分類方法である。彼は，ある1つの製品のイノベーションパターンについて，縦軸に技術成果（あるいは，機能），横軸に開発努力（あるいは，時間）をとると，S字型の曲線を描けることを明らかにした（**図表Ⅰ-4-7**参照）。

具体的に，S字曲線における初期段階では，研究開発の努力が簡単には技術の進歩に結びつかない（**図表Ⅰ-4-7**の「導入期」）。しかし，一旦，技術の進むべき方向が定まると，急速に技術が進歩する段階に入る（**図表Ⅰ-4-7**の「成長期」）。しかし，時間が経過すると，次第に改良の余地が減ってくる（**図表Ⅰ-4-7**の「成熟期」）。そして，ついには，いくら研究開発を行っても技術が進歩しない段階に至る（**図表Ⅰ-4-7**の「衰退期」）。

このように，技術は発展・衰退していくため，それぞれの段階において生じるイノベーションの中身も異なることになる。例えば，導入期には，試行錯誤が繰り返されるため，技術の革新度合いの大きなイノベーションが起こ

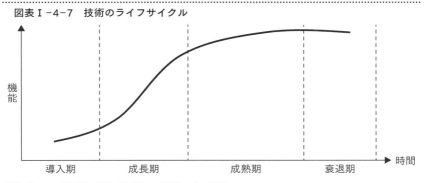

図表Ⅰ-4-7　技術のライフサイクル

出所：Foster（1986）邦訳，28頁に一部加筆のうえ引用。

りやすい。また，成長期には技術が急速に進歩するため，導入期ほど革新の度合いは大きくないものの，イノベーションの発生頻度が高くなる。その一方で，成熟期や衰退期には，技術の進歩が止まるため，技術に頼らないタイプのイノベーションが起こりやすい。

そして，そのような違いに注目すると，以下の事例が示すように，それぞれの段階においてデザイナーの果たす役割が異なることが窺える。

①携帯電話のケース

まず，携帯電話のケースからは，技術の導入期や成長期にデザイナーがリーダーシップを発揮することは難しいものの，成熟期以降は発揮しやすくなることが窺える。

携帯電話の歴史を振り返ると，日本企業の多くはこれまで，技術を進化（例えば，カメラ機能の向上やテレビ機能の搭載）させた後に，デザインを進化（例えば，外観の良さや使い勝手の向上）させてきた（Akiike, 2014）。つまり，デザインと技術を同時に進化させることはほとんどなく，技術の進化が止まってから，デザインの進化に着手してきたのである（**図表Ⅰ-4-8**参照）。

したがって，このような状況下では，技術の進化が続く限り，デザインは後回しにされるため（あるいは，機能や性能の向上が優先されるため），技術の導入期や成長期にデザイナーがリーダーシップを発揮することは難しいといえ

図表Ⅰ-4-8　携帯電話におけるデザインと技術の進化の関係

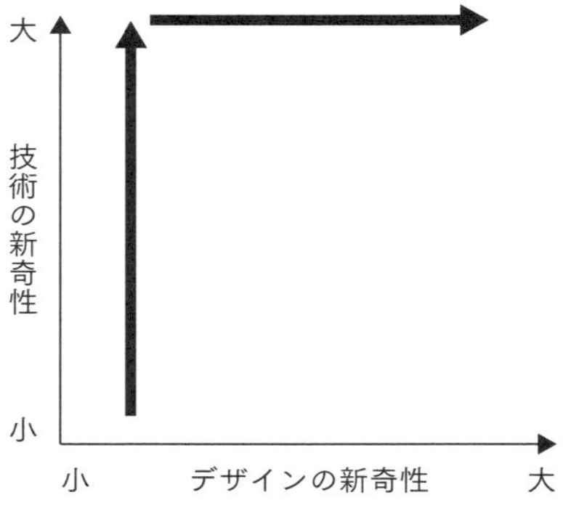

出所：筆者作成。

る。その一方で、技術の進化が落ち着く成熟期以降は、デザイン単独の進化が始まるため、デザイナーがリーダーシップを発揮しやすくなる。

②薄型テレビのケース

同様に、薄型テレビのケースからも、技術の導入期や成長期にデザイナーがリーダーシップを発揮することは難しいことが窺える。ただし、携帯電話の場合と異なり、技術の成熟期以降もデザイナーがすんなりとリーダーになれるというわけではなさそうである。

例えば、パナソニックでは薄型テレビの開発に際して、まず技術を進化（映像の美しさや省エネ性能の向上など）させた後に、デザインと技術を同時に進化させてきた（後藤，2013）。つまり、先ほどの携帯電話とは異なり、技術単独の進化から、同時並行型の進化へと移行しているのである。

パナソニックでは、技術の導入期にはテクノロジー・リサーチが支配的であるが、技術が成熟化するにつれ、デザイン・リサーチが増え、テクノロジー・リサーチが減少する。ただし、完全に優先順位が入れ替わるのではなく、対等な関係に移行するだけである。したがって、技術革新が起こった直後や技術進歩が進んでいる最中に、デザイナーがリーダーシップを発揮することは難しいといえる。さらに、成熟期以降も、デザイナーとエンジニアとの間で、リーダーシップを巡るせめぎ合いがあるかもしれない。

③デジタルカメラのケース

一方、デジタルカメラのケースからは、技術の導入期や成長期においてもデザイナーはリーダーシップを発揮することができるものの、それはあまり上手くいかない可能性が高いことが窺える。

デジタルカメラの開発においては、技術とデザインを同時に進化させる場合にはエンジニアがリーダーシップを発揮した方が上手くいき、デザインを単独で進化させる場合にはデザイナーがリーダーシップを発揮した方が上手くいくとされている（秋池・吉岡（小林），2015）。

この事例は、前二者とは異なり、技術の導入期や成長期においてもリーダーシップを発揮するデザイナーが存在することは認めつつも、それが上手

くいかない可能性を示唆している。したがって，技術の導入期や成長期にはやはり，デザイナーは抑制的に行動した方が良く（あるいは，研究者やエンジニアがリーダーシップを発揮した方が良く），技術の成熟期や衰退期には，デザイナーがリーダーシップを発揮した方が良いのかもしれない。

3. 製品の性格による違いはあるのか？

　以上のように，イノベーションを静的に捉えた場合には，デザイナーはいずれのタイプにおいてもリーダーシップを発揮することができるものの，動的に捉えた場合には，リーダーシップを発揮しやすい段階と発揮しにくい段階があることが窺えた。

　ただし，前項で取り上げた事例はいずれも，対象が小ぶりな生活用品や家電製品ばかりで，偏りがある点に注意が必要である。なぜなら，製品の性格が異なれば，導出される結論も異なる可能性があるからである。そして，この点につき，Fujimoto（1991）は，「内部構造の複雑度」と「ユーザーインタフェイスの複雑度」の2軸を用いて製品の性格を分類し，それらの違いによって，デザイナーが統合者になれる領域と，なれない領域がある可能性を指摘している（**図表Ⅰ-4-9参照**）。

　具体的に，家電製品では，そもそも内部構造の複雑度が低いため，デザイナーは公式・非公式を問わず，統合者となれる可能性がある。それに対し，

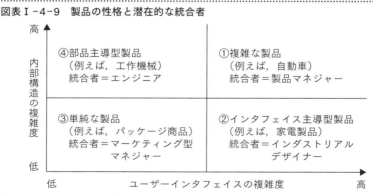

図表Ⅰ-4-9　製品の性格と潜在的な統合者

出所：Fujimoto（1991），34頁を翻訳して引用。

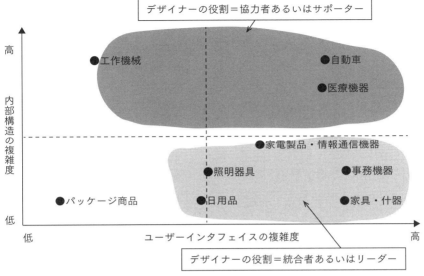

図表Ⅰ-4-10 製品の性格とデザイナーの役割との関係

出所:森永(2014)の図表2を修正して引用。

自動車では、デザイナーは内部構造の複雑度の高さに耐えられないため、統合者にはなれず、エンジニアとのマルチリンガルな会話が可能なプロダクト・マネジャーが統合者になると考えられている。

もちろん、これらの指摘は、あくまで仮説に過ぎないが、様々な事例を集めてみることで、その正否をある程度は確かめることができる。そして、それらをまとめたのが、**図表Ⅰ-4-10**である。

①複雑な製品におけるデザイナーの役割

まず、自動車や医療機器のように、内部構造に加えユーザーインタフェイスが複雑なもの(**図表Ⅰ-4-9**の「複雑な製品」)については、デザイナーが統合者としてリーダーシップを発揮している事例は見つかっていない。

例えば、日米欧の自動車メーカーの製品開発活動を研究したClark and Fujimoto (1991) を見ても、公式・非公式に関わらず、デザイナーが統合者としての役割を演じている事実は確認できない[7]。ただし、2000年代以降、自

動車メーカーにおけるデザイナーの活動領域は、スタイリストの枠を超えて広がり始めており、デザイナーがプロダクト・マネジャーのサポート役などを務めている可能性はある（森永, 2010）。

一方、オランダの医療機器メーカーのフィリップスを研究した Verganti (2011) を見てみると、デザイナーがイノベーションの実現過程において、サポート役を演じている事実を確認することができる。同社では、デザイン部門に研究所と事業部を支援する役割を正式に与え、彼らに自社で開発した技術や社外から持ち込まれた技術の潜在的な価値を探らせている。

②インタフェイス主導型製品や単純な製品におけるデザイナーの役割

一方、事務機器や家具・什器のように、内部構造が比較的単純でユーザーインタフェイスが複雑な製品（**図表Ⅰ-4-9** の「インタフェイス主導型製品」）や、照明器具や日用品のように、内部構造とユーザーインタフェイスが比較的単純な製品（**図表Ⅰ-4-9** の「単純な製品」）の一部においては、デザイナーが統合者としてリーダーシップを発揮していることが確認できる。

例えば、イタリアの照明器具メーカーや家具メーカーなどでは、デザイナーが新製品の開発においてリーダーシップを発揮していることが報告されている（Verganti, 2006 ; Michele et al., 2014）。また、厳密にはデザイナーではないものの、英国の電機メーカーのダイソンには、デザインとエンジニアリング双方の知識を併せ持つ「デザインエンジニア」と呼ばれる職能があり、彼らが消費者の目線からデザイン部門と技術部門の知見を摺り合せている（延岡ほか, 2015）。その意味では、電機製品においてもデザイナーは統合者になれる可能性がある。

ただし、日本の電機メーカーを対象にした研究からは、デザイナーが統合

---

7 もちろん、トヨタ自動車の岡田稔弘氏のように、デザイナー出身者がチーフエンジニアになったケースは稀にある。岡田氏は初代から3代目までの「ソアラ」のチーフエンジニアを勤めた（『Gazoo.com』「トヨタ博物館車両開発者講演会 "初代ソアラ"」http://gazoo.com/ car/pickup/ Pages/museum_0009.aspx）。しかし、デザイナー出身者がたまたまプロダクト・マネジャーに抜てきされたことと、「デザイナーを職業とする者がリーダーの役割を果たしている」こととは全く次元が異なる。

者になるケースは稀にあるものの，ほとんどの場合，サポート役に留まっていることが窺える。例えば，和田（2007）は，家電製品や情報通信機器の開発において，デザイナーが統合者としてリーダーシップを発揮することは不可能に近いと述べている。加えて，デザイナーはこれまで，事業部に様々なアイデアを提案することでイノベーションの実現に貢献してきたが，その実態は外部には見えにくいとも述べている。

その理由は，デザイナーからの提案の多くが，素朴なアイデア・レベルに留まるからである。素朴なアイデアは，イノベーションのシーズとしては有効であっても，ビジネスの俎上に乗せるには，市場規模やその実現可能性など，様々な要素の検討が必要になる。そして，そのような検討は，事業部内の企画部門や技術部門によって行われるため，アイデアが役立った場合でも，デザイン部門の貢献は外部には見えにくい。

③部品主導型製品におけるデザイナーの役割

さらに，工作機械などのユーザーインタフェイスが比較的単純で，内部構造が複雑な製品（**図表Ⅰ-4-9**の「部品主導型製品」）においても，デザイナーが統合者としてリーダーシップを発揮している事実を確認することはできなかった。むしろ，工作機械メーカーにおけるデザイナーの活動を記した研究からは，近年になって，ようやくデザイナーがスタイリストの枠を超え，サポート役を務めるようになってきた実態が窺えた（紺野，2012）。

3 デザイナーをイノベーターにするためのマネジメント

以上では，デザイナーが様々な形でイノベーション活動に関わっていることを明らかにしてきた。しかし，デザイナーにそのような役割を期待したからといって，それが実際に上手く機能するとは限らない。

事実，**図表Ⅰ-4-11**にあるように，7割近くのデザイナーがイノベーションに取り組もうとして挫折した経験を持っている。そして，その主な理由は，経営陣から「コストがかかり過ぎると判断された」からである（鷲田，2014）。

つまり，デザイナーが積極的にイノベーションに関わろうとしても，経営陣はデザイナーの意見を採用することで生じるコスト増や，それに伴うリスク増を嫌がる傾向があるのである。

その他にも，例えば，長谷川・永田（2010）は，日本の企業1,154社を対象にアンケート調査を行い，研究開発プロジェクトにおいて，デザイナーとエンジニアの間で意見が対立した場合，約9割の企業が，エンジニアの意見を採用していることを明らかにしている。

そもそも，デザイナーを研究開発プロジェクトに参加させるのは，エンジニアなどの他のメンバーでは思い付きもしないようなユニークなアイデアを提案してもらうためである。しかし，現実には，デザイナーの意見とエンジニアの意見が対立した場合，ほとんどの企業では，エンジニアの意見が採用されている。このように，彼らの調査からは，デザイナーにはユニークなアイデアの提案が期待されている一方で，そのユニークさゆえに，なかなか採用されないというジレンマがあることが窺える。

さらに，彼らの調査からは，デザイナーの意見を優先する企業の数は少ないものの，そうした企業の方が，エンジニアの意見を優先する企業よりもプロダクト・イノベーション（＝技術的に明らかな新規性を持つ新製品・サービス）

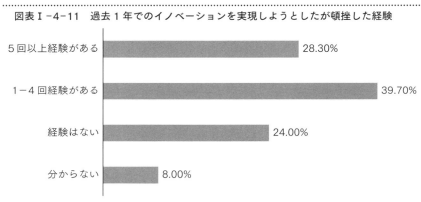

図表Ⅰ-4-11　過去1年でのイノベーションを実現しようとしたが頓挫した経験

5回以上経験がある　28.30%
1-4回経験がある　39.70%
経験はない　24.00%
分からない　8.00%

出所：鷲田（2014），75頁より引用。
※当該アンケート調査は，日本人デザイナー534名（インハウスかフリーランスかは問わないものの，インハウス：フリーランス＝1：3の構成比である）に対して2013年4月にウェブ上で行われたものである。なお，当該アンケートにおける「イノベーション」についての定義は特になく，回答者の判断にゆだねられている。

の実現度合いが高いことも分かっている。よって，このことからは，デザイナーの提案するアイデアの多くは一見すると，ユニーク過ぎてエンジニアなどの他のメンバーからなかなか理解されないものの，一旦，受け入れられれば，有効な提案になる可能性が高いことが窺える。

　結局のところ，デザイナーの提案がイノベーションに貢献する場合とは，エンジニアの意見とは異なりつつも，その意見が採用され，企業に経済成果をもたらす革新が生まれた場合である。エンジニアと同じような意見しか提案できないのであれば，デザイナーを研究開発プロジェクトに参加させる意義は小さいし，違う意見を出しても聞き入れられなければ，イノベーションに貢献することはできない。このように，デザイナーがイノベーションに貢献するには，ユニークなアイデアを提案するだけでなく，先に見たジレンマを克服できるような工夫が必要になる。

　以上のように，デザイナーがスタイリストの枠を越えて，イノベーションの実現に貢献するのは容易なことではない。デザイナー個人のやる気だけでは，克服できない問題も多いからである。前述したように，イノベーションはそもそも，チーム・スポーツに似て，他のプレイヤーとの関わり方が重要になる。加えて，デザイナーは組織人であり，自分の好き勝手に行動できるわけではない。そのため，デザイナーがイノベーションに貢献しやすいような環境作りが重要になる。

　そこで，以下では，デザイナーの配置と組織構造，デザイン部門のサイズ，デザイン部門の予算制度の３点に注目して，デザイナーをイノベーターにするためのマネジメントについて考えてみたい。

1. デザイナーの配置と組織構造[8]

　１つ目は，デザイナーの配置と組織構造の在り方である。これは，デザイナーを地理的に「どこ」に配置し，「誰」に管理させるのかという問題である。具体的に，前者については，デザイナーを各事業部門に張り付けるのか，それとも本社に置いておくのかという選択肢があり，後者については，各事

---

[8] 本項の内容は，森永ほか（2013）および森永（2014b）に基づいている。

業部長がデザイナーを管理するのか，それともデザイン部長が一括して管理するのかという選択肢がある。そして，それぞれの選択肢には以下に示すようなメリットがある。

1.1 それぞれの選択肢のメリット

まず，デザイナーを各事業部門に張り付けることのメリットは，現場の情報を早期に入手しやすい点である。特に，事業部の近くに研究所が置かれている場合には，事業部・研究所の双方から様々な情報（例えば，事業部が抱える困り事や，研究所で開発中の技術に関する情報など）を早期に入手することができる。そして，そのような早期の情報収集は，デザイナーにイノベーション活動に取り組むための時間的猶予を与える。

反対に，デザイナーを本社内に集めておくことのメリットは，デザイナー同士の情報交換が活発になり，多様な情報に触れられる点にある。多様な情報との接触は，デザイナーの視野を広げ，イノベーション活動に取り組む際の助けとなる。

一方，各事業部長がデザイナーを管理することのメリットは，同じ事業部門内にいる他の部署との調整が図りやすい点である。同じ組織の一員として，数年先までの開発スケジュールを共有しているため，彼らとの歩調が合わせやすい。

反対に，デザイン部長が一括してデザイナーを管理することのメリットは，次の2つである。1つは，デザイナーに対する指揮命令権がデザイン部長にあるため，事業部門をまたいだデザイナーの移動や柔軟なやり繰りが可能な点である。人材を柔軟にやり繰りすることで，スラック（＝余剰資源）を生み出すことが可能になる。そして，もう1つは，デザイン部門としての独立性が高くなるため，デザイナーが主体性を発揮しやすい点である。これらのスラックの創出やメンバーの主体性は，いずれもイノベーション活動には不可欠な要素である。

1.2 4種類の組み合わせ

以上のことから，デザイナーの配置と組織構造には，理論上，4種類の組

み合わせが存在することになる（**図表Ⅰ-4-12**参照）。

1つ目は，デザイナーを各事業部に配置し，そこでデザイナーの管理も行う純粋な事業部制のスタイルである。2つ目は，デザイナーは各事業部に配置するものの，その管理はデザイン部長が一括して行う事業部制に準じるスタイル（以下，準・事業部制とする）である。3つ目は，デザイナーを本社内のデザイン部門に配置し，そこで管理を行う純粋なセンター制のスタイルである[9]。4つ目は，デザイナーを本社内のデザイン部門に配置しつつも，その管理は各事業部で行う準・事業部制のスタイルである。

ただし，現実には4つ目は考えにくいため，実質的には3種類の組み合わせが存在することになる。そして，それぞれのスタイルには，上で見たそれぞれの選択肢が持つメリット（とデメリット）が内包されている。

具体的に，1つ目の純粋な事業部制では，イノベーションの創出に必要な諸要素のうち，早期の情報収集や他部署との調整が容易になる反面，多様な情報の収集やスラックの創出，デザイナーの主体性の確保などは難しくなる。それとは反対に，3つ目の純粋なセンター制では，多様な情報の収集やスラックの創出，デザイナーの主体性の確保などは容易になる反面，早期の情報収集や他部署との調整は難しくなる。その意味で，純粋な事業部制やセンター制を採用する場合には，それぞれのデメリットを克服する方策も同時に採用することが必要になる。

それに対して，2つ目の準・事業部制では，双方の「イイとこ取り」をすることが可能になる。しかし，このスタイルを維持することは難しい。なぜ

図表Ⅰ-4-12　デザイナーの配置と組織構造の在り方

	各事業部門に配置	本社に配置
各事業部門が管理	①純粋な事業部制	④準・事業部制
デザイン部門が管理	②準・事業部制	③純粋なセンター制

出所：筆者作成。

9　ここで用いた「センター制」という用語は学術的な専門用語ではないが，国内の電機企業などで用いられているため，ここではそれに倣ってセンター制と呼んでいる。

なら，利便性の観点からデザイナーを自らの指揮下に置きたい事業部との間で，対立が生じやすいからである。そのため，このスタイルを維持するには，社内の権力争いに勝ち続けることが必要になるかもしれない。

2. デザイン部門のサイズ

2つ目は，デザイン部門のサイズである。一般に，大企業におけるデザイン部門の人員構成比率は全体の1%に満たない場合が多い。また，その絶対数も150名～200名程度と小規模である[10]。ここにデザイン部門の特殊性がある。そして，その特殊さゆえに直面する困難として，多様性維持の難しさとスラック創出の難しさの2つがある。

2.1 多様性維持の難しさ

本節の冒頭部でも見たように，デザイナーとエンジニアの間で意見が対立した場合，約9割の企業では，エンジニアの意見が採用されている。その理由は，デザイナーのアイデアはユニーク過ぎる上に，説得材料に乏しいものが多いからである。そのため，彼らのアイデアを聞き入れてもらうには，説得材料を豊かなものにし，提案の精度を上げなければならない。

この点につき，例えば，サムスン電子では，デザイン部門内に市場調査部門や収支計算部門を設置し，デザイナーが事業部にアイデアを提案する際には，コスト計算や世界市場における競争状況に関する情報も併せて提示するようにしている（福田，2013）。

しかし，デザイン部門内にエンジニアやマーケターなどの多様な職能を雇い入れたくても，デザイン部門の規模があまりに小さい場合は，彼らを雇い入れることが困難になる（和田，2007）。母集団が小さいと，他の職能を十数名雇い入れただけでも，すぐにデザイナーの構成比率が低下してしまうからである。彼らの比率が低下し過ぎると，本業が人手不足に陥るだけでなく，

---

[10] ただし，全社員に占めるデザイナーの構成比率はそれほど変わらなくても，絶対数だけを見れば例外もある。例えば，パナソニックにはグループ全体で560名程度のデザイナーがおり，サムスン電子には1,000名程度のデザイナーがいる。

デザイン部門としてのアイデンティティも保てなくなる。そのため、デザイン部門内の多様性を維持するには、地理的な分散はともかく組織構造上はできる限り分散せず、ひとまとめにして一定の規模を確保しておく必要がある[11]。

2.2 スラック創出の難しさ

そして、もう1つの困難は、スラックを創出することの難しさである。デザイナーにユニークな提案をさせようとしても、1つの組織内に一定数以上のデザイナーがいないと、スラックが生み出しにくい。そして、スラックが生み出せなければ、デザイナーはルーチンワークに終始してしまう危険がある（森永、2014b）。

特に、もともと人数の少ないデザイナーが事業部門ごとに管理されてしまうと、各現場では極めて少ない人数でデザインの開発業務に当たらなければならず、デザイナーの消耗が激しくなる。そのため、デザイナーにイノベーション活動を行わせるには、組織構造上はできる限り分散せず、1つの組織内にデザイナーを集めておくか、人材の柔軟なやり繰りが行えるような体制を整えておくことが必要になる。

3. デザイン部門の予算制度[12]

3つ目は、デザイン部門の予算制度の在り方である。配分される金額の多寡はもちろんのこと、予算を使用する際の自由度の高さや、その配賦方法なども重要になる。

例えば、デザイナーのアイデアを聞き入れてもらうには、書類や口頭で説明するよりも、モックアップ（＝粘土の模型）を作成したり、試作を行ったり、さらにはアイデアを実現するための技術開発を行ったりする方が、説得力が

---

[11] 参考までに、いくつか企業におけるデザイン部門のデザイナー以外の構成比率は、以下のようになっている。サムスン電子では30％程度（福田、2013）、日立では20％程度（『日本経済新聞』「日立デザイン部門 心理・工学系人材5年で2倍に」2010年7月12日）、三菱電機では10％程度である（和田、2007）。なお、企業内のデザイン部門ではないものの、多様性が最も高いといわれている米国のデザイン事務所IDEOのデザイナー以外の構成比率は50％程度である。

[12] 本項の内容は、森永ほか（2013）および森永（2014b）に基づいている。

増す場合が多い。そして，そのような取り組みは，自身の提案するアイデアがユニークであればあるほど重要になってくる。ただ，そのためには，デザイナーが自分たちの意思で自由に使えるお金が必要になる[13]。つまり，デザイナーをイノベーションに貢献させるには，デザイン部門にとって自由度の高い予算が必要になるのである。

　また，予算の配賦方法にも注意が必要である。例えば，純粋な事業部制のようにデザイナーが各事業部で管理されている場合は，デザイナーは各事業部の予算を使って，モックアップの作成などを行うことができる。しかし，純粋なセンター制のように，デザイン部門が本社内に配置され，社内での独立性が高い場合は事情が異なる。その場合は，社外のデザイン事務所の如く，各事業部との間でデザイン料を交渉し，それを活動の原資（＝予算）にしなければならない[14]。

　例えば，純粋なセンター制を採用する東芝では，長年にわたり，事業部からの依頼に応じてデザイナーを派遣し，その人数に応じた対価をデザイン料として受け取って，活動の原資にしてきた。

　ただ，このような予算の配賦方法では，デザイナーからアイデアを積極的に提案しようにも，活動予算がデザイン料に依存している以上，正式な依頼が来てからでないと動きにくい。前述したように，提案の説得力を高めるには，モックアップなどの作成が重要になるが，その作成にはそれなりの予算が必要になる。しかし，その段階では，事業部からまだデザイン料が支払われていない。また，特定の事業部から得たデザイン料は，当該事業部のためだけに使うことが原則であるため，事業部を特定しないイノベーション活動のために当該資金を用いることはできない。

　この点につき，かつての東芝では，それらの予算に加え，本社部門としての共通経費が配賦されていた。そのため，デザイナーはそれを使って，事業部の枠にとらわれることなく，モックアップやプロトタイプなどを作成し，

---

[13] テープカッター程度の大きさの精度の高いモックアップを作成するには，最低でも10万円程度の費用が必要になる。
[14] ただし，デザイン部門が本社内の研究部門に配置されている場合は研究開発費を用いて，それらの活動を行える。

様々な事業部に対して提案を行ってきた。しかし，2000年以降は，共通経費が廃止され，デザイン料だけでデザイン部門を運営しなければならなくなった。その結果，デザイン部門が独自の判断で先行開発を行ったり，その事業化を検討したりするための資金の捻出が困難になっている。

4 本章のまとめ

　以上のように，本章では，イノベーションを価値づくりと定義した上で，イノベーションとデザインやデザイナーとの関係を整理してきた。

　まず，デザインとイノベーションとの関係については，次の2つの考え方をベースに整理してきた。1つは，「デザインそれ自体がイノベーションである」とする考え方であり，もう1つは，「斬新なデザインの導入が技術や素材を革新する」とする考え方である。

　前者では，デザインを単なる差別化や販売促進のためのツールではなく，革新性そのものとして捉えているところに特徴がある。さらに，その革新性の内訳には，見た目がもたらす革新性（＝見かけの価値）と，使用感がもたらす革新性（＝使用価値）の2種類があるとされている。一方，後者では，デザインの新奇性が消費者に与える影響よりも，むしろ新しいデザインの実現が企業に与える影響に注目している。もちろん，ここでもデザインを革新性そのものとして捉えているが，それを実現するには，同時に技術や素材の革新も必要になると考えているところに特徴がある。

　次に，デザイナーとイノベーション活動との関係については，イノベーションの実現過程においてデザイナーの果たす役割は多様であり，それは実現するイノベーションの中身や製品の性格によっても異なることが明らかにされてきた。具体的には，技術革新が起こった直後や技術進歩が進んでいる最中には，デザイナーがリーダーシップを発揮することは難しかった。また，自動車や医療機器のような複雑な内部構造を持つ製品においても，デザイナーがリーダーシップを発揮することは難しかった。

　最後に，デザイナーをイノベーターにするためのマネジメントについては，

デザイナーの配置と組織構造，デザイン部門のサイズ，デザイン部門の予算制度の3点に注目してきた。そこでは，デザイナーを地理的にどこに配置し，誰に管理させるのかによって，彼らのイノベーションへの関与度が変わってくることや，多くのデザイン部門には小規模ゆえに直面する固有の問題があり，それらを考慮に入れて組織設計を行う必要があること，さらには，予算の自由度や配賦方法などが異なれば，デザイナーのイノベーションへの関与の度合いも異なることなどが窺えた。

> **付録：イノベーションの文脈から書かれたデザイン本**
> - 竹原あき子（2014）『街角で見つけたデザイン・シンキング』日経BP社。
> - takram design engineering（2014）『デザイン・イノベーションの振り子』LIXIL出版。
> - 鷲田祐一（2014）『デザインがイノベーションを伝える』有斐閣。

■参考文献

- 秋池篤・吉岡（小林）徹（2015）「技術も生み出せるデザイナー，デザインも生み出せるエンジニア：デジタルカメラ分野におけるデザイン創出に関する効果の実証研究」『一橋ビジネスレビュー』2015年春号，64-78頁。
- 青木史郎（2014）『インダストリアルデザイン講義』東京大学出版会。
- 伊丹敬之（2009）『イノベーションを興す』日本経済新聞出版社。
- 井村直恵（2011）「デザイン家具メーカーにおける独自能力の構築」『京都マネジメントレビュー』第19号，81-103頁。
- 黒木靖夫（1999）『大事なことはすべて盛田昭夫が教えてくれた』ワニ文庫。
- 後藤智（2013）『デザインと技術：技術による製品の意味の革新戦略』立命館大学大学院テクノロジーマネジメント研究科博士論文。
- 紺野登（2012）「デザインの経済的効果」仙田満・若山滋編『産業とデザイン』第8章，123-140頁，放送大学教育振興会。
- 田子學・田子裕子・橋口寛（2014）『デザインマネジメント』日経BP社。
- 中町剛（2007）「掃除の実態から発想したクリーナーの開発：デザイン部門主導コンセプト先行型製品開発の事例」『人間生活工学』第8巻第4号，22-27頁。
- 西川英彦（2007）「共感デザインにおける観察情報；行為とデザインとの相互作用」『マーケティング・ジャーナル』第27巻第2号，18-28頁。
- 延岡健太郎（2011）『価値づくり経営の論理』日本経済新聞出版社。

- 延岡健太郎・木村めぐみ・長内厚（2015）「デザイン価値の創造：デザインとエンジニアリングの統合に向けて」『一橋ビジネスレビュー』2015年春号，6-21頁。
- 長谷川光一・永田晃也（2010）「日本企業のデザインマネジメント：平成20年度民間企業の研究開発活動に関する調査結果より」『研究・技術計画学会　年次学術大会講演要旨集』第25巻，641-644頁。
- 福田民郎（2013）「デザイン経営の実際　サムスン電子の成功事例から」（http://www.rieti.go.jp/jp/events/bbl/13073101.html）。
- 三輪新吾（1990）『東芝のダイナブック戦略：PC帝国を追撃する』ソフトバンク・ビジネス。
- 村山斉（2010）『宇宙は何でできているのか』幻冬舎新書。
- 森永泰史（2010）『デザイン重視の製品開発マネジメント：製品開発とブランド構築のインタセクション』白桃書房。
- 森永泰史（2011）「デザイン・ドリブン・イノベーションの理論的検討」『経営論集』第10巻第1号，31-43頁。
- 森永泰史（2014a）「"Designer-As-Integrator"と"The Dark Matter of Innovation"：デザイナーはイノベーションとどのように関わっているのか」『経営論集』第12巻第1号，37-50頁。
- 森永泰史（2014b）「インハウスデザイナーをイノベーターとして活用するための論理：シャープと東芝の事例分析から」『日本経営学会　経営学論集』第84集（http://www.jaba.jp/category/select/cid/770/pid/10463）。
- 森永泰史・山下幹生・河原林桂一郎（2013）「デザイナーを活用したデスバレー克服の可能性」『日本経営学会誌』第31巻，63-74頁。
- 和田精二（2007）「能力視点から見たデザイナーの新しい役割」『感性工学』第7巻第2号，187-193頁。
- 鷲田祐一（2014）『デザインがイノベーションを伝える：デザインの力を活かす新しい経営戦略の模索』有斐閣。
- Abernathy, W.J., K.B. Clark and A.M. Kantrow (1983) *Industrial Renaissance : Producing a Competitive Future for America*, Basic Books.（日本興業銀行産業調査部訳，望月嘉幸監訳『インダストリアルルネサンス』TBSブリタニカ，1984年）
- Akiike, A. (2014) "Can Firms Simultaneously Pursue Technology Innovation and Design Innovation?," *Annals of Business Administrative Science*, Vol.13, pp.169-181.
- Clark, K. and T. Fujimoto (1991) *Product Development Performance: Strategy Organization and Management in the World Auto Industry*, Harvard Business School Press.（田村明比古訳『実証研究・製品開発力：日

米欧自動車メーカー20社の詳細調査』ダイヤモンド社，1993年)
- Foster, R. (1986) *Innovation : The Attacker's Advantage*, New York: Summit Books. (大前研一訳『イノベーション：限界突破の経営戦略』TBSブリタニカ，1987年)
- Fujimoto, T. (1991) "Product Integrity and the Role of Designer-As-Integrator," *Design Management Journal*, Vol.2 No.2, pp.29-34.
- Lafley, G. and R. Charan (2008) *The Game-Changer*, Random House. (斎藤聖美訳『ゲームの変革者』日本経済新聞社，2009年)
- Leonard-Barton, D. and J. Rayport (1997) "Spark Innovation Through Empathic Design," *Harvard Business Review*, Vol.75 No.6, pp.102-113.
- Lorenz, C. (1986) *The Design Dimention : The New Competitive Weapon for Business*, Basil Blackwell Limited. (野中郁次郎監訳・紺野登訳『デザインマインドカンパニー：競争優位を創造する戦略的武器』ダイヤモンド社，1990年)
- Marsili, O. and A. Salter (2006) The Dark Matter of Innovation: Design and Innovative Performance in Dutch Manufacturing, *Technology Analysis and Strategic Management*, Vol.18 No.5, pp.515-534.
- Michele, S., C. Cabirio and Z. Francesco (2014) "Product design strategies in technological shifts：An explorative study of Italian design-driven companies," *Technovation*, Vol.34, Iss.1, pp.702-715.
- Moon, H. M., D.R. and Kim S.H. (2013)" Product Design Innovation and Customer Value：Cross-Cultural Research in the United States and Korea," *Journal of Product Innovation Management*, Vol.30 Iss.1, pp.31-43.
- Radford, S.K. and P.H. Bloch (2011) "Linking Innovation to Design：Consumer Responses to Visual Product Newness," *Journal of Product Innovation Management*, Vol.28 No.1, pp.208-220.
- Talke, K., S. Salomo, J.E. Wieringa and A. Lutz (2009) "What about design newness? Investigating the Relevance of a Neglected Dimension of Product Innovativeness," *Journal of Product Innovation Management*, Vol.26, pp.601- 615.
- Verganti, R. (2006) "Innovating through design," *Harvard Business Review*, Vol.84 No.12, pp.114-122.
- Verganti, R. (2011) "Designing breakthrough Products," *Harvard Business Review*, Vol.89 No.10, pp.114-120.

補講⑥：デザインのアイデアの源泉はどこにあるのか？

先行研究に見られるデザインのアイデアの源泉には，大きく次の3つがある。1つ目はデザイナーの頭の中，2つ目は消費者の頭の中の意識領域，3つ目は消費者の頭の中の無意識領域である。

(1) デザイナーの頭の中

まず，デザインのアイデアの源泉はデザイナーの頭の中にあると考える立場では，「消費者は未来を描くことはできないが，デザイナーは未来を描くことができる」という前提に立っている。そこでは，デザイナーが持つ直感やアブダクションなどの未来を思い描く能力が重視され，期待されている[1]。

ただし，一口に「デザイナーの頭の中にアイデアの源泉がある」といっても，消費者との関わり方の濃淡によって，いくつかのパターンがある。1つは，完全なユーザーフリーのパターンである。消費者の話を全く聞かずに，自分の信念にしたがってデザインを行ったり，自分がほしいものだけをデザインしたりする場合などがこれに当てはまる。このようなスタイルは，デザイナーというよりも，むしろ芸術家に近い。この種の方法が有効な理由は，美や心地良さなどの追求は極めて主観的で個人的な作業だからである。そのため，自分自身の認識を担保として突き進むことが可能なのかもしれない。

それに対して，消費者の話は聞かないものの，自身が持つ消費者のイメージに基づいてデザインを行うパターンもある。先行研究によると，デ

---

[1] ここでいうアブダクションとは，演繹法や帰納法などの推論形式の1つで，米国の哲学者パースによって提唱された（米盛，2007）。この方法は，仮説を個々の事例に当てはめて結論を導き出す演繹法や，多くの事例から得られた結論を基に仮説を構築する帰納法とは異なり，自らが思い描く結論から出発し，そこから仮説を導き出して，個々の事例に当てはめていく推論方法のことである。このように，アブダクションは，自らが思い描く結論から出発するため，発想の自由度が高く，既存の仮説や事例に縛られる演繹法や帰納法に比べ，飛躍度が大きくなるという特徴がある。

ザイナーが持つイメージには，消費者を念頭に置いた「記憶イメージ」と「想像イメージ」の2種類があるとされ，実験では，後者を活用する方が，デザインの有用性や独創性，魅力度などを高められることが明らかになっている（Dahl et al., 1999）。また，近年では，そのような想像イメージを発展させた「ペルソナ」を活用することの有効性も指摘されている[2]（第3章を参照）。

(2) 消費者の頭の中の意識領域

次に，デザインのアイデアの源泉は消費者の頭の中の意識領域にあると考える立場では，「特定の消費者ないし，消費者コミュニティは，デザイナーよりも上手に未来を描くことができる」という前提に立っている。そのため，そこでは，デザイナーが消費者のニーズを吸い上げてデザインするのではなく，いっそのこと，消費者自身にデザインの開発を任せてしまおうと考えている。

ただし，一口に「消費者にデザインの開発を任せる」といっても，その任せ方にはいくつかのパターンがある。1つは，先進的なデザインを行うことができる消費者を探し出し，その人にデザインの開発を任せる方法（＝リードユーザー法）であり，もう1つは，特定の消費者コミュニティや不特定多数の消費者から，デザインのアイデアを募る方法（＝ユーザー起動法あるいは，クラウドソーシング）である。

前者の代表的な事例としては，ゼネラルモーターズがある。1920年代当時，同社のCEOであったアルフレッド・スローン氏は，一介の自動車改造屋に過ぎなかったハーリー・アール氏のデザインの才に目を付け，彼をデザイン開発の責任者に抜擢し，業績を向上させた（Sloan, 1963）。一

---

[2] 通常のマーケティングでは，年齢や収入などの属性や購買履歴などの過去のデータを基に，ターゲットとなる顧客の平均像を抽出して作業は終了する。しかし，ペルソナマーケティングでは，そこからさらに踏み込んで，自分たちの手でより詳細で具体的な顧客像を作り上げていく（Long, 2009）。したがって，ペルソナを記述するシートには，名前や趣味，価値観を示すエピソードなどが書き込まれ，ペルソナのイメージに近い写真も張られる。そして，その人物の目線や気持ちになって，デザインを開発していく。

方，後者の代表的な事例としては，「無印良品」を展開する良品計画がある。同社では，ホームページ上で消費者からアイデアを募り，数多くの新商品を開発しているが，消費者発案の商品の方が，デザイナー発案の商品よりも，パフォーマンスが高いことが分かっている（Nishikawa et al., 2013）。具体的に，前者は後者に比べ，歳入は3倍，利益率は4倍大きいだけでなく，製品寿命も長かった。

(3) 消費者の頭の中の無意識領域

最後に，デザインのアイデアの源泉は消費者の頭の中の無意識領域にあると考える立場では，「消費者は意識して未来を描くことはできないが，そのためのヒントは与えてくれる」という前提に立っている。この立場は，デザインの開発に消費者を巻き込むという意味では，先に見た(2)と同じ立場にあるが，消費者自身は明確な答えを有しておらず，ヒントのみ有していると考えている点で異なっている。よって，デザイナーが主体的に，そのような消費者を観察して，ヒントや答えを導き出す必要がある。

そして，そのような消費者参加型のデザイン開発手法として取り上げられることが多いのが，デザイン・シンキングである。ここでいうデザイン・シンキングとは，デザインを開発する際に，何度も試作と実験を繰り返し，実際に消費者がそれを使う場面を観察しながら，改良を重ねていくところに特徴がある（Brown, 2009）。通常のデザイン開発活動では，開発プロセスの終盤になって，デザイン案を消費者に評価してもらうためにプロトタイプを作成することが多い（奥出, 2007）。しかし，デザイン・シンキングの考え方を取り入れたデザイン開発では，開発プロセスの初期からプロトタイプを作成し，消費者による実際の使用場面を観察しながら，改良を重ねていく。なぜなら，そのようなやり取りを通じてしか，消費者の潜在意識を垣間見ることができないからである。

このように，先行研究では，大きく3つのアイデアの源泉があると考えられているが，企業がいずれの源泉を重視するかによって，必要とされる施策も異なってくる。具体的に，アイデアの源泉がデザイナーの頭の中にあると考える企業では，優れた想像力を持つデザイナーをいかに集めるか

が施策のポイントになる。また，アイデアは消費者が顕在的に有していると考える企業では，そのようなアイデアを持つ消費者を効率的に見付け出したり，彼らの意見を効果的に吸い上げたりするための仕組みの構築が重要になる。さらに，アイデアは消費者が潜在的に有していると考える企業では，彼らからヒントを引き出すためのスキルの蓄積や，そのためのデザイナーの教育訓練が必要になる。

　これらの立場のうちいずれが正解かは分からないけれども，いずれの立場に立つにせよ，それに似合った施策を推し進めることができれば，デザインによる競争優位を築くことができるだろう（逆に，中途半端な施策は最悪な結果になるだろう）。なぜなら，いずれの施策の実行も暗黙知的な部分が多く，模倣困難性が高いと予想されるからである。

■ 参考文献
- 奥出直人（2007）『デザイン思考の道具箱』早川書房。
- 米盛裕二（2007）『アブダクション：仮説と発見の論理』勁草書房。
- Brown, T. (2009) *Change by Design*, Harper Collins Publishers.（千葉敏生訳『デザイン思考が世界を変える』早川書房，2010 年）
- Dahl, D.W., A. Chattopadhyay and G.J. Gorn (1999) "The Use of Visual Mental Imagery in New Product Design," *Journal of Marketing Research*, Vol.36 No.1, pp.18-28.
- Long, F. (2009) "Real or Imaginary: The Effectiveness of Using Personas in Product Design," *Irish Ergonomics Review*, Proceedings of the IES Conference 2009, Dublin.
- Nishikawa, H., M. Schreier and S. Ogawa (2013) "User-Generated Versus Designer-Generated Products: A Performance Assessment at Muji," *International Journal of Research in Marketing*, Vol.30 Iss.2, pp.160-167.
- Sloan, A. (1963) *My Years with General Motors*, Harold Matoson Company.（有賀裕子訳『GM とともに』ダイヤモンド社，2003 年）

補講⑦：「形態は機能に従う」はもう古い？

　第3章でも見たように，建築家のルイス・サリヴァン氏が20世紀初頭に提唱した「形態は機能に従う」という考え方は，現在ではもう時代遅れとされている。そして，それに代わる新しい考え方としては，先に見た「形態は意味に従う」（Krippendorff and Butter, 1984）をはじめ，「形態は感情に従う」（Esslinger, 2013）や「形態は仮説に従う」（渡辺・「超感性経営」編集委員会，2009）など様々なものがある。

　しかし，ここでは，改めて形態と機能の関係を考えてみたい。技術の進化によって，確かにデザインは機能の制約から解き放たれたとはいえ，完全に自由になったわけではないからである。

　デザインが機能から100%解放されていない証拠としては，近年になってデザインエンジニアと呼ばれる職業が新たに生まれてきたことや，そのような職業が台頭しつつある現実がある[1]。例えば，英国の電機メーカーのダイソンには，デザインとエンジニアリング双方の知識を併せ持つデザインエンジニアと呼ばれる職能があり，彼らがデザイン部門と技術部門の知見を摺り合せて製品設計の最適化を図っている（第4章参照）。そして，現在においても，このような職能が必要とされていること自体，両者の間に何らかの調整が必要なことを示している。

　このように，デザインは依然として機能からは100%解放されておらず，両者は互いに何らかの影響を及ぼし合っている。そのため，改めてデザインと機能（あるいは，エンジニアリング）との関係を考えてみたい。

(1) 対立かストレッチか

　まず，従来からある「形態は機能に従う」という考え方に注目してみると，そのような考え方は暗黙のうちに，対立の構図や主従関係を内包していることが窺える。すなわち，「機能VSデザイン」という構図であり，「機能が主でデザインが従」という関係である。機能主義デザインという言葉

---

[1] 『日経ものづくり』「もう1つの高付加価値設計 本質機能の一点突破」2013年2月号，38-41頁。

にも，これと同様のニュアンスが含まれている。

　それに対し，近年では，デザインと機能やエンジニアリングとの関係について，そのような考え方に異を唱える実務家や研究者が多くなってきている。彼らに共通する主張は，両者は背反関係にあるのではなく，互いをストレッチする関係にあるというものである。例えば，日産自動車（当時）の関徹夫氏は以下のように述べている。

　　「それぞれ（デザインとエンジニアリング）が互いに影響し合いながら独自に成長しつつ総合化され，全体の価値水準も高まっていく。すなわち，使用性向上へのアプローチが，新しいデザイン創造を誘発するという関係で進行するのである。（中略）この場合，使用性は，許容限界のようなスタティックな基準化の対象として扱われるだけでなく，ユーザーのための限りない改善対象として水準向上に向けて常に上方に変動するダイナミックな対象として捉えられる」（関，1994，31 頁）[2]

　そして，デザインとエンジニアリングがそのようにストレッチし合う関係を構築している企業では，より良いデザインを実現するためのたゆまぬ努力が続けられるため，結果として，業界の常識を覆すような素材や技術の導入・創造が起こるというのである。
　例えば，イタリアの家具メーカーのカッシーナ・イクスシーはその典型である[3]。同社の代表作には，1973 年に発表したソファ「マラルンガ」があるが，このソファの革新性は，背部が可変式で，包み込むような究極の座り心地を与えることにある（図表⑦-1 参照）。そして，この革新性は，モールドウレタンという新素材によって実現された。以後，家具業界では，モールドウレタンの使用が急速に普及し，家具のデザインや機能が大きく発展することとなった。マラルンガは，ニューヨーク近代美術館（MoMA）に永久所蔵され，20 世紀を代表するデザインの 1 つに位置付けられているが，それは同時に，歴史を塗り替えるほどの技術革新を家具業界にもた

---

[2] なお，カッコ内は筆者が補足した。
[3] カッシーナ・イクスシーの事例は，『日本総研』「企業文化としてのデザイン (1) 井上岳一」(http://www.jri.co.jp/page.jsp?id=14027) より引用した。なお，当該ホームページ上では，マラルンガの発表年を 75 年としていたが，正確には 73 年であるため，変更している。

図表⑦-1　2014年のミラノサローネで発表されたマラルンガソファシリーズの最新作

出所：カッシーナ・イクスシーより許可を得て掲載。

らしたのである。

（2）ストレッチするための条件

このように，デザインと機能やエンジニアリングが互いにストレッチするような関係を築くには，まずはデザイン部門を社長直轄にするなどして，技術部門と同等以上の権限を与えることが必要になる。デザイン部門が技術部門と同等以上の力を持たないと，両者の間に良い意味での緊張関係が生まれないからである。反対に，そのような緊張関係が生まれることで，技術的な制約があったとしても，理想的なデザインを生み出すために，その壁を乗り越えることが求められるようになる。

さらに，技術的な壁を乗り越えてデザイナーのアイデアを実現するには，デザイン部門の先行開発体制の在り方も重要になってくる。なぜなら，技術開発や素材開発（さらには，生産技術開発）と製品開発とでは，工数の長さが異なるからである。総じて製品開発の方が工数は短い。そのため，技術的な壁を乗り越えるには，かなり早い段階からデザイナーが技術や素材の開発に関与することが必要になる。実際に製品開発が始まった段階で技術的な問題を解決しようとしても，手遅れの場合も多いからである。

その好例が，サムスン電子の薄型テレビ「ボルドー」である（**図表⑦-2** 参照）。このボルドー・シリーズは，ピアノブラックと呼ばれる光沢のある質感と，ボルドーグラスをイメージした形状で，ヨーロッパで大ヒットし

図表⑦-2　サムスン電子の薄型テレビ「ボルドー」

出所：サムスン電子ジャパンより許可を得て掲載。

たが，その成功は単にデザイナーの思い付きや偶然の発見だけで片付けることはできない。ボルドーの開発では，その優美なデザインを達成するために，高光沢の大型筐体を実現するための素材開発と生産技術の確立が鍵となった（吉田，2007）。特に，後者の生産技術については，スチーム・モールドと呼ばれる新しい生産技術が導入された。それは，テレビのフレーム部分をきれいにピアノブラック化するために，プラスチック射出成型の際にシワを発生させないようにする新しい製造方法である。つまり，ボルドーのデザインは，事前の十分な準備と計画の中で，戦略的に作られたものなのである。

　最後に，デザイナーのアイデアを実現するには，彼らの提案の精度を上げるための工夫も必要である。いくらデザイナーが社内で最も消費者に近い存在であるといっても，デザイナーの言うことが常に正しいとは限らないし，仮に正しい答えを持っていたとしても，他の開発メンバーを説得できなければ意味がないからである。例えば，前出したサムスン電子では，デザイン部門内に市場調査部門や収支計算部門を抱えており，事業部にアイデアを提案する際には，コスト計算や世界市場における競争状況に関する情報も同時に提示している（福田，2013）。このように，デザイナーのアイデアを聞き入れてもらうには，彼らの提案の精度を上げるための工夫も必要になるのである。

■ **参考文献**
- 関徹夫（1994）「自動車デザインの価値構造」『デザイン学研究』第40巻第5号，27-32頁。
- 福田民郎（2013）「デザイン経営の実際 サムスン電子の成功事例から」(http://www.rieti.go.jp/jp/events/ bbl/13073101.html)。
- 吉田道生（2007）「サムスン電子のデザイン戦略」『一橋ビジネスレビュー』2007年秋号，36-46頁。
- 渡辺英夫・「超感性経営」編集委員会（2009）『超感性経営』ラトルズ。
- Esslinger, H. (2013) *Design Forward: Creative Strategies for Sustainable Change*, Arnoldsche.（平谷早苗編集・株式会社Bスプラウト訳『形態は感情にしたがう』ボーンデジタル，2014年）
- Krippendorff, K. and R. Butter (1984) "Product Semantics: Exploring the Symbolic Qualities of Form," *Annenberg School for Communication Departmental Papers*, pp.4-9.

補講⑧：デザイン・ドリブン・イノベーションについて

　第4章では，デザインとイノベーションについて議論してきた。ただ，そこには，近年流行りのデザイン・ドリブン・イノベーションに関する話が含まれていない。ここでは，その理由について，簡単に述べておきたい。

　デザインとイノベーションの関係に注目が集まるきっかけを作ったのは，おそらくミラノ工科大学のロベルト・ベルガンティ氏が2008年に出版した著書『デザイン・ドリブン・イノベーション』であろう。しかし，（名前が紛らわしいので，混同されることが多いが）彼が主張するデザイン・ドリブン・イノベーションと，第4章で見たデザインやデザイナーが主導するイノベーションは全くの別物である。

　ベルガンティ氏は，デザイン・ドリブン・イノベーションについて明確な定義を与えているわけではないが，その特徴は，次の2点に集約することができる。1つは，製品やサービスの意味に注目すること，そして，もう1つは，解釈者を活用して，その意味を革新することである。つまり，デザインという言葉は使われているものの，我々が一般に思い浮かべるようなデザインやデザイナーはそこには登場しない。それでも，わざわざデザインという言葉を使っているのは，デザインの語源はラテン語で，記号を使って物事に意味を与えるということだからである。

　さらに，少々専門的な話になるが，学術の世界には，ベルガンティ氏が提唱したデザイン・ドリブン・イノベーションに懐疑的な研究者が少なからず存在する（そして，筆者もそのうちの一人である）。

　そのうち最も手厳しいのが，犬塚（2014）である。彼は，ベルガンティ氏の主張はそもそも論理的に破綻しているし，実証的事実が乏しいと批判している。そのうち，彼が最も疑問視しているのは，「意味の革新」にいう意味とは，誰にとっての意味を指し，それをどうやって測定するのかという点である。ベルガンティ氏は暗黙の内に，大多数の消費者が共感するような意味の革新を想定している。しかし，多様な消費者が同じものを見て，同じ意味を感じることなどあり得るのであろうか。また，なぜ限られた消費者にとっての意味の革新ではいけないのであろうか。さらに，そも

そも意味は測定困難で，客観的に捉えにくいことから，これまで科学の対象からは排除されてきた。にも関わらず，ベルガンティ氏は独断で，意味の革新度合を判断してしまっている。

同様に，Dong（2013）も，デザイン・ドリブン・イノベーションを巡る議論の多くは実証的事実が欠落していると批判している。彼は，タイトルに「デザイン・ドリブン・イノベーション」やそれに近い言葉を冠した本や論文，学会発表（計64本）を集めて見直し，それらの議論の多くは概念的なもので，その効果を示す確たる証拠もなく，単なるモノの見方（perspective）に過ぎないと結論付けている。

その他にも，デザイン・ドリブン・イノベーションは，イノベーションのカテゴリー（the type of change）ではなく，イノベーションを起こすための1つのアプローチ（approach taken toward innovation）に過ぎないという批判もある（Mutlu and Er, 2003）[1]。要するに，多様な解釈者を活用して，製品やサービスの新たな意味を見つけ出そうとする試みは，市場革新のための一手法に過ぎないのである。

■ **参考文献**
- 犬塚篤（2014）「書評　Roberto Verganti, Design-driven Innovation (Harvard Business Press)」『岡山大学経済学会雑誌』第46巻第2号，263-271頁。
- Dong, A.（2013）"Design × innovation：perspective or evidence-based practices," *5th International Congress of International Association of Societies of Design Research（IASDR 2013）*, Tokyo, Japan：International Association of Societies of Design Research (IASDR).
- Mutlu, B. and A. Er（2003）"Design Innovation：Historical and Theoretical Perspectives on Product Innovation by Design," A paper presented at the 5th European Academy of Design Conference held in Barcelona, in April 2003, pp.1-18.

---

[1] 年代を見ても分かるように，彼らの研究はVergantiの研究を直接批判したものではない。ただ，Verganti以前にも，似たような議論を展開している研究がいくつかあり，彼らはそれらの研究を批判しているため，ここに加えることにした。

- Verganti, R. (2008) *Design-Driven Innovation: Changing the Rules of Competition by Radically Innovation What Things Mean*, Harvard Business School Press.（佐藤典司・岩谷昌樹・八重樫文・立命館大学経営学部DML訳『デザイン・ドリブン・イノベーション』同友館，2012年）

第 5 章

デザイナーと人的資源管理

学習の狙い
- デザイナーを活用する際に潜む問題点を理解すること
- デザイナーの終身雇用が抱える問題について理解すること
- デザイナーを専門職として扱う必要があることを理解すること

キーワードは「雇用慣行」

　企業では，デザイナーの管理・育成に関して，様々な取り組みが行われていると考えられるが，日本と欧米では，その中身や課題が異なる可能性が高い。なぜなら，両者の間では，雇用慣行が大きく異なるからである。

　まず，欧米企業には，そもそもデザイン部門を社内に抱えず，デザインの開発をアウトソーシングしているところも多い。それに対して，日本企業の多くは，デザイナーを直接雇用している。さらに，大部分のデザイナーを新卒で一括採用し，終身雇用している。デザイナーの直接雇用は，欧米企業の一部にも見られるが，その場合でも，中途採用や不定期採用が多く，またその雇用形態も契約雇用であることが多い。このように，日本企業と欧米企業では，雇用慣行が異なっており，抱える課題も異なっている。欧米企業では，いかに優れたデザイナーを探し出したり，自社に惹き付けたりするかが重要になるのに対して，日本企業では，デザイナーを社内でいかに育て，キャリアを積ませるかが重要になる。

　それでは，デザイナーを社内で管理・育成するには，どのような部分に注意する必要があるのであろうか。また，それはなぜなのか。本章では，そのような日本企業に固有の課題について考えてみたい。

1 インハウスデザイナー VS 外部デザイナー

1. 雇用形態の違いが生む能力の違い

　日本企業のデザイナー管理の第一の特徴は，デザイナーを直接雇用し，デザイン部門を社内に抱えていることである。

　通常，デザイナーには，企業に直接雇用されているインハウスデザイナーと，独立したデザイン事務所に雇用されている（あるいは，どこにも属さない）外部デザイナーの2種類がある。これらの違いは，一見すると，単なる雇用形態の違いでしかないように思われる。しかし，そのような雇用形態の違いは，両者の間に能力的な違いをも生じさせるといわれている。

　具体的に，ここでいう能力とは，「職人型」と「発想型」の2種類である（佐藤, 2013）。前者は，依頼者が欲するものを正確に具現化する能力であり，後者は，依頼者の頭の中の漠然としたイメージを基に，企画・開発から製造，販売，広告に至るまでトータルで俯瞰し，コンセプトを提供する能力である。そして，一般に，インハウスデザイナーは，他部門からの注文に応える仕事が多いので，職人型になりやすいと考えられている。その一方で，外部デザイナーは，企業から仕事を勝ちとる必要があるため，提案力が鍛えられ，発想型になりやすいと考えられている。

2. 外部デザイナーに上がる軍配

　このように，雇用形態の違いは，仕事のやり方などを通じて，デザイナーが獲得する能力の違いにも結び付きやすいとされている。もちろん，どちらの能力が優れているかを判断することは難しいが，近年では，外部デザイナーに軍配が上がることが多くなってきている。その背景には，「デザイン・シンキング（ないし，デザイン思考）」のブームや「オープンイノベーション」のブームなどがある。

2.1 デザイン・シンキングというブーム

　具体的に，前者のデザイン・シンキングとは，第3章でも述べたように，

いわゆるデザイナー的発想のことである (Brown, 2008)。このデザイナー的発想の特徴は，従来からある演繹法や帰納法のような論理的なアプローチとは異なる点にある。それは観察をベースとした直観的なアプローチであり，直観から得られた結論や仮説に基づいて議論を展開していくことで，常識や固定概念にとらわれない自由な発想をすることができる。

近年，多くの企業が効率性の追求や合理主義の限界に直面し，新しいアプローチを求める中で，そのようなデザイナーの発想力や提案力に注目が集まるようになった。しかし，前述したように，インハウスデザイナーには相対的に，そのような提案型の仕事を苦手とする人が多い。例えば，日本の電機企業では，企画部門で仕事することをインハウスデザイナー自身が敬遠する傾向が強いとされている（和田，2005）。

2.2 オープンイノベーションというブーム

一方，後者のオープンイノベーションとは，社内にこだわらず，社外をも巻き込んで革新的な成果を生み出そうとする取り組みのことである (Chesbrough, 2003)。

従来は機密保持の観点から，イノベーションは社内で自己完結するのが正しいと考えられてきた。しかし，近年では，社内だけで完結しようとすると，認知バイアスによって新しい発見を見落としがちになるため，逆に非効率だと考えられるようになっている（竹田，2012）。つまり，外部者の視点が必要と考えられているのである。その結果，デザイナーの活用においても，外部のデザイン事務所やフリーランスのデザイナーに注目が集まるようになっている (Verganti, 2008 ; Utterback et al., 2006)。

3. 今後も続くインハウスデザイン部門

このように，先行研究には，インハウスデザイナーの問題点や外部デザイナーを活用することの有用性を強調したものが多い。その結果，日本でも，デザイン部門の独立や外部デザイナーの活用を促す声が多く聞かれる。

しかし，少なくとも，デザイン部門を独立させる試みは，これまで何度か行われてきたものの，総じて上手くいかなかった。例えば，パナソニックで

は，2002年にデザイン部門をパナソニックデザイン社として独立させたが，2015年には再び元の形に戻している[1]。同様に，三菱電機でも，1994年に社内のデザイン部門の一部を独立させたが，2001年には再び本社内に戻している[2]。独立の形態やそれを取り止めた理由はそれぞれ異なるが，あまり上手くいっていないのが現実である[3]。

また，日本企業では，そのように社内にデザイン部門を抱え続けているため，外部デザイナーの活用もそれほど積極的に行われているわけではない。現状では，仕事がオーバーフローしたときにのみ，外部デザイナーを下請け的に活用している場合が多い[4]。その意味で，多くの日本企業では，今後もインハウスデザイナーが主力であり続ける可能性が高い。

それでは，インハウスデザイナーを活用することに有用性はないのであろうか。あるいは，本当に外部デザイナーを活用することは有用なのであろうか。以下では，これらの点について考えてみたい。

4.「外部デザイナー＝発想型」という幻想

そもそも，外部のデザイナーは，本当にインハウスデザイナーと比べて発想力が豊かで，クリエイティブなのであろうか。

確かに，「外部デザイナーは，企業から仕事を勝ちとる必要があるため，提案力が鍛えられ，発想型になりやすい」という論理には一理ある。しかし，外部デザイナーのすべてが発想型というわけではない。実際は，その多くが下請け的な仕事に従事しており，「外部デザイナー＝発想型」というのは幻想に過ぎない。そして，その原因として考えられるのが，独立系のデザイナー

---

1 『パナソニックホームページ』(http://news.panasonic.com/jp/press/data/2015/03/jn150326-3/jn150326-3-1.pdf)。
2 『日経デザイン』「デザイン部長『私はこう変える』」2001年9月号, 56-63頁。
3 例えば，三菱電機デザイン研究所所長（当時）の千葉建吉氏は，分社化が上手くいかなかった理由について，以下のように述べている。「子会社と事業部では力関係に明確な差がある。特に子会社の方が売り上げを立てなくてはと必死の時はなおさらだったようだ。」(『日経デザイン』「激変　家電のデザインマネジメント」2002年6月号, 82頁)。
4 『プロダクトデザインR&D戦略2007』富士経済, 11頁および『デザイン・マーケティング戦略2001』富士キメラ総研, 23頁。

も元はインハウスデザイナーである場合が多いことや，クライアントとの契約形態に問題があるからである．

4.1 インハウスデザイナーの大量育成

例えば，デザイナーの佐藤オオキ氏は，以下に示すように，日本のデザイン事務所には能力のタイプに偏りがあり，発想型のデザイナーが極端に不足していると述べている．そして，その原因は，日本ではこれまで，インハウスデザイナーばかりが大量に育成されてきたことにあるとしている．

「デザイン事務所が（『職人型』と『発想型』の）2つのタイプに大別されることを知っておくことが大事です．(中略) しかし，日本では，そのバランスに偏りがあります．デザイナーというと発想型の方が多そうですが，国内のデザイナーの99％以上は『職人型』．この歪みは高度経済成長期，製造メーカー内に技術重視の『インハウスデザイナー』が多数養成されたことに起因しています．」(佐藤, 2013, 99頁)

具体的に，日本の全デザイナーに占めるインハウスデザイナーの割合は，多いときで8割以上に上る[5]．さらに，日本では，独立系のデザイナーも元はインハウスデザイナーである場合が多い．インハウスデザイナーの経験を持たないまま，いきなり独立する人は少数派である．その意味で，日本のデザイナーの多くは，インハウスデザイナーとして育成されてきたといえる．

4.2 クライアントとの契約形態

また，外部デザイナーの多くが下請け的な仕事に従事し，必ずしも発想型

---

[5] 例えば，平成22年度の『国勢調査』(http://www.stat.go.jp/data/kokusei/2010/) によると，日本にはデザイナーが約18万人いることが分かっている．また，平成22年度の『特定サービス産業実態調査報告書』(http://www.meti.go.jp/statistics/tyo/tokusabizi/result-2/h22.html) によると，独立したデザイン事務所に勤めるデザイナーは約3万人いることが分かっている．したがって，インハウスデザイナーの数は約15万人（＝18万人－3万人）で，デザイナー全体の8割以上を占めている．

の能力を身に付けていないのは、クライアントとの契約形態に問題があるためとの意見もある[6]。外部デザイナーはクライアントとの契約に基づいて仕事を行うが、その契約形態には、作業時間や経費を見積もる単発の受注や、デザイン開発全体の業務受託、月額あるいは年額報酬によるコンサルティング、製品の売上に応じたロイヤリティ報酬（商品出荷額の3〜5％が相場）など、様々な種類がある。

これらの契約形態の中で最も提案力が鍛えられるのは、市場での評価が問われるロイヤリティ報酬であるが、この契約形態は提案したデザインが商品化され、売れなければ報酬は得られず、リスクが高い。そのため、どうしても月々の収入が得やすい下請け的な仕事（＝作業時間や経費を見積もる単発の仕事）に甘んじることが多くなる。しかし、そのような仕事ばかりをこなしていては、いつまで経っても提案力を身に着けることができない。また、デザイン開発全体の業務受託や、プロジェクトに参加してコンサルティング料を得るような形でも提案力は鍛えられるが、そのような契約を結べるのは、既に実績のある一部のデザイナーに限られる。

なお、このような事情は、日本に限らず、デザイン先進国の米国においても同様である。米国にはインダストリアル・デザイナーが約5万人おり、その3分の1がフリーランスである。そのため、発想型の能力を持ち、ロイヤリティ報酬を得ているデザイナーが多いイメージがあるが、実のところフリーランスの多くは、作業に費やした時間数と経費をベースに報酬を得ている。米国人は相対的にリスクをとる傾向にあるとされているが、やはり過度なリスクまではとれないのである。

5. 外部デザイナー活用の盲点

さらに、インハウスデザイナーと外部デザイナーを比較した研究を見てみると、外部デザイナーを活用することの有用性についても疑問が生じてくる。外部デザイナーの活用には、機密漏えいのリスク、アウトソーシングのジレ

---

[6] 以下のデザイナーの契約内容に関する部分は『Japan Business News』「個性的な製品が求められる時代のデザイナーの価値と収益構造」（http://www.jnews.com/JNEWS LETTER 2006.11.9）より引用した。

ンマ，社外秘の壁などの弱点があるからである。

5.1 機密漏えいのリスク

　例えば，Czarnitzki and Thorwarth（2012）は，ベルギーの企業を対象に，インハウスデザイナーを活用した場合と外部デザイナーを活用した場合のパフォーマンスを比較し，新しいコンセプトを持った製品（＝市場の革新性を持った製品）を開発する場合には，インハウスデザイナーを活用する方が良いと結論付けている。

　彼らは，製造業とサービス業（1,511社）のデータを用いて，デザイナーの活用の仕方と製品の売上との関係を調査した。その結果，新しいコンセプトを持った製品に関しては，インハウスデザイナーを活用している企業の方が成功していた。反対に，コンセプト改良型の製品に関しては，外部デザイナーを活用している企業の方が成功していた。

　その理由について，彼らは，インハウスデザイナーを活用する場合は機密性が保持できるため，新しいコンセプトを持った製品の開発に向いており，反対に，外部デザイナーを活用する場合は，情報が漏れて，同業他社から事前に似たようなコンセプトの製品が発売される危険があるため，新しいコンセプトを持った製品の開発には向かないとしている。このように，新しいコンセプトを持った製品の開発を行う場合には，外部デザイナーを活用することのリスクは大きいといえる。

5.2 アウトソーシングのジレンマ

　また，外部デザイナーの活用が進むと，結果的に，特定の優れたデザイン事務所やフリーランスのデザイナーに依頼が集中してしまうことがある。特に日本では，前述したように発想型のデザイン事務所が少ないため，過度な集中が生じやすい。しかし，同業他社と同じデザイン事務所やデザイナーを活用していては，真の差別化にはつながりにくい。いくら機密を守り，自社の要望にカスタマイズしてくれるといっても，無意識のうちに，デザイナー個人の思考の癖や好みがそこに反映されてしまうからである[7]。

　経営学では，このようなジレンマのことを「アウトソーシングのジレンマ」

と呼び，以下のような説明がなされている（武石，2003）[8]。

「どんなに優れた相手であっても，そしてそこが提供してくれる業務，成果がどんなに優れたものであっても，アウトソーシング先の企業が自社だけでなく競争相手とも協力すればどうなるだろうか。競争相手も同じパートナーと取引し，同じような成果を享受できるのであれば，差は付かない。差が付かなければ競争上は何の効果ももたない。かといって，独立した企業であるパートナーの行動を縛って相手と付き合わないように求めるのは難しいし，仮にできたとしても，それは必ずしも得策ではない。パートナーが多数の納入先と取引することで得られる規模の経済や範囲の経済，あるいは多様な情報や技術を活用できることこそが，アウトソーシングのメリットである。パートナーの取引関係をコントロールし，排他的関係を築くのであれば，結局のところそれは内製の延長とあまり変わらなくなってしまう。」（武石，2003，6-7 頁）

5.3 社外秘の壁

さらに，長内（2012）は，意匠データと特許データを用いて，日本の家電メーカー 2 社を比較・分析し，インハウスデザイナーのみが技術開発に関与していることを突き止め，インハウスデザイナーのそのような取り組みが優れたデザインの創出に寄与している可能性を示唆している。

---

[7] 例えば，デザイナーの奥山清行氏は欧州の家具業界を念頭に置いて，次のように述べている。「巨匠たちの時代は，デザイナー 1 人にせいぜい 3 社か 4 社のクライアントしかつかなかった。(中略) 今みたいに業界の売れっ子 5 人が 20 社と仕事をするなどということはなかったんです。(中略) そういった仕事のやり方が一般的になってきた結果として，どのブランドも製品の傾向が似かよってきてしまったのは否定できません」(『NAVI』「心に響く仕事は経営者の強い意志があってこそ」2008 年 7 月号，72 頁)。

[8] ただし，すべての企業がこのジレンマに陥るわけではない。バランスを上手くとりながら，アウトソーシングのジレンマを乗り越えてきた企業もある。イタリアの情報通信企業のオリベッティがその代表である（Walsh et al., 1992）。同社では，著名なデザイナーのエットーレ・ソットサス氏が率いる外部のデザイン・チームと長期間の契約を結んで成功を収めてきた。同社では，当該デザイン・チームにオフィスを提供したり，仕事をする上で必要なサポートを行ったりするだけでなく，あらゆる業務へのアクセス権を与えたりしてきた。同社では，そのようなデザイン・チームのことを"In-house Independent Designers" と呼んでいた。

具体的に，デザインを外部のデザイナーに委託している企業では，特許出願の発明者にデザイナーが含まれておらず，デザイナーが技術開発にほとんど関わっていないことが窺えた。それに対して，インハウスデザイナーのみを活用している企業では，特許出願の発明者にデザイナーが含まれており，デザイナーが積極的に技術部門と関わり，デザインを実現する技術開発にコミットしていることが窺えた。

　彼は，そのような違いが生じる理由についてはあまり言及していないが，その背景には，次のような事情があると考えられる。1つ目は，インハウスデザイナーは外部のデザイナーに比べ，長期間にわたって特定の製品に関与することができること，2つ目は，技術者と連携しやすいこと，そして，3つ目は，社外秘にアクセスできることである。以下は，キヤノン総合デザインセンター所長（当時）の酒井正明氏の発言である[9]。

　「フリーの場合は（中略）基本的には仕事を選べない。しかし，インハウスの場合は，私がもし複写機のディビジョンにいたら，当面，複写機のデザインしか考えられない。複写機は今後どうあってほしいか，そういうことを考える部署にいるなら，日頃から考えるのがプロでしょう。求められたら，カメラはこうあるべきです，複写機はこうですと言えなくてはいけないと思います。（中略）いまは無理でも，3年後，誰が見てもこういう場所でこういうコンセプトの商品があって，人々がこんなにエンジョイして使っているだろう。みんながそれに共感できれば，その商品の開発に向けて動き出せばいい。（中略）これがフリーとインハウスの違いです。社内の人間は知ろうと思えば，事業部の3年先までの計画を全部知ることが出来ます。」

　このように，外部デザイナーの活動には限界がある。特に，技術が複雑・高度化し，技術者との連携の必要性が高まるにつれ，あるいは，社外秘の壁が高くなるにつれ，インハウスデザイナーを活用することのメリットは大きくなる。

9　『デザインニュース』「分散から統合へのチャレンジ：キヤノンのデザインマネジメント」1999年6月，No.246, 17-21頁。

2 終身雇用がデザイナーの創造性を殺す

　以上で見てきたように，インハウスデザイナーと外部デザイナーにはいずれも一長一短があるため，どちらを活用すべきかについては，簡単に答えが出せそうにない。また，デザイナー活用の成否には，以上で見てきたような雇用形態以外にも，様々な人的資源管理の在り方が関わってくる。

　そのため，ここでは，まずデザイナーの雇用期間について考えてみたい。多くの日本企業ではデザイン部門を社内に抱え，デザイナーを終身雇用している。もちろん，海外でも社内にデザイン部門を抱えている企業はいくつも存在するが，雇用期間はそれほど長くない。

1. 海外のデザイナー雇用事情

　例えば，欧米企業では契約雇用が多いため，雇用期間は短く，デザイナーの流動性が高い[10]。また，欧米企業ではそもそも，日本企業のように毎年，新卒のデザイナーを一括採用するわけではない。即戦力になる人材を雇用したいと考えているため，中途採用を行ったり，新卒デザイナーを採用する場合でも，タレント発掘を目的としたインターンシップ（6ヵ月から1年の長期のもの）を行ったりしている[11]。

　このように，欧米企業ではデザイナーの出入りが活発で，人材の多様性も確保されている。そのため，お互いが刺激され，創造性が発揮されやすい環境にある。また，通常は契約形態として，成果主義をベースとした年俸制がとられており，複数のデザイナーによって争われる社内コンペに勝ち残らないと，次年度の収入が下がってしまう。そのため，独創的なデザインを生み出そうとするモチベーションも高い。

　その他にも，例えば，韓国企業では，日本企業と同様に毎年，新卒デザイ

---

[10] 『Response』「ルノーのデザイン部門トップがピニンファリーナに移籍」（http://response.jp/article/2011/4/12/154752.html）。
[11] 『日経ビジネスオンライン』「即戦力になるデザイナーはどこにいる？」（http://business.nikkeibp.co.jp/article/tech/20074030/123946/?ST=nbo-print）。

ナーを一括採用するものの，一部のエリートを除いて，大部分は40歳前後で早期退職を迫られる（日本に根付くグローバル企業研究会＆日経ビズテック編，2005）。そのため，日本企業よりも短いサイクルでデザイナーの新陳代謝が起こり，他人からの刺激を受けやすい[12]。また，そのような雇用制度の下では，生き残りを懸けた激しい競争が起こるため，独創的なデザインを提案しようとするモチベーションも高くなる[13]。

2. 終身雇用が生む弊害

それに対して，多くの日本企業ではデザイナーを終身雇用している。終身雇用制度にはもちろん，たくさんのメリットがある（團，2003）。しかし，組織への出入りの少ない終身雇用制度は，一般にデザイナーの創造性を殺すといわれている。なぜなら，同じメンバーだけで仕事を回していると，メンバーの思考が似通りはじめ，創造性の源泉である多様性が失われていくからである。そして，その結果，デザインが平板化していく。

このような現象は，経営学で「組織内同形化」と呼ばれる現象と発生のメカニズムが似ている。ここでいう組織内同形化とは，長く同じメンバーで活動することにより発想が均質化し，大胆なアイデアが生まれなくなる現象のことを指している（榊原，1995）。もともと互いにユニークなはずの個人が，一定の組織的文脈の中で活動する過程で，互いに類似していくのである。榊原（1995）によると，この組織内同形化は一般に，日本企業の方が米国企業よりも強いとされている。その理由は，日本企業は米国企業に比べ，中途採用比率が極端に低いからである。

また，以下に示すように，終身雇用制度の下ではメンバーがずっと一緒にいることが前提となっているため，激しいやり取りなどは行いにくいとする

---

[12] それ以外にも，例えば，サムスン電子では，1998年より全社員に年俸制（基本年俸＋個人能力加給＋集団成果給）が適用され，出入りがしやすくなっている（日本に根付くグローバル企業研究会＆日経ビズテック編，2005）。そのことも手伝って，デザイナーの流動性が高くなっている。

[13] ただし，そのような早期退社制度は，長い目で見た場合，インハウスデザイナーのモチベーションを低下させる危険がある。現役の若い世代のインハウスデザイナーの目には，「デザイナーの使い捨て」と映るからである。

意見もある。要は，競争原理が働きにくいということである。

　「出口のない部屋で30年以上誰かと同居せよと言われたらどうするかを考えてみればよくわかる。互いに諍いを控え，和する努力を尽くすのが知恵というものであろう。この合理的な適応行動が，衆知を集める経営を可能にする一方で，世界に類を見ないほど社員を従順にしてしまった」（三品，2014，9頁）。

3. 新たな試みは成功するか？

　そのため，近年では，日本企業においても，中途採用や契約デザイナー制度などが少しずつ導入され始めている。しかし，それらの制度を早くから導入してきた企業を見ると，残念ながら，今後そのような動きが加速・拡大していくとは考えにくい。

　例えば，トヨタ自動車では，インハウスデザイナーに刺激を与えることを目的に，1994年から契約デザイナー制度を導入している[14]。その概要は，成果主義ベースの年俸制を採用し，最長5年間の雇用を基本としている[15]。しかし，一度に採用される人数は1-3名程度で，デザイナー全体に占める割合は1％にも満たず（トヨタ本体だけで300人以上のデザイナーがいる），それほど活発に行われているとは言い難い。

　日本企業には，勤務年数に応じて給与が決まる年功制を維持している企業が依然として多いが，年功制の下では，勤務年数の短い中途採用者が不利になるため，人材の流動性は高まらない。そのため，デザイナーの出入りを欧米並みに活発にするには，年俸制や職務に応じた賃金の支払いなど，従来の給与体系からの脱却が必要になる[16]。

　しかし，ほとんどの日本企業では少なくとも，年俸制という契約形態は自

---

[14] 『トヨタ自動車ホームページ』「トヨタ自動車75年史」（http://www.toyota.co.jp/jpn/company/history/75 years/data/automotive_business/products_technology/technology_development/design/index.html）。

[15] ここでいう成果主義とは，例えば，アイデアが選ばれて1/1モデルまで進むといくら，次のステップまで進むといくら，量産モデルとして選ばれるといくら，という具合にステップに応じて評価されることを意味している。

社に馴染まないと考えている。例えば，富士キメラ総研が，2000年に日本の大手企業40社（10業種）に対して行ったアンケート調査では，すべての企業が自社の企業風土に合わないとして，デザイナーに対する年俸制の導入に否定的な反応を示している[17]。また，実際に契約デザイナーを採用している企業でも，「なぜ契約デザイナーの給料がインハウスの2倍もあるのか」や「契約デザイナーを雇う余裕があるなら，その分インハウスの人員を増やしてほしい」などの不満の声があるという。

さらに，年俸制の導入や年功制の廃止などの給与体系の改革は，デザイン部門だけの判断で実行することはできない。会社全体の給与体系との整合性が取れなくなるからである[18]。先に見たトヨタ自動車でも，契約デザイナーに対してのみ年俸制を導入しているだけで，デザイナー全体の給与体系を変更しているわけではない。

このように，多くの日本企業では，従来の給与体系からの脱却に少なからず抵抗を感じているため，中途採用や契約デザイナーの活用も進まない可能性が高い[19]。

---

[16] 職務に応じて賃金を支払う制度（＝職務等級制度）であれば，日本企業に多く見られる年功制（＝職能資格制度度）を採用している場合と比べて中途採用は行いやすくなる。職務等級制度や職能資格制度の詳細については，次節で説明する。

[17] 『デザイン・マーケティング戦略2001』富士キメラ総研，14頁。

[18] デザイン部門が独自の人事管理制度を持つには，分社化が1つの有効な手段となる。例えば，第1節3項で見たように，パナソニックでは2002年に一度，デザイン部門を分社化した。その結果，第4節2項で見るように，独自の人事制度の導入が可能になっている。

[19] 第4節2項のところで見るように，ソニーでは2000年当時，年俸制の導入を見据えて，すべてのデザイナーにデザイン部門が独自に設定したキャリアレベルに応じた報酬体系を適応しようとしていたが，現在はとり止めている。その理由について，クリエイティブセンター長の稲場満氏（当時）は，「デザイナーによって仕事の進め方や資質は異なる。焦ってデザイナーのエモーションを傷つけるのは得策ではない」と述べている（『日経デザイン』「デザイン部長『私はこう変える』」2001年9月号，61-62頁）。

3 多くの場合,デザイナーは事務職扱い

　続いて,ここでは,デザイナーのキャリアパスと評価制度について考えてみたい。日本企業では,デザイナーに対して事務系の非専門職(いわゆる,事務職)と同じキャリアパスや評価制度を適用しているところが多い。つまり,技術系や研究系などの専門職とは異なる扱いを受けている場合が多いのである。また,そこでのキャリアパスと評価制度は,職能資格制度に重きを置いたものが採用されている場合が多い。

　通常,企業では,職能資格制度と職務等級制度のいずれかに重きを置いて,社員のキャリアパスや評価制度を設計している(平野,2010)。前者の職能資格制度とは,職務遂行能力のレベルに応じて資格等級を設定し,それぞれの資格等級に社員を格付けして昇進・昇格や賃金を決定していく制度(=人の能力を基準にした制度)のことである[20]。一方,後者の職務等級制度とは,職務を必要なスキル,責任,難度などを基に評価して,職務価値を決め,いくつかの等級を設定し,昇進や賃金設定などの基準にする制度(=仕事の内容を基準にした制度)のことである。

　以下では,実際に,職能資格制度に基づくキャリアパスと評価制度を採用してきた東芝のケースを取り上げ,そこでのデザイナーのキャリアパスと評価制度の実態を見てみたい[21]。

1. 職能資格制度に基づくキャリアパス

　東芝では,デザイナーに対しても,主事(=非管理職)→主務(=非管理職)→副参事(=課長クラス)→参事(=部長,部長代理クラス)→上席参事(=デザインセンター長)といった事務職と同じキャリアパスが用意されている(**図表Ⅰ-5-1参照**)。このキャリアパス上の参事や主務などは資格等級のことであ

20　今も多くの日本企業に残る年功制度は,職能資格制度の一種である。よって,そのことからも,日本企業の多くが職能資格制度に基づくキャリアパスと評価制度を採用していることが窺える。
21　当該事例は,2000年代当時のものに基づいているため,現在は変更されている可能性がある。

り，評価結果に応じて，この資格等級をランクアップしていく仕組みである（小越，2006；金井，2007）。

ただし，管理職層と非管理職層（組合員）では，昇進・昇格のための条件が異なる。まず，管理職層に対しては，全社共通の職能資格制度の下，同一資格を有する様々な職位の社員の間で成果を競わせ，その上位者から昇進・昇格させる仕組みが採用されている（小越，2006）。

一方，非管理職層に対しては，全社共通の職能資格制度と，カンパニー（あるいはセンター）ごとに異なる職能資格制度を混在させた二階建て型の職能資格制度が用いられている（小越，2006；金井，2007）。これは，全社で共通する職能資格部分については，試験を受けて合格すれば等級が上がる伝統的なやり方を維持しつつも，カンパニーごとに異なる職能資格部分については，評価結果に応じて昇進・昇格させる制度である。

このように，東芝では，非管理職層に対して，各カンパニーの事情に応じた柔軟な人材育成・活用が行えるよう配慮がなされている。そのため，東芝のデザイン組織であるデザインセンターでも，コンピテンシー評価などのデザイナーという職種に応じた評価制度が採用されている[22]。なお，ここでいうコンピテンシー評価とは，それぞれの職務において「仕事のできる人の行動

図表Ⅰ-5-1　東芝におけるデザイナーのキャリアパス

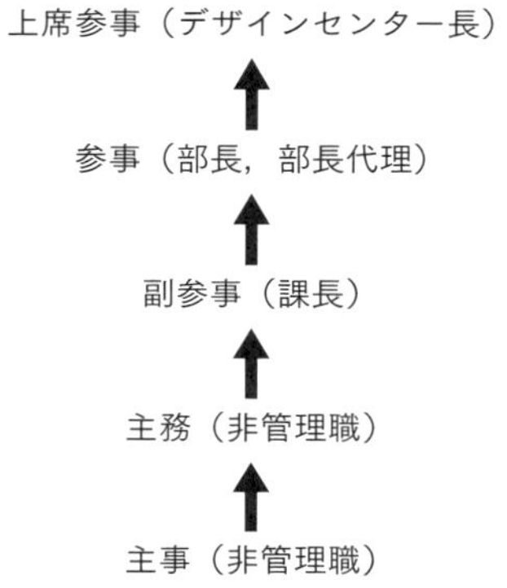

上席参事（デザインセンター長）
↑
参事（部長，部長代理）
↑
副参事（課長）
↑
主務（非管理職）
↑
主事（非管理職）

出所：小越（2006）や金井（2007）を参考に筆者作成。

---

[22] 『プロダクトデザイン戦略2011』富士経済，74頁。

特性（＝コンピテンシー）」を抽出し，それを評価指標にして評価を行う制度のことである。このような評価制度をデザインセンターが導入した理由は，デザイナーには，数量や短期的な成果に基づく能力評価は向かないと考えているからである。

東芝において，以上のような二階建て型の制度が導入された背景には，1999年に，社内カンパニー制が導入され，カンパニーごとの業績管理が求められるようになったことがある（金井，2007）。かつては，会社全体で業績管理を行っていたため，各事業部門では不自由を感じながらも，全社共通の職能資格制度に従っていた。しかし，カンパニーごとに業績管理が行われるようになると，全社共通の制度で縛られることに対する不満が大きくなってきた。厳しい業績管理が行われる一方で，全社共通の職能資格制度では，カンパニーごとに仕事の性格が異なるため使い勝手が悪く，思うような人材育成・活用ができないからである。

2. 評価基準と評価尺度

以上のように，東芝では，職能資格制度に基づくキャリアパスが採用されており，評価結果に応じて資格等級をランクアップしていくが，その際に用いられる評価基準と評価尺度は，**図表Ⅰ-5-2**のようになっている。

まず，管理職層については，資格等級ごとに，全社共通で必要とされる職務遂行能力が定められており，それに基づいた評価基準が設定されている。加えて，仕事に取り組む姿勢や，仕事の目標達成度合い・出来栄えなども評価基準とされている（田口，2011）。

一方，非管理職層については，前述したように，全社で共通する職能資格とは別に，デザイン部門独自の職能資格の設置が認められている。そのため，ある程度自由に評価基準を設定することができる。東芝のデザインセンターでは，前述したようにコンピテンシー評価が導入されており，表現力や独創性などのデザイナーに本来求められる能力に加え，デザイン業務を遂行する際の問題解決能力や，CAD（Computer Aided Design）の運用能力などが評価基準として設定されている[23]。

その一方で，評価尺度については，管理職・非管理職を問わず，共通のも

図表 I-5-2　東芝におけるデザイナーの評価制度

評価基準	＜管理職層＞ 全社共通で必要とされる職務遂行能力に基づいた評価基準，仕事に取り組む姿勢，目標の達成度や出来栄えなど ＜非管理職層＞ 表現力や独創性，CADの運用能力，問題解決能力など
評価尺度	E3，E2，E1，A，Bの5段階の尺度

出所：田口（2011）や小越（2006），『プロダクトデザインR&D戦略2007』富士経済を参考に筆者作成。

のが採用されている。具体的に，東芝が採用している評価尺度は，以下の5段階のものである（小越，2006）。E3（期待を大きく上回った），E2（期待を上回った），E1（期待を少し上回った），A（期待通り），B（不十分）。そして，その評価結果を基に，昇進・昇格の可否が判断される。

3. 事務職扱いの問題点

　以上のように，日本企業には，デザイナーに対して事務職同様のキャリアパスを採用しながらも，一部に独自の評価基準などを導入しているところが多い。つまり，デザイン部門にも，人材育成・活用の自由度はある程度確保されているのである。しかし，それでも現場からは，デザイナーを事務職扱いすることへの不満の声が聞こえてくる。そして，そのうち最も多いのが，熟練デザイナーを活用できないことに対する不満である。

　デザイナーの創造性は，加齢とともに低下していくわけではない。むしろ，長い年月をかけて円熟の域に達していくことも多い。事実，外部のデザイン事務所に勤めるデザイナーやフリーランスとして活躍するデザイナーの多くは，40・50代である（藤崎，2003）。一般に，独立したデザイナーであれば，40代ではまだ若手と呼ばれ，50代になる頃にようやく独自の造形言語が熟成され，その発言に重みが増すようになる。

　しかし，事務職同様に管理職に向けたキャリアパスしか社内に用意されて

23　『プロダクトデザインR&D戦略2007』富士経済，111頁。

いなければ，デザイナーが成熟する頃には管理職への移行が始まり，現場を離れなければならない。実際に，多くの日本企業では，35歳前後でデザイナーの管理職への移行が始まるため，40・50代の熟練したデザイナーの活用ができていない（鷲田，2014）。そして，そのことが，デザイナーの才能のピークの若年化と，社内での発言力の弱さにつながっている。ここに，デザイナーを事務職扱いすることの問題点がある。

4 複線型キャリアパスは解決策になり得るか？

　熟練デザイナーを活用するには，管理職に向かうキャリアパスの他に，専門職を目指すデザイン部門独自のキャリアパスを用意する必要がある。専門職になれば，年齢を問わず，現場に留まることができるからである。

　経営学では，そのような複線型のキャリアパスのことを「デュアルラダー（二重梯子）」と呼んでいる。以下では，実際に，キャリアパスの複線化に取り組んでいるパナソニックとソニーのケースを取り上げ，それぞれの企業におけるキャリアパスと評価制度の実態を見てみたい[24]。

1. 独自のキャリアパス

　まず，パナソニックでは，デザイナーに対して，担任（＝非管理職）→主事（＝非管理職）→参事（＝課長，部長，事業部長クラス）→上席理事・理事（＝事業部長，役員クラス）といったキャリアパスを用意している。

　これは，特称制度と呼ばれる，全社共通の職能資格制度に基づくキャリアパスである[25]。しかし，同社では，2002年以降，高い創造性を発揮するデザイナーには，勤務年数や年齢などに関わらず，現場で働き続けてもらえるよ

---

[24] これらの事例は，2000年代当時のものに基づいているため，現在は変更されている可能性がある。

[25] 『主要企業における賃金制度改革の変遷に関する調査：大手電機メーカーにみる1990年代以降の賃金制度改定(1)』(http://www.jil.go.jp/institute/research/2006/023.html) 76頁。なお，当該制度は，東芝と同じ成果主義型の職能資格制度であると考えられる。

図表Ⅰ-5-3　パナソニックにおけるデザイナーのキャリアパス

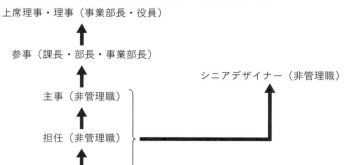

出所：『日経デザイン』2002年6月号，62-63頁を参考に，筆者作成。

うに，デザイン部門独自のシニアデザイナーという新しい資格を設置している（図表Ⅰ-5-3参照）。

　シニアデザイナーは非管理職で，マネジメント業務がないため，デザイン作業に専念することができる[26]。その結果，パナソニックには，「参事の資格を持つデザイナー」もいれば，「主事の資格を持つシニアデザイナー」もいるなど，社内資格と部内資格が混在した状態が生まれている。社内資格と部内資格との違いは，前者が，全社共通で必要とされる職務遂行能力を評価しようとしているのに対して，後者が，デザイナー固有の能力レベルを評価しようとしているところにある[27]。

　同様に，ソニーでも，管理職層に向けたキャリアパスとは別に，高い創造性を発揮するデザイナーが現場で仕事し続けることができるような，デザイン部門独自のキャリアパスを設置している（図表Ⅰ-5-4参照）。

　ソニーのデザイン組織であるクリエイティブセンターでは，クリエイティブプロデューサー（＝課長級）やゼネラルマネジャー（＝部長級），クリエイ

---

[26] 『日経デザイン』「激変　家電のデザインマネジメント」2002年6月号，62-63頁。
[27] 『日経デザイン』「家電王国・松下が挑むもう1つの再生モデル」2004年2月号，44-45頁。

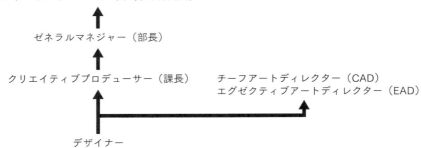

図表Ⅰ-5-4　ソニーにおけるデザイナーのキャリアパス

出所:『日経デザイン』2001年9月号56-63頁および2002年6月号62-63頁，2010年10月号26-35頁を参考に筆者作成。

ティブセンター長（＝事業部門長級）などの管理職に向けたキャリアパスの他に，チーフアートディレクター（CAD）やエグゼクティブアートディレクター（EAD）などの専門職に向けたキャリアパスが設置されている[28]。前者のCADとは，特定の製品ラインのすべてのデザインを統括する職能であり，後者のEADとは，幅広い複数の商品カテゴリーを統括する職能である。クリエイティブセンターでは，独自の職能資格を設け，一定のレベルに到達したデザイナーをCADやEADに認定している。

2. 独自の評価制度

また，ソニーとパナソニックでは，全社共通の評価基準に加え，デザイン部門独自の評価基準を用いてデザイナーを多段階評価したり，それらの評価結果に応じて，処遇を決めたりしている（**図表Ⅰ-5-5・Ⅰ-5-6**参照）。

例えば，パナソニックでは，デザイナーの評価基準として，主に「革新的創造」と「顧客満足実現」の2つを設定している[29]。さらに，前者は，「創造力，デザインアイデンティティ構築」と「デザイン品質」の2項目に分ける

---

[28] 『プロダクトデザインR&D戦略2007』富士経済，121頁や，『日経デザイン』「デザイン部長『私はこう変える』」2001年9月号，56-63頁，および「激変　家電のデザインマネジメント」2002年6月号，62-63頁，「『素材・ソフト・連携』で変わるソニーデザイン」2010年10月号，26-35頁。
[29] 『プロダクトデザインR&D戦略2007』104-105頁，富士経済。

図表Ⅰ-5-5　パナソニックでの専門職に向けた評価制度

評価基準	「革新的創造」	┬ 「創造力，デザインアイデンティティ構築」 └ 「デザイン品質」
	「顧客満足実現」	┬ 「ユニバーサルデザイン」 └ 「環境配慮，生活提案，市場創造」
評価方法	パナソニックデザイン社の人事担当者＋人材開発担当者を含めた評価委員会＋外部のデザイナー等による評価	
評価尺度	100点満点中85点以上で認定	

出所：『プロダクトデザインR&D戦略2007』104-105頁を参考に筆者作成。

ことができ，後者は，「ユニバーサルデザイン」と「環境配慮，生活提案，市場創造」の2項目に分けることができる[30]。

　また，その評価方法としては，パナソニックデザイン社（パナソニックのデザイン組織の名称）の人事担当者，人材開発担当者を含めた評価委員会による評価に加え，実績のある外部のデザイナーの評価も参考にするようになっている。そして，評価の結果，85点以上を獲得したデザイナーをシニアデザイナーに認定し，社内で「特A」と呼ばれる重要なプロジェクトを担当させたり，活動費を与えて海外留学を支援したり，自由裁量の効く研究費を与えたりしている。ただし，当該資格は永久的なものではなく，単年度ごとに更新される（植松，2005）[31]。

　一方，ソニーにおけるデザイナーの評価基準は，主に「オリジナリティ」，「クオリティー」の2つを柱にしており，そこでは売上は副次的な扱いでしかない[32]。ソニーでは，すべてのデザイナーを対象に，個々の案件ごとの成果

---

[30] その他にも，「組織全体への貢献」などの評価項目もある（『プロダクトデザインR&D戦略2007』富士経済，104頁）。

[31] なお，脚注18でも触れたように，パナソニックにおいてデザイン部門独自のキャリアパスや評価制度の設定を可能にした背景には，デザイン部門の分社化がある。

[32] 『日経デザイン』「デザイン部長『私はこう変える』」2001年9月号，56-63頁。なお，従来は「オリジナリティ」，「クオリティー」，「貢献度」の3つが評価基準とされていたが，貢献度については測定が困難なため，現在は，評価基準から外されている（『日経デザイン』「『報酬は成果次第』が離陸する」2000年4月号，116-119頁）。

図表 I-5-6　ソニーでの専門職に向けた評価制度

評価基準	「オリジナリティ」と「クオリティー」
評価方法	クリエイティブプロデューサーによる1次評価＋3つのチェック機関による評価
キャリアレベル	蓄積された評価結果に基づく，6段階のキャリアレベル
認定条件	一定のキャリアレベルに到達したデザイナーをCADやEADに認定

出所：『日経デザイン』2001年9月号，61頁を参考に筆者作成。

を数値化し，評価のデータベースを作成している。そして，蓄積したデータを使って，各デザイナーのキャリアレベルを決定している。より具体的には，キャリアレベルは6段階あり，一定のキャリアレベルに到達したデザイナーがCADやEADになる。ただし，当該資格は永久的なものではなく，2年ごとに更新される[33]。

なお，デザイナーの1次評価を行い，データベースに入力するのは，直属のクリエイティブプロデューサーである。クリエイティブプロデューサーは，プロジェクトごとの性格の違いを考慮して，デザイナーに仕事を振り分けるだけでなく，それを評価する責任を有している。さらに，1次評価を行った後は，評価の客観性を確保するため，データコミッティー，クオリティー評価コミッティー，人事コミッティーなどの3つのチェック機関を通過させている。

3. 更なる改善が必要

以上で見てきたように，熟練デザイナーを現場で活躍させるようにするには，複線型キャリアパスの導入は有効である。実際，パナソニックとソニーでは，一部の熟練デザイナーが専門職に認定され，現場で活躍している。しかし，同時に，2社の事例からは，現行の取り組みにはいくつかの限界があることも窺える。

例えば，パナソニックにおけるシニアデザイナー資格は恒常的なものでは

---

[33] 『日経デザイン』「デザイン部長『私はこう変える』」2001年9月号，61頁。

なく，単年度ごとに更新される。同様に，ソニーでも2年ごとの更新がある。そのため，優秀な成績を出し続けない限り，現場に長く留まることはできない。つまり，いずれの企業においても，専門職としての資格を失う危険があるのである。

また，両社ともに，デザイナー自身が主体的に専門職に向けたキャリアパスを選択できるようにはなっていない。両社では，突出した成果を上げたデザイナーから専門職に認定していく方法が採られている。そのため，若いうちに頭角を現したデザイナーは，現場に長く留まることができても，遅咲きのデザイナーにとっての恩恵は小さいかもしれない。両社が採用する方法では，ある年齢までに成果を出せないと，管理職に向けた階段を上り始めるインセンティブの方が大きくなるからである。

なお，この点につき，参考になりそうなのが，住友スリーエム（現・3Mジャパングループ）での取り組みである。同社では，2000年以降，技術系社員を対象に，管理職登用時に専門性を重視するテクニカルラダーと，組織マネジメントを重視するマネジメントラダーを選択することができるデュアルラダー制度を導入している。その結果，住友スリーエムでは，入社後10年弱でいずれかのラダーを選択し，テクニカルラダーを選択した場合には，それ以降，専門職としてのキャリア・アップが図れるようになっている[34]。

以上で見てきたように，両社におけるキャリアパスの複線化に向けた取り組みは，一部の熟練デザイナーの活用を可能にしているものの，その効果は限定的である。現行の取り組みは，優れたデザイナーの選抜や優秀なデザイナーに対する処遇の改善に近く[35]，専門職に認定される熟練デザイナーの数はそれほど多くない。したがって，今以上に熟練デザイナーを有効活用するには，専門職を目指す恒常的なキャリアパスを用意するだけでなく，デザイナー自身にキャリアパスを選択させるなどの改善が必要になる。

---

[34] 『日本労働研究機構』「人事労務管理事例：テクニカルとマネジメントの2ラダーに分岐し，専門性と役割を評価　住友スリーエム（株）（http://www.jil.go.jp/mm/hrm/20021004.html）。

[35] 経営学では，このようなタイプの複線型キャリアパスのことを「処遇改善型専門職制度」と呼んでいる（原口，2003）。

5 本章のまとめ

 以上で見てきたように，日本企業のデザイナー管理は，欧米企業のそれと比べた場合，大きく3つの特徴がある。

 1つ目は，デザイナーを直接雇用して，デザイン部門を社内に抱えていること。2つ目は，多くの場合，デザイナーを終身雇用していること。そして，3つ目は，多くの日本企業では，デザイナーにも事務職と同じキャリアパスや評価制度を適用していることである。

 しかも，本章で見たように，1つ目と2つ目の特徴は今後も，それほど大きく変わりそうにない。多くの日本企業では，外部デザイナーの積極活用やデザイン部門の分社化には慎重であるし，年俸制の導入に抵抗を感じているため，中途採用や契約デザイナーの活用もそれほど進みそうにない。つまり，今後もデザイナーの出入りが活発化するとは考えにくいのである。反対にいうと，デザイン部門を社内に抱え，デザイナーを終身雇用していくスタイルは維持されていくと考えられる。そのため，日本企業にとっては，デザイナーをいかに内部育成していくかがカギになる。

 インハウスデザイナーには外部デザイナーに対して，いくつかの優位性を持っている。1つは，機密保持に優れ，社外秘にもアクセスできることである。そして，もう1つは，長期的に技術部門と関わって，デザインの実現を目指せることである。そのため，これらの強みをさらに伸ばしてゆく必要があるが，その際，ボトルネックとなってくるのが，日本では多くの企業がデザイナーを事務職同様に扱っている点である。事務職と同じ単線型のキャリアパスでは，熟練デザイナーの活用が難しい。デザイナーとして脂の乗ってきた頃には，管理職に回らなければならず，才能のピークを若年化させるだけでなく，社内での発言力も弱体化させてしまう。

 そこで，重要になってくるのが，複線型キャリアパスの設計である。通常の管理職に向けたキャリアパスとは別に，専門職に向けたキャリアパスを用意することで，デザイナーが現場に長く留まることが可能になり，熟練したデザイナーを活用することができる。ただし，実際の企業で採用されている

複線型のキャリアパスには課題も多い。現行のそれは，どちらかというと，優秀なデザイナーの選抜や彼らに対する処遇の改善に近い。専門職としての資格を失うリスクや，デザイナー自らがキャリアパスを選択できないなどの問題があり，安定性や主体性を欠いている。そのため，今後は，それらの部分をいかに改善していくかがポイントになるだろう[36]。

> **付録：人的資源管理の文脈から書かれたデザイン本**
> - 山岡俊樹編著（2005）『創造的マネジメントの要諦』海文堂。
> - 山本雅也（2005）『"インハウスデザイナー"は蔑称か』ラトルズ。

■ 参考文献

- 植松豊行（2005）「パナソニックデザイン社の革新デザイン創出への挑戦」『2004年第11回 物学研究会レポート』1-8頁。
- 小越洋之助（2006）『終身雇用と年功賃金の転換』ミネルヴァ書房。
- 金井淳（2007）「東芝における人事処遇制度改革：多様性のある組織を目指して」『日労研資料』第1325号，46-65頁。
- 榊原清則（1995）『日本企業の研究開発マネジメント："組織内同形化"とその超克』千倉書房。
- 佐藤オオキ（2013）「発想型デザイナーの活用が日の丸メーカー復活のカギ」『週刊ダイヤモンド』2013年6月29日号，99頁。
- 田口和雄（2011）「東芝における賃金制度の変遷とその特質」『大原社会問題研究所雑誌』第633号，36-51頁。
- 武石彰（2003）『分業と競争』有斐閣。
- 竹田陽子（2012）「技術の実用方法の開拓」『組織科学』第46巻第2号，15-26頁。

---

[36] デザイナーの能力を高めるには，デザイン部門が独自にキャリアパスや評価制度を設計する必要があるが，インハウスのまま（あるいは，独立性を高めずに），それを行うことはなかなか難しい。なぜなら，デザイン部門だけでキャリアパスや評価制度を独自に設計してしまうと，会社全体の雇用体系との整合性が取れなくなってしまうからである。かといって，分社化などを行って過度に独立性を高めてしまうと，独自にキャリアパスや評価制度を設計できるようになる反面，今度は遠心力が大きくなり，インハウスデザイナーとしての強みを失ってしまう。この部分のさじ加減が難しいといえる。

- 團泰雄（2003）「第 5 章　雇用管理」『入門人的資源管理　第 2 版』中央経済社，74-91 頁。
- 長内厚（2012）「インハウス・デザイナーの技術・デザイン統合能力：特許電子図書館（IPDL）の特許・意匠公報データに基づく工業デザイナーの技術へのコミットメント度分析」『2012 年度組織学会研究発表大会 報告要旨集』201-204 頁。
- 日本に根付くグローバル企業研究会 & 日経ビズテック編（2005）『サムスンの研究：卓越した競争力の根源を探る』日経 BP 社。
- 原口恭彦（2003）「第 8 章　専門職制度」『入門人的資源管理　第 2 版』中央経済社，130-146 頁。
- 平野光俊（2010）「社員格付制度の変容」『日本労働研究雑誌』第 597 号，74-77 頁。
- 藤崎圭一郎（2003）「インハウスデザイナー改造試論」『デザインニュース』第 263 号，44-55 頁。
- 三品和広（2014）「終身雇用という"ぜいたく"」『週刊東洋経済』2014 年 10 月 18 日号，9 頁。
- 鷲田祐一（2014）『デザインがイノベーションを伝える：デザインの力を活かす新しい経営戦略の模索』有斐閣。
- 和田精二（2005）『インハウスデザイン部門の成立過程が MOD に及ぼす影響：家電製品を事例として』信州大学博士論文。
- Brown, T.（2009）*Change by Design*, Harper Collins Publishers.（千葉敏生訳『デザイン思考が世界を変える』早川書房，2010 年）
- Chesbrough, H.W.（2003）*Open Innovation*, Harvard Business School Press.（大前恵一朗訳『OPEN INNOVATION』産業能率大学出版部，2004 年）
- Czarnitzki, D. and S. Thorwarth（2012）"The contribution of in-house and external design activities on product market performance," *Journal of Product Innovation Management*, Vol.29 No.5, pp.878-895.
- Utterback, J.M., B. Vedin, E. Alvarez, S. Ekman, B. Tether, S.W. Sanderson and R. Verganti（2006）*Design-inspired Innovation*, World Scientific Pub Co Inc.（サイコム・インターナショナル監訳『デザイン・インスパイアード・イノベーション』ファーストプレス，2008 年）
- Verganti, R.（2008）*Design-Driven Innovation：Changing the Rules of Competition by Radically Innovation What Things Mean*, Harvard Business School Press.
- Walsh, V., R. Roy, M. Bruce and S. Potter（1992）*Winning by Design: Technology, Product Design and International Competitiveness*, Oxford, UK：Blackwell Publishers.

補講⑨：フリーランスのデザイナーは儲かるのか？

ここではフリーランスのデザイナーの報酬（＝デザインフィー）や収入について触れてみたい[1]。

第5章では，フリーランスのデザイナーはリスクを減らすために，下請け型の契約（＝作業時間や経費を見積もる単発の受注）が多いと述べたが，そのような契約形態を多く採用すると，提案力が付きにくいだけでなく，儲けを出しにくいという問題にも直面する。下請け型の仕事には，それほど高度なスキルが必要でないものも多いため，価格競争に巻き込まれやすい。前出の佐藤オオキ氏は，以下のように述べている。

> 「目立つところをサラリと『お化粧』するだけなら，汗一つかかずにデザインフィーをいただけます。ただし，いくら『お化粧上手』になったところで，それは所詮，小手先の技術。大したスキルを要しないために他の事務所との差別化が出来ず，これはこれで『ジリ貧』なわけです」（佐藤，2013，105頁）

また，仮にデザイン開発全体の業務を受託したとしても，そこにも問題がある。佐藤氏は，その問題点を以下のように指摘している。

> 「作業量やアイデアの善し悪しに応じた報酬体系ならこういった問題は起きないのでしょうが，デザインフィーはそもそも，依頼主が手掛けている商品の予算次第で決まってしまいます。プロダクトなら『商品開発費』，インテリアだと『店舗開発費』に含まれることが多く，売上から償却しないといけない。『内装代はデザインフィー込みで〇〇万円』と，要は経理上は壁紙と同じ扱いです。」（佐藤，2013，105頁）

---

[1] 一般に，プロダクトデザイナーの平均年収は700万円前後と言われているが，年収300万円未満から1億円超までと個人差がかなり大きい（『Japan Business News』「個性的な製品が求められる時代のデザイナーの価値と収益構造」http://www.jnews.com/JNEWS LETTER 2006.11.9）。

報酬の上限が設定されている以上，新しいことにチャレンジしようと調査を積極的に行ったり，様々なアイデアを可視化しようと模型をたくさん作ったりすれば，コストがかさみ，得られる利益が少なくなっていく。つまり，報酬体系が丼勘定で，デザインフィーが明確にされていないため，努力すればするほど儲からなくなっていくジレンマを抱えているのである（しかし，手を抜くと次から仕事がもらえない）。

　これと同種の問題を指摘するのは，鷲田（2014）である。彼は，「デザイン費は現在の簿記会計ではデザイナーの人件費，モックアップ購入費，図面購入費，委託研究費などの費目で計上され，けっしてデザイン費を資産購入の費目として計上することはない」（33頁）として，会計処理の問題を取り上げている。このような会計処理の慣習が，デザイナーの仕事の評価を曖昧にするだけでなく，評価の正当性を失わせたり，「意匠料＝タダ」や「デザイン＝コスト」という誤った認識を助長したりするからである[2]。

　デザインフィーの見える化なしに，デザイナーの収入を安定させたり，増やしたりすることは難しい。さらに，一定以上の収入が見込めなければ，デザイナーを志す人材自体が減っていき，デザイン業界が先細りしていく。詳細は補講⑫で述べるが，クリエーターの仕事の価値を正当に評価してもらえるような環境の整備が必要なのである。

■ **参考文献**
- 佐藤オオキ（2013）「頑張るほど儲からない・・・悲しいデザイン事務所事情」『週刊ダイヤモンド』2013年10月12日号，105頁。
- 鷲田祐一（2014）『デザインがイノベーションを伝える：デザインの力を活かす新しい経営戦略の模索』有斐閣。

---

[2] 例えば，大阪市の天王寺区が2013年2月にデザイナーを無償で募集した事例や，2020年に開催予定の東京五輪・パラリンピックのエンブレム公募において，賞金が100万円と少ない上に，作品の権利を無償譲渡することが条件にされていた事例など，デザインフィーを無視（ないし軽視）したために，批判が殺到した事例が多くある。また，現在，TVのリフォーム番組は人気だけれども，番組の最後に示される明細の「デザイン費含まず」に気付いている人はどれだけいるだろうか。

補講⑩：デザイナーのユニークな活用と管理の事例

第5章では，日本企業における一般的なデザイナーの管理について述べたが，ここでは，デザイナーのユニークな活用と管理の事例を取り上げてみたい。

一部の企業では，自社の戦略やビジネスモデルに応じて，デザイナーに様々な役割を求めるようになっている。加えて，それらの企業では，自社が求めるデザイナーを育成するためのユニークな人的資源管理が行われている。経営学では，このようなアプローチのことをSHRM（Strategic Human Resource Management）と呼んでいる（Tichy et al., 1982）。日本語に訳すと，戦略的人的資源管理であり，「企業戦略や事業戦略の違いに応じて，異なるタイプの人材ないし役割行動が必要になり，ひいては，そのような行動を担保するためのインセンティブ・システムも必要になる」とする考え方のことである。以下では，アイリスオーヤマと本多プラス，大光電機の3社の事例を取り上げる[1]。

(1) アイリスオーヤマのケース

1社目のアイリスオーヤマは，家庭用プラスチック製品やLED照明などの企画・製造・販売を行う仙台を本拠とする企業である。連結売上高は2,500億円（2013年3月期）で，家庭用プラスチック製品では国内最大手である。

同社では，2005年より，社内のデザイン部門にロイヤリティ制度を導入している[2]。リアルタイムに販売データを管理するシステムを基に，デザイナーを査定し，結果を賞与に反映させている。その結果，ヒット商品が生まれやすくなっただけでなく，デザイナーの意識改革などでも成果を上げている。

---

1 これらの事例は，記事掲載当時のものに基づいているため，現在は変更されている可能性がある。
2 『日経デザイン』「アイリスオーヤマ 社内デザイン部門にロイヤルティー制度を導入」2006年4月号，110-113頁。

アイリスオーヤマでは，デザイナーがマーケティング，デザイン，設計，生産技術，コストおよびスケジュール管理，プロモーションなどのモノ作り全体を統括している。デザイナーがこのような形で業務全般に取り組むようになったことで，デザイナーの評価制度にも変化が生まれた。デザインの善し悪しといった従来型の評価から，製品の売上や利益などを基にした定量的な評価へと変化したのである。

　具体的には，まず売上高に対するロイヤリティのパーセンテージを設定する。そして，担当商品が発売されてから3年間は，その金額でデザイナーを評価し，それを賞与の査定に反映させる。通常は，個々のデザイナーが担当した製品の販売台数や利益を管理することは困難であるが，同社では販売データを管理するメーカーベンダー・システムを採用しているため，それが可能になっている。さらに，そのような評価制度が導入されたことで，デザイナーも以前のように自分の好みで担当したい製品を決めるのではなく，売上が期待でき，作業効率が高い製品の担当を希望するようになった。

(2) 本多プラスのケース

　2社目の本多プラスは，小型のプラスチック容器（例えば，化粧品の容器）の製造に特化した愛知県を本拠とする企業である。同社は，大量生産することはできないが，複雑な加工が可能なブロー成型を得意としており，現在，約1万7千種類の商品を手掛けている。2013年3月期の売上高は34億円である[3]。

　本多プラスでは，下請けからの脱却を目指して，2005年からデザイナーを採用している[4]。通常，下請けは，化粧品メーカーなどから「こんな値段で，こんなものができないか」と持ち掛けられて仕事が始まる。しかし，そのような待ちの姿勢では，価格決定権が発注側にあるため，利益を確保することが難しい。それに対して，自分たちから提案を行えば，価格決定

---

[3] 『日経デザイン』「『下請けがデザインなんて』は間違いだ」2012年7月号，20-23頁。
[4] 『日経デザイン』「中堅中小はデザインで輝く　第14回本多プラス」2014年3月号，58-61頁。

権を取り戻すことができ，利益を確保することができる。ただ，そのためには，先方がほしがるようなデザインの容器を先回りして考えるだけでなく，成型可能なものを，適正な価格で提案をする必要がある。つまり，デザイン，技術，原価計算の3つをバランスさせる能力が必要になるのである。

　そこで，同社では，モノ作りまで理解しているデザイナーに営業を担当させることで，この問題を解決しようとした。つまり，デザインと技術，原価計算の3つの能力を持つデザイナーを育成しようと考えたのである。しかし，そのような試みはすぐには上手くいかなかった。デザイナーの採用を始めてから，実績が出るまでに2-3年の時間を要した[5]。ただ，現在では，そのような能力を持ったデザイナーが育ち，提案型の仕事が全体の6割近くにまで拡大している。また，2006年には，東京の南青山にクリエイティブ・オフィスを開設し，9名のデザイナーを常駐させている。彼らはデザインだけでなく営業のサポートもこなし，週に一度開かれる会議では提案も行う[6]。

　そのような役割を担うデザイナーの育成方法はいたってシンプルで，新卒のデザイナーを採用し，工場などで研修を積ませ，営業の最前線に配置するというものである。これは同社の他の社員の育て方と変わらない[7]。より具体的には，デザインの仕事に就く前に工場の生産ラインに配属し，金型の設計・製作を経験させ，検品や営業事務を覚えさせる（この期間は最長で1年半）。このように，モノづくりの知識を蓄えた後に，営業のサポートに就ける。そのため，デザイナーであるにも関わらず，顧客の要望を聞けば，「このデザインなら，どれくらいのロット数が必要か，納期はいつになるか」などを瞬時に逆算できる。また，自社の技術で何ができて，何ができないのかも把握しているため，最初から製造不可能なものをデザインしたりはしない。

---

[5] 『日経デザイン』「中堅中小はデザインで輝く　第14回本多プラス」2014年3月号，58-61頁。

[6] 『日経ビジネスアソシエ』「製造技術とデザインの融合で起死回生：本多孝充」2013年4月号，144頁。

[7] 『日経デザイン』「中堅中小はデザインで輝く第14回本多プラス」2014年3月号，58-61頁。

(3) 大光電機のケース

3社目の大光電機は，大阪を本拠とする照明器具メーカーで，1926年創業の老舗企業である。2013年3月期の売上高は383億円で，照明器具業界の中では第6位のポジションにいる（2012年度）[8]。

同社でのデザイナー活用の契機は，1960年代に工事用の特注照明分野から店舗・住宅向けの市販照明分野へと事業転換したことである[9]。特注照明では市場は限られており，市販照明の方が市場は大きかった。ただ，市販照明では，製品の性能だけで差別化を図ることは難しく，価格競争に巻き込まれやすい。そのため，同社では，照明器具のデザインだけでなく，空間演出のデザインまで手掛けることで差別化を図ろうと考えた。また，新しく建物を建てたり，改装したりする場合，通常は，照明器具はメーカーに依頼し，照明デザインは別途照明デザイナーに注文する。それに対して，大光電機では，照明器具の注文を受ければ，空間のデザインまで一括して行う。そのため，多少割高になっても，顧客にとっての利便性は高い[10]。

そして，そのような戦略を実行する上で，重要な役割を果たしているのが，TACT（Total Advance Creative Team）と呼ばれる社内の照明デザイナー部門である。同社では，1969年にこの部門を創設した[11]。彼らは，照明器具の選定から，光の効果，雰囲気，環境作りまでトータルに手掛けるプロフェッショナル集団である[12]。同社は全社員750名のうち，約100名がTACTの人員であり，製造業では珍しくデザイナー比率が13%にも達している[13]。

---

[8] 『2013年度版 LED及び有機EL照明の現状と中長期的な市場展望』EMデータサービス株式会社，1頁。

[9] 『月刊中小企業』「実践市場開拓作戦 10のポイント」1978年10月号，34-37頁。

[10] 『日経産業新聞』「追跡！イノベーション 大光電機」2010年3月10日。

[11] 『大光電機ホームページ』「会社概要」（http://www2.lighting-daiko.co.jp/corporate/）。

[12] 『Fole』「強い企業の現場力 Vol.6 大光電機」2012年6月号，20-22頁。

[13] 一般に，日本の大企業におけるデザイン部門の人員構成比率は全体の1%に満たない場合が多い。

しかし，社内にデザイナーを100名も抱えると，膨大な人件費がかかる。そこで，同社では，宣伝・広告活動においても，商品ではなく「人」を売り出すという独自の戦略をとっている[14]。例えば，同社の広告に登場するのは製品ではなく，人物である。また，TACTの全メンバーの名前・顔写真を掲載したパンフレットを作成し，配布している。さらに，照明関連の書籍まで出版している。その結果，指名による依頼が入るなど，デザイナーの力で仕事が決まるケースも少なくないという。

　さらに，近年では，デザイナーの営業機能をより前面に出して，サービスエンジニア的な役割へとシフトを進めている。例えば，既存の顧客とは営業抜きで効率的に商談を進め，営業は新規開拓中心といった役割分担を行っている[15]。ただし，デザイナーに営業目標を持たせてしまうと，どうしても空間のデザインではなく，器具の売上を優先しがちになる。そのため，同社では，「デザインの話はTACTが行い，値段の交渉は営業が行う」という具合に分業を進めている。また，TACTは大光電機のデザイン部門でありながら，顧客にとって必要があれば，他社の製品も使用する。そのため，デザイナーの名刺には会社名ではなく，TACTの文字のみが印刷され，会社の色をあまり出さないようにしている[16]。

　そして，このような取り組みを行っている同社でのデザイナーの育成方法は，プロフェッショナルの育成を中心に置いたものである。具体的には，短期の海外留学や研修に頻繁に参加させる。また，スキルの高いデザイナーには，定型業務を極力減らし，勉強や現場を見に行く時間を多く作れるようにする[17]。さらに，デザイナーは成果主義で評価され，専門職としてのキャリアを歩んでいく。なお，前述したように，デザイナーは営業も任されているが，彼らに対して営業ノルマは設定されていない[18]。彼らを評価

---

[14] 『Fole』「強い企業の現場力　Vol.6　大光電機」2012年6月号，20-22頁。

[15] 『Fole』「強い企業の現場力　Vol.6　大光電機」2012年6月号，20-22頁。

[16] 『日経産業新聞』「追跡！イノベーション　大光電機」2010年3月10日。

[17] 『Fole』「強い企業の現場力　Vol.6　大光電機」2012年6月号，20-22頁。

する基準はあくまで，空間演出能力である。

　同社が，ここまでプロフェッショナルの育成にこだわるのは，デザイナーをコア・コンピタンスとして位置付けているからである。彼らの能力が低ければ，会社の評価も低くなり，業績も悪化する。そのため，同社には他社と比べ，デザイナーをスキルアップさせようとする意識が高い。

■ **参考文献**
- Tichy, N.M., C.J. Fombrun and M.A. Devanna (1982) "Strategic Human Resource Management," *Sloan Management Review*, Vol.23, Winter, pp.47-61.

---

[18] 『日経産業新聞』「エキスパート：大光電機照明デザイナー高木英敏さん」2010年4月30日。

補講⑪：解決すべきミクロな諸問題

　ここでは少し趣を変えて，デザイナーをめぐるミクロな諸問題を取り上げてみたい。ここでいう「ミクロ」とは，デザイナーの内面ないし心理的側面のことを指している。

　第5章で見てきたような雇用形態やキャリアパス，評価制度などのマクロな（あるいは制度的な）問題は，デザイナーを管理・育成していく上で重要である。しかし，それらに加え，デザイナーの内面に関わる問題を知っておくことも重要である。なぜなら，内面の在り方次第で，デザイナーのパフォーマンスが大きく変わってくるからである。そのため，ここでは組織心理学の分野で有名な，2つの加入儀礼，内発的動機づけ，二重のロイヤリティの3つのトピックを取り上げてみたい。

　ただし，当該分野でデザイナーを真正面から取り上げた研究はあまり見られない。そのため，ここでは，デザイナーを扱った数少ない研究に注目するとともに，専門職や知識労働者を扱った先行研究の知見を借りながら，議論することにしたい。

(1) 2つの加入儀礼

　Feldman（1977）によれば，新入社員が職場に馴染むには，「職場集団への加入儀礼」と「職場の仕事上の課題面での加入儀礼」の2つをクリアする必要があるとされている。前者は，職場集団のメンバーに自分も仲間の一員と認めてもらうこと（以下，グループ・イニシエーションとする）である。一方，後者は，職場の課題に仕事面できちんと貢献できること，つまり仕事ができるようになったと認めてもらうこと（以下，タスク・イニシエーションとする）である。この両方がクリアできないと，組織の中では一人前として認められない。

　ただし，この2種類のイニシエーションが姿を現す順番は，同じ専門職であっても職業によって異なる。例えば，看護師の場合は，グループ・イニシエーションがタスク・イニシエーションに先行することが多いとされている。つまり，仲間として認められないと，仕事面でも貢献できないの

である。一方，弁護士の場合は，タスク・イニシエーションがグループ・イニシエーションに先行することが多いとされている。つまり，どれほど好人物であっても，仕事で貢献できるまでは，決して仲間とは見做されないのである。それに対して，デザイナーの場合は，グループ・イニシエーションがタスク・イニシエーションに先行するとされている（上野山，1999）。つまり，仲間として職場に溶け込んでいくうちに，次第と仕事で貢献するようになっていくのである。

したがって，このような研究成果からは，次のような教訓を得ることができる。まず，新人デザイナーは仕事の出来・不出来は別として，インフォーマルな会合にも積極的に参加するなど，できるだけ早く職場に馴染もうと努力することが重要になる。グループ・イニシエーションが先行する職場では，仲間意識が芽生えなければ，仕事を教えてもらったり，手伝ってもらったりすることが難しいからである。一方，職場の既存メンバーは，歓迎会を開いたり，頻繁にコミュニケーションをとったりするなど，新人を早く仲間として受け入れる努力をすることが重要になる。

ただし，上野山（1999）が明らかにした「デザイナーの場合は，グループ・イニシエーションがタスク・イニシエーションに先行する」という調査結果は，日本のインハウスデザイナーを対象に調査を行ったことが大きく影響している可能性がある。もし，独立系のデザイン事務所や外国企業のインハウスデザイナーを対象に調査を行えば，違った結果になったかもしれない。

(2) 内発的動機づけ

Amabile（1998）は，創造性は高い内発的動機があってこそ生み出され，創造性の発揮によって，内発的動機がよりいっそう高まり，学習が促進され，専門知識やスキルが向上するという好循環を想定している。

一般に，動機やモチベーションには，外発的なものと内発的なものの2種類があるとされている。前者は，外部から与えられる動機であり，金銭などの経済的な報酬がその典型例である。それに対して，後者は，個人の内部から湧き出る動機であり，情熱や興味などがこれに該当する。

そして，彼女は，社員の創造性に影響を与えるのは，後者の内発的な動

機であるとしてきた。つまり，目標を達成したら，金銭的報酬を与えると約束しても，創造的活動にはあまり意味がないのである。加えて，彼女は内発的動機に働きかけるための取り組みとして，適切な仕事を割り当てる，仕事の方法や手順についての裁量を与える，時間や金銭などの資源を適切に配分する，多様性を持ったチームを編成する，上司が激励する，組織がサポートするの6つを提示している。

　例えば，上司による称賛やねぎらいは，部下に対する関心の高さを示すことになり，彼らの内発的動機を高めることができる。短期間ならともかく，長期間にわたって仕事への情熱を維持し続けるには，組織内で影響力を持つ人々から認められ，自分の仕事が組織にとって重要であると感じられることが必要だからである。

　これらの点を踏まえた上で，日本企業のデザイナーを調査した長谷川（2014）を見てみると，彼女の主張は彼らにも当てはまることが窺える。具体的に，デザイナーの内発的動機に働きかけていたのは，周囲からの業務に対するフィードバック・評価や，社内・顧客からの期待・賞賛などであった。つまり，日本企業においても，デザイナーの内発的動機の向上には，上司を含む周囲とのコミュニケーションが大きな役割を果たしていたのである。

(3) 二重のロイヤリティ

　Gouldner（1957・1958）によると，組織と向かい合う個人の類型には，「ローカル」タイプと「コスモポリタン」タイプの2種類があるとされている。個人がいずれのタイプに属すかは，組織への忠誠心，スキルへの打ち込み，準拠集団の所在の3つの項目に対するスコアによって決定される。

　まず，前者のローカルタイプの特徴は，組織へのロイヤリティ（＝忠誠度）が高く，スキルを磨くことに無頓着で，自分の所属している組織をより所としている。一方，後者のコスモポリタンタイプの特徴は，それとは反対に，組織へのロイヤリティは低く，スキルアップに熱心で，所属組織以外のところに関心がある。そのため，コスモポリタンタイプには，専門分野に打ち込む自由な時間をほしがる，専門スキルを高めるのにより有利

な組織を見付けようとする，学歴が高い，所属する組織の外に知的刺激を求めようとする，などの特徴が見られる。

　ただし，これらの分類はあくまで相対的なものに過ぎず，どちらか一方の志向しか持ち合わせていない人間はほとんどいない。2つの志向は，1人の人間の中に共存し，時に葛藤の原因となる。特に専門職の場合は，この葛藤が生じやすい。例えば，インハウスデザイナーは，企業人であると同時にプロフェッショナルでもある。そのため，会社へのロイヤリティと，創造的な世界へのロイヤリティの狭間に置かれている。簡単にいえば，社内の仕事をきっちりこなして，社内での評価を上げることを重視するのか，それとも，社外の権威あるデザイン賞を受賞して，デザイナー仲間からの評価を上げることを重視するかの選択を迫られているのである。インハウスデザイナーはこの狭間でどう考え，どのように行動すべきなのであろうか。

　前述したように，デザイナーを真正面から取り上げた研究自体少なく，この問いに直接答えてくれるものは存在しないが，参考になる研究はいく

図表⑪-1　二重のロイヤリティに関する伝統的解釈

出所：三崎（1997）161頁から転載。

図表⑪-2　二重のロイヤリティに関する現代的解釈

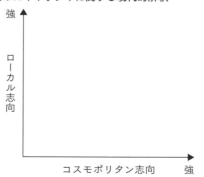

出所：三崎（1997）164頁から転載。

つかある。例えば，三輪（2001）は，ソフトウェア技術者を対象に調査を行い，優秀なソフトウェア技術者は「ローカルかつコスモポリタン」であることを明らかにしている。通常，ローカルとコスモポリタンは，二項対立的に捉えられがちであるが，実はそうではなく，両立可能というのである。

これは，前頁にある図表を使って考えると分かりやすい（**図表⑪-1・⑪-2 参照**）。まず，ローカルとコスモポリタンの関係を二項対立的に捉えた場合，いずれかの志向が強くなれば，もう一方の志向は弱くなる。そのため，両立は不可能ということになる。このような考え方を端的に示したのが，**図表⑪-1** である。しかし，ローカルとコスモポリタンの関係を**図表⑪-2** のように捉えると，両立は可能になる。こちらは，所属組織に対するロイヤリティと，専門家社会に対するロイヤリティは互いに独立しており，2つの社会に対するロイヤリティは決してゼロサムの関係にならないことを示している。

したがって，後者のように考えると，ローカルとコスモポリタンの両立は可能であるが，「ローカルかつコスモポリタン」であることに，どのようなメリットがあるのであろうか。先行研究によると，そのメリットとは，どちらか一方のロイヤリティしか持たない場合に発生する様々なデメリット（例えば，非常に強いローカル志向によって，仕事に本来必要な創造性を喪失してしまうことや，過ぎるコスモポリタン志向によって職場内で対立が生じること）を克服し，職務満足，業績その他に正の効果を与えられる点にあるとされている（Sorensen and Sorensen, 1974）。

■ 参考文献

- 上野山達哉（1999）「経営組織における価値志向型の社会化と技能志向型の社会化：企業内デザイナーの初期キャリア形成過程の分析と新人の適応の類型化」『神戸大学大学院経営学研究科博士課程モノグラフシリーズ』第9931号，1-45頁。
- 長谷川光一（2014）「デザイナーのモチベーションとデザイン部門のモチベーションマネジメント」『日本知財学会誌』第10巻第3号，46-54頁。
- 三崎秀央（1997）「研究者と二重のロイヤリティ」『星陵台論集』第29巻

第 3 号, 157-185 頁。
- 三輪卓己 (2001)『ソフトウェア技術者のキャリア・ディベロップメント』中央経済社。
- Amabile, T.M. (1998) "How to Kill Creativity," *Harvard Business Review*, Vol.76 No.5, pp.76-87.
- Feldman, D.C. (1977) "The role of initiation activities in socialization," *Human Relations*, No.30, pp.977-990.
- Gouldner, A.W. (1957) "Cosmopolitans and Local: Toward an analysis of latent social roles 1," *Administrative Science Quarterly*, Vol.2, pp.281-306.
- Gouldner, A.W. (1958) "Cosmopolitans and Local : Toward an analysis of latent social roles 2," *Administrative Science Quarterly*, Vol.2, pp.444-480.
- Sorensen, J.E. and Sorensen, T.L. (1974) "The Conflict of Professionals in Bureaucratic Organizations," *Administrative Science Quarterly*, Vol.19 No.1, pp.98-106.

終　章

1　デザインは全社の問題

　第1章～第5章で見たように,「デザインマネジメント」とはいっても,デザイン部門だけで解決できる問題は限られている。そのため,デザインマネジメントを考える際には,デザイン部門という狭い範囲で考えるのではなく,全社ベースで考える必要がある。反対にいうと,デザイナーやデザイン部門のマネジメントだけに焦点を当てても,効果的なデザインマネジメントは実施できない可能性が高いのである。

　このような「デザインは全社の問題」とする考え方は,日産自動車がリバイバルプランに取り組んでいる最中の中村史郎デザイン本部長の以下の発言の中に端的に示されている。

　「デザイン部門の位置付けとか,私自身に与えられる権限とかが付いてこないと,いくらデザインを良くしろと言われても難しい。発言力とか,人事権とか,予算とか,そういったことを含めて枠組みを作っていただければ実行する側の人間はすごくやりやすいし,結果も出やすいと思いますよ。」[1]

　「(従来から日産には) 非常に優秀な人材がそろっていました。その当時とデザイナーはほとんど変わっていません。つまり,組織が変わって,いいデザインが引き出せる体制になったということです。」[2]

　そして,そのようにデザインを全社の問題として取り扱うには,経営者の

---

[1]　『日経デザイン』「検証 日産モデル:デザイン主導の企業革新」2003年7月号, 44-129頁。

関心や関与が重要になる。なぜなら，経営者だけが，どのような問題を全社マターとして取り扱うかを決断することができるからである。経営者がデザインを「デザイン部門だけの問題」と狭く捉えている限り，効果的なデザインマネジメントの実施は難しい。

2　デザインを重視しない日本の経営者

しかし，日本では相変わらず経営者の技術信仰が強い。例えば，経済産業省が2003年2月に行ったアンケート調査によると，「付加価値向上のために重視するものは？」との問いに対する経営者の答えは以下の通りである[3]。

「技術の向上」	91%
「ITの活用」	22%
「デザインの活用」	12%

このように，9割以上の経営者が，付加価値向上の手段として技術力に期待を寄せる一方で，デザインにはほとんど期待を寄せていない。このような状況では，日本企業にデザイン重視の姿勢を期待することは難しい。

また，日本企業（特に大手製造企業）がそれほどデザインを重視していないと考えられる証拠の1つに，デザイナー出身の役員の少なさがある。大手製造企業でデザイナー出身者が役員を務めたケースは，筆者が知る限り十指に満たない。具体的には，シャープの坂下清氏，ソニーの黒木靖夫氏・稲場満氏，日立製作所の川口光男氏，本田技研工業の岩倉信弥氏，日産自動車の中村史郎氏，トヨタ自動車の平井和平氏・福市得雄氏，マツダの前田育男氏などである。

その一方で，経営者がデザインに積極的に関与している企業ほど，デザイ

2　『読売ADレポート』「ブランド資産の継承とデザイン」2002年12月号，3-7頁。なお，カッコ内は筆者が補足した。
3　『戦略的デザイン活用研究会報告』(http://www.meti.go.jp/policy/mono_info_service/mono/human-design/kennkyuukaihoukoku.html)。

ンの評価が高いという英国での報告もある（Hart and Service, 1988）。また，海外では，近年になって，デザイナー出身者が企業の重役に登りつめるケースも出始めている。例えば，米国のアップルでは，1997年にデザイナー出身のジョナサン・アイブ氏が副社長に就任しているし，韓国の起亜自動車では，2012年にデザイナー出身のペーター・シュライヤー氏が社長に就任している。さらに，米国では，ベンチャー立ち上げ期においても，デザイナーの参加が投資家からの高い評価に結び付くとされている[4]。つまり，経営者からだけでなく，投資家からもデザイナーは重要視されているのである。

3 ますますデザインが軽視されていく

　通常，経営学では，市場や社会が成熟するにつれ，消費者だけでなく企業にとっても，デザインはますます重要な要素になると考えられている（第Ⅰ部の第1章を参照）。しかし，不思議なことに，多くの日本企業では，それとは真逆の現象が起きている。市場や社会の成熟化に伴い，デザインが軽視されるようになってきているのである。

　その理由は，多くの日本企業ではデザイン部門を，利益を生むプロフィットセンターとしてではなく，コストを発生させるコストセンターとして捉える傾向が強いからである[5]。デザイン部門をプロフィットセンターとして捉えていれば，「デザインの質を高めることで，より多くの利益を獲得できるのであれば，多少コストが上昇しても構わない」と判断することも可能である。しかし，コストセンターとして捉えていると，コストを削ることでしか利益の獲得に貢献することが出来ないため，競争の激化に伴い，コストカットやリストラの対象になりやすい。

---

[4] 『日本経済新聞』「経営の視点：ジョブズという基準」2013年8月5日。
[5] そもそも，日本では会計上，デザイン料を人件費や図面購入費などの費目で処理しており，デザインをコストとして捉える素地がある（鷲田，2014）。また，デザインがもたらす価値の測定指標が存在しないことも，それを助長していると考えられるが，その点に関しては，サムスン電子の取り組みなどが参考になる。詳細は次節を参照のこと。

具体的に、日本でのデザイン部門に対するコストカットやリストラは、1991年に起こったバブル経済の崩壊をきっかけに始まった。そして、90年代後半に入り、ROI（Return On Investment）やROE（Return On Equity）などの効率性を重視した経営指標が導入されたことで加速してきた[6]。さらに、2000年代以降は、韓国企業や中国企業の台頭により、市場での価格競争が激しくなってきたことで拡大している。例えば、日本の電機業界では近年、製品開発のコストを抑えるため、デザインの外注費の削減やクラウドソーシングの活用などが検討されるようになってきている[7]。

このように、デザイン部門がコストセンターと見做され、コストカットやリストラの対象になると、いずれは、他部門と重複するリサーチ機能や先行開発機能なども「無駄」と看做され、削除されるようになる。しかし、それらの機能が無くなると、デザイナーは主体的に考えたり、動いたりすることが難しくなり、収益獲得にますます貢献できなくなる。また、絞り込まれた予算の下では、どうしても直近の問題解決ばかりが優先され、将来を見据えた活動を行うことも難しくなる。

その意味で、現在の日本企業は、次のようなパラドクスに直面している可能性がある。デザインの重要度が増している今こそ、デザイナーを有効活用すべき時なのに、デザイン部門は経営陣からコストセンターと看做され、積極的な活動がしづらくなっているのである。

4　経営者にデザインを重視させるには？

それでは、経営者にデザインを重視させるには、どうすればよいのであろうか。デザイン重視企業へと戦略的に企業を革新していく方法としては、サムスン電子の事例が参考になるかもしれない（福田、2008）。

現在はデザイン重視で知られるサムスン電子も、1990年代までは、デザインの重要性に疑問を投げかけるトップマネジメント層は多かった。そこで、

6　『週刊東洋経済』「デザイン経営の時代」2005年10月8日号、88-95頁。
7　『プロダクトデザイン戦略2011』富士経済、74頁。

デザイン部門では、デザインの重要性を彼らに理解してもらうために、以下のようなアプローチを行った。

まず、彼らは、米国のビジネスウィーク誌に受賞結果が掲載されるデザイン賞（Industrial Design Excellence Award：以下、IDEA賞とする）に狙いを定め、その受賞を目指すことにした。数あるデザイン賞の中から、当該デザイン賞を選んだ理由は、トップマネジメント層がビジネスウィーク誌を購読していたからである。IDEA賞を取れば、デザイン部門の活躍がトップマネジメント層の目に留まる可能性が高いと考えた。

ただ、そのためには、賞に応募するための予算を捻出したり、デザイナーのスキルアップを図ったりする必要があった。そこで、デザイン部門では、お金があまりかからないコンセプト部門賞にターゲットを絞るとともに、業務時間外に調査研究やワーキングモデルの作成などの様々な訓練を行い、デザイナーのスキルアップを図っていった。

その結果、何年か後には、少しずつ受賞する製品が増えるようになり、受賞数の企業ランキングでも上位に位置するようになってきた。そして、そのように結果が出始めると、トップマネジメント層のデザインに対する理解も徐々に変わり始め、デザイン部門への投資が正当化され、予算も増えるようになった。さらに、そのように予算が増えたことで、長期的視点からの戦略

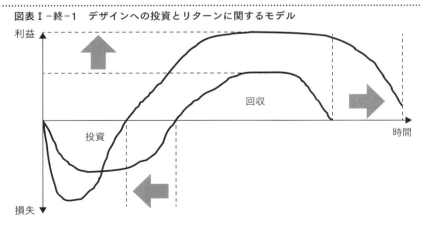

図表Ⅰ-終-1　デザインへの投資とリターンに関するモデル

出所：『日経デザイン』「特集・韓国メーカー」2002年8月号、68頁の左上図を引用。

投資が可能になった。サムスン電子では，このようなアプローチで，好循環を引き出していった。

また，デザインの投資効果を測定するための指標を作成することも重要である。例えば，前出のサムスン電子では，毎年，IDEA賞の受賞結果や，英国のインターブランド社によるブランド価値調査の結果を用いて，デザインの投資効果の指標にしている[8]。さらに，同社では，米国のイリノイ工科大学のパトリック・ホイットニー氏の理論を応用して，デザインへの投資とそのリターンに関するモデルを構築し，それをデザインへの投資を正当化するための根拠として活用している（**図表Ⅰ-終-1** 参照）。

このモデルは，デザインへの投資のタイミングが早まるほど（つまり，デザインの先行開発機能を強化するほど），デザインのクオリティーが高まり，投資回収のタイミングが早まるだけでなく，回収可能期間も長くなり，回収額も大きくなることを表している[9]。

ただし，以上のような努力をしたからといって，企業全体がすぐにデザイン重視に舵が切れるというわけではない。企業の姿勢をデザイン重視へ転換するには，4年程かかるという報告もある（神田・湯山，2010）。おそらく，大企業ではもっと時間がかかる（10年程度）のではないだろうか。それまで我慢して，そのような地道な努力を継続することができるかが最大のハードルなのかもしれない。

5　経営者にはデザイナーとの成功体験を!

その他にも，経営者にデザインを重視させるには「経営者に対するデザイン教育」が必要との声をよく耳にする。確かに，海外では，以下に示すように，デザイナーに対するビジネス教育だけでなく，ビジネスマンやエンジニアに対するデザイン教育も盛んである。そのうち特に，ビジネススクールで

---

[8] サムスン電子では，独自の計算式でデザイン部門の貢献度を測り，ROIを計算している（福田，2013）。
[9] 『日経デザイン』「特集・韓国メーカー」2002年8月号，56-73頁。

は，経営幹部や幹部候補に対するデザイン教育が行われている（詳細は第II部の第1章を参照のこと）。

> 米国……Design Management Institute や Corporate Design Foundation などの機関が媒介となり，ビジネススクール（ハーバード大学，ボストン大学）や，エンジニアリングスクール（スタンフォード大学，イリノイ工科大学）との融合がはじまっている。その他，デザイン関連教育が提供されているビジネススクールは12校ある。
>
> イタリア……デザイン教育・研究機関であるドムスアカデミーにおいて，経営プロフェッショナルのための大学院大学が開設されている。
>
> フィンランド……ヘルシンキ経済大学，ヘルシンキ芸術デザイン大学，ヘルシンキ工科大学の3つを統合したアアルト大学では，デザイン教育とビジネス教育の融合が始まっている。

それに対して，現在の日本では，美術大学でのビジネス教育のように，デザイナーにビジネス・マインドを付けさせようとする動きは見られるが，経営者にデザイン・マインドを付けさせようとする動きはほとんど見られない。少なくとも，国内で実施されているMBA教育の中では，デザイン教育はほとんど実施されていない。その意味で，日本では海外に比べると，経営者にデザイン教育を施す機会は少ないといえる。

しかし，だからといって，経営層のMBA取得をあまり重視しない日本企業において，MBA教育の中にデザイン教育を取り込んでも，その効果は限定的かもしれない。ビジネススクールにおけるデザイン教育の意義自体を否定するわけではないものの，日本企業では，どちらかというと，経営者になるまでのキャリアパスのどこかに，デザイナーと協働する機会を組み込んで，彼らとの成功体験を共有させる方が有益なように思われる[10]。つまり，MBA教育のようなOFF-JT型のデザイン教育よりも，OJT型のデザイン教育の方が有用になると考えられるのである。

■ 参考文献
- 神田 昌典・湯山 玲子（2010）『ビジネスの成功はデザインだ』マガジンハウス。
- 福田民郎（2008）「デザイン経営の現状と課題：サムスンの事例を中心に」『慶應経営論集』Vol.25 No.1, pp.143-175.
- 福田民郎（2013）「デザイン経営の実態：サムスン電子の成功事例から」（http://www.rieti.go.jp/.jp/events/bbl/13073101.html）。
- 鷲田祐一（2014）『デザインがイノベーションを伝える：デザインの力を活かす新しい経営戦略の模索』有斐閣。
- Hart, S. and L. Service. (1988) "The Effects of Managerial Attitude to Design on Company," *Journal of Marketing Management*, Vol.4 No.2, pp.217-230.
- Lafley, A.G. and R. Charan (2008) *The Game Changer : How You Can Drive Revenue and Profit Growth with Innovation*, Crown Business.（斎藤聖美訳『ゲームの変革者：イノベーションで収益を伸ばす』日本経済新聞出版社，2009）。

---

[10] 筆者が知る限り，デザイナーやデザインに理解のある経営者は，キャリアパスのどこかでデザイナーとの成功体験を共有している場合が多い。なお，日本企業ではないものの，P&G の会長兼 CEO（当時）のアラン・G・ラフリー氏は，デザインやデザイナーを大事にすることで知られているが，そのきっかけは，彼が日本法人の社長時代にデザイナーと共同で新製品の開発を行い，デザイナーを活用することの有用性を知ったことにある（Lafley and Charan, 2008）。

第Ⅱ部

社会編

序　章

　第II部『社会編』では，国のデザイン政策やデザインによる地域振興など，デザインを巡るマクロな問題を取り上げる。

1 クールジャパンは本当なのか？

　「日本」という国レベルでデザインを話題に取り上げる場合に，よく使われるのが「クールジャパン」という文脈である。つまり，そこでは，クールな日本を代表するものの1つとして，デザインが取り上げられることが多いのである。

　このクールジャパン・ブームの始まりは2002年にまで遡る。松井（2010）によると，その嚆矢は，米国の外交専門誌『Foreign Policy』に掲載されたジャーナリストのダグラス・マッグレイ氏の論文（タイトルは「Japan's Gross National Cool」）とされている。

　この論文では，1980年代は経済的超大国であった日本のGNPは縮小し続けているけれども，日本はその独自に発展させてきたポップカルチャーを通じて，"Gross National Cool（GNC）"という新しい成長エンジンを備えた文化的超大国になったと論じられている。そして，この頃から，まずはジャパン・クールという言葉が，次いでクールジャパンという言葉がメディアに頻繁に登場するようになる。

　しかし，実際に，日本がそのような「クールさ」を武器に成長してきたかについては，様々なデータを見る限り疑わしい。例えば，経済産業省が公表している2012年度の資料によると，日本のクールジャパン関連のコンテンツ産業の海外輸出比率は5％に過ぎず，そのほとんどが国内で消費されている。それに対して，米国のコンテンツ産業ではその17.8％が輸出されてい

る[1]。また，個別に見ても，アニメ産業において世界で最も稼いでいるのは米国のウォルト・ディズニーやピクサーであるし，ゲームソフトにしても，日本製のソフトはこの10数年連続して世界シェアを落としている[2]。さらに，ここ10数年を見る限り，デザインの良さが評判になって売り上げを大きく伸ばしたのは，米国のアップルや英国のダイソンなどの外国企業であって，日本企業ではない。

　したがって，伸びシロが大きいという意味では，クールジャパン関連事業は有望といえるが，日本が実際にクールさを武器に成長してきたとはいえそうにない。日本のアニメやゲーム，デザインなどに対する海外での評価や人気は高いものの（例えば，2014年にフランスで行われたジャパンエキスポには約26万人が参加した），それを収益に結び付けられていないのが現状である[3]。そのため，そのようなギャップを解消すべく，国を挙げた本格的な取り組みが2010年度から始まっている[4]。

　しかし，近年，そのような文化的な超大国化を目指す動きは，日本だけでなく，多くの国々においても活発になっており，競争が激しい。その背景には，ハーバード大学の政治学者であるジョセフ・ナイ氏が1990年に著書（邦訳タイトルは『不滅の大国アメリカ』）の中で提唱した「ソフトパワー」という考え方がある[5]。

　ここでいうソフトパワーとは，その国の有する文化や政治的価値観などに対する支持や理解，共感などを基盤として得られる発言力や信頼などのことで，武力や軍事力などのハードパワーと対比して用いられる。ナイ氏によっ

---

1 『クールジャパン／クリエイティブ産業基礎資料』(http://www.meti.go.jp/policy/mono_info_service/mono/creative/)。
2 日本製ゲームの世界シェアは，1995年には70%あったのに対し，2009年には30%まで落ち込んでいると推計されている（『IGDA Japan』http://www.igda.jp/modules/ bulletin/)。
3 『日経ビジネス』「コンテンツ強国へ：この熱狂を売れ」2014年7月14日号，24-39頁。
4 さらに，2013年の秋からは，官民ファンドの海外需要開拓支援機構（クールジャパン推進機構）が立ち上がり，官民から375億円が拠出されている（補講⑫参照）。
5 『日本経済新聞』「経済教室　企業の力で『日本』の広報を」2013年11月8日。

てソフトパワーの考え方が提唱されて以来，文化的な力は重要な国家戦略の1つとして認識されるようになってきた。つまり，デザインなどのポップカルチャーの輸出は単なる経済政策の1つとしてではなく，国家戦略の1つと捉えられ，国家間での競争が激しくなってきたのである。その意味で，文化的超大国になるには，個々の企業の努力はもちろんのこと，国の政策の巧拙も重要なポイントになるといえる。

それでは，具体的に，日本が掲げるデザイン政策とはどのようなものなのであろうか。前述したように，デザインが国レベルで取り上げられる場合には，クールジャパンの文脈で語られることが多い。また，前述した国の取り組みにおいても，デザインは4本柱（コンテンツ，食，観光，デザイン）の1つに位置付けられている。しかし，その一方で，クールジャパン関連の研究で取り上げられるのは，アニメやゲームなどのコンテンツばかりで，デザインについてはほとんど明らかにされていない（後藤，2013）。そのため，本編では，まず，日本のデザイン政策の中身を明らかにしてみたい。

2　デザインは地域振興の救世主になれるのか？

続いて，本編では，デザインと地域振興を巡る問題を取り上げる。クールジャパンの流れに乗ってか，近年，デザインを地域振興に活用しようとする動きが官民ともに活発になってきている。

民間主導のものとしては，越後妻有の大地の芸術祭や瀬戸内国際芸術祭などの大規模なデザイン・イベントがあり，官主導のものとしては，2004年から始まったJAPANブランド育成支援事業や，2005年から始まった新連携対策支援事業などがある[6]。

そのうち，特に，後者の官主導の支援事業は，デザイナーと中小企業の協

---

[6] 「新連携対策支援事業」は元来，これまで関わりのなかった事業者同士を結び付けて，異業種間交流を促進することを目的としており，必ずしもデザイナーと中小企業との協業だけを想定したものではない。しかし，実際にその支援を受けた事業の中には，デザイナーと中小企業との協業もいくつか含まれており，結果的には両者の交流を促進したといえる。

業を促して，地場産業や伝統工芸産業を復興することを目的としている。このように，中小企業をデザインと向き合うよう仕向けることには大きな意義がある。なぜなら，中小企業には大企業とは異なる次のような事情があるからである[7]。

　1つ目は，近年，中小企業には下請けからの脱却と，最終製品の開発が求められるようになっていることである。2000年代以降，これまでの大企業を頂点とした取引のピラミッド構造が崩れ，中小企業には下請けからの脱却が求められるようになっている。そして，独り立ちをして，最終製品の開発を行うようになれば，魅力的なデザインを開発して，製品の競争力を高めていく必要が出てくる。

　2つ目は，中小企業は大企業に比べ，まだまだデザインを活用する余地が大きいことである。大企業はこれまでも多くのデザイナーを社内に雇い，デザイン開発のための設備や部署を整備してきた。それに対し，中小企業の多くは，社内にデザイナーやデザイン設備をほとんど抱えていないだけでなく，場合によっては，デザイナーと一緒に仕事をしたことのない企業さえある。その意味で，中小企業がデザインを上手く活用できた場合の伸びシロは，大企業のそれに比べ大きいといえる。

　3つ目は，デザインへの投資は，一般に，技術開発投資に比べてお金がかからないとされているからである。他社との差別化を図るには，製品に何らかの売りや特徴を持たせる必要がある。通常，それは技術であっても，品質であってもデザインであっても構わない。ただし，新しい技術や独自の技術を開発するには，多大な経営資源の投入が必要になる。それに対して，デザインによる差別化は，相対的に少ない投資で実現することができる。その意味で，デザインは，経営資源に制約がある中小企業にとって有効な武器になるはずである。

　このように，デザインは近年，中小企業にとってますます重要な要素になりつつある。しかし，後述するように，デザイン重視に舵を切った中小企業のうち，十分な効果を上げられているのはほんの僅かである。

---

[7] 以下の大部分は，森永（2014）からの引用である。

図表Ⅱ-序-1　グッドデザイン特別賞受賞商品の効果

効果	点数	肯定的回答	否定的回答
商品の売上増加	0.14	56.8%	43.2%
新素材や新技術導入などの革新	0.00	54.1%	43.2%
従来よりも高価格での価格設定	－0.33	40.5%	56.8%
企業又は商品の知名度向上	0.92	83.3%	16.2%
商品の品質向上	0.62	75.7%	24.3%
商品開発力の向上	0.59	70.3%	29.7%
商品の開発期間の短縮	－0.97	16.2%	83.8%
生産コストの削減	－1.00	16.2%	83.8%
企業イメージの向上	1.05	86.5%	13.5%
新市場の開拓	0.22	59.5%	40.5%
企業又は商品のブランドの構築	0.70	75.7%	24.3%
経営理念の再構築	0.24	62.2%	37.8%
就職希望者の増加	－0.73	21.6%	78.4%
顧客志向や発想力の向上などの社員の意識変化	0.44	67.6%	29.7%
組織内コミュニケーションの向上	－0.33	43.2%	56.8%

出所：『デザイン導入の効果測定等に関する調査研究』（http://www.meti.go.jp/policy/mono_info_service/mono/human-design/koukasokutei.html）128頁から引用した。
※なお，点数計算については，受賞商品が会社にもたらした効果の程度を，「かなり効果があった（2点）」，「多少効果があった（1点）」，「あまり効果がなかった（－1点）」，「ほとんど効果がなかった（－2点）」の4点尺度で判定してもらい，その合計得点を回答企業数で除している。また，「かなり効果があった」と「多少効果があった」を肯定的回答とし，「あまり効果がなかった」と「ほとんど効果がなった」を否定的回答としている。

　一般に，デザイン重視の効果というと，売上や利益の増加に関心が集まりがちである。確かに，ロンドン大学の調査によると，デザインに対する1ドルの投資が生み出す収益は3ドルに達するとされている。また，デザイナーのロブ・ウォレス氏によれば，消費財のパッケージに対する1ドルの投資がもたらす追加利益は，400ドル以上とされている（Ryan and Lowry, 2011）。それぞれが主張する値にはかなりの開きがあるものの，デザインへの投資が何らかの金銭的な効果を生むことは確かなようである。

　しかし，日本の中小企業を見てみると，事情は少し異なる。図表Ⅱ-序-1は，1995年から2004年までの10年間に，「グッドデザイン特別賞 中小企

業庁長官特別賞」を受賞した中小企業（116社）を対象に行われたアンケート調査の結果である（回答数は37社）。

　この調査結果から分かるのは，次の2つの事柄である。1つは，デザインを重視した結果，開発期間の長期化や生産コストの上昇など，費用が増加した可能性があるにもかかわらず，その増加分を販売価格に転嫁できていない企業が多いということである（**図表Ⅱ-序-1**の濃い網掛けが付いた項目を参照）[8]。そして，もう1つは，デザインを重視した製品を開発すると，企業の知名度やイメージの向上には寄与する一方で，売上の増加は限定的であるということである（**図表Ⅱ-序-1**の薄い網掛けが付いた項目を参照）。

　したがって，この調査結果を見る限りでは，デザインを重視することによる金銭的な見返りは，短期的にはそれほど期待できないといえるかもしれない。それどころか，費用が増加しているのに，販売価格を引き上げることができず，販売数もそれほど伸ばせないのであれば，デザインを重視することの意義は低いとさえいえる。

　このように，当該アンケート調査からは，単にデザインを重視した製品を開発したからといって，そう簡単には売上や利益の増加にはつながらないことが窺える。それでは，デザインは本当に中小企業や地域振興の救世主になり得るのであろうか。あるいは，ボトルネックがあるとすれば，それはどのようなものなのであろうか。本編では，このような問題意識のもと，議論を進めていきたい。

3　第Ⅱ部の構成

　第Ⅱ部の各章は，以下のように構成されている。
　第1章では，日本のデザイン政策の変遷・実態・課題を明らかにしている。

---

[8] この調査結果からは，開発期間の長期化や生産コストの上昇などの事象は直接窺い知ることが出来ない。しかし，少なくとも，開発期間の短縮や生産コストの削減などの効果についてはネガティブな反応を示している。加えて，グッドデザイン賞の受賞には費用がかかる。そのため，実質的にはコスト増の状態にあるといえる。

デザイン性やファッション性，娯楽性などに主眼を置いたクリエイティブなモノづくりは，先に見たクールさやソフトパワーの源泉になる。そのため，デザインはクールジャパンを支える柱の1つとされているが，日本では一体「誰」に向けて，「どのような」デザイン政策が行われているのであろうか。また，そこに「課題」はないのであろうか。第1章では，これらのことを明らかにしている。

　第2章では，国から事業支援を受けた企業の側に注目し，デザインによる地域振興の実態を明らかにするとともに，それを成功させる上で，乗り越えなければならないハードルや，その乗り越え方の方針についても明らかにしている。第2章におけるキーワードは「総合力」であり，中小企業や地場産業がデザインを有効活用するには，優れたデザインの開発だけでなく，製造や販売も含めたトータルな力（総合力）が必要になることや，その理由を明らかにしている。

■参考文献
- 後藤和子（2013）『クリエイティブ産業の経済学：契約・著作権・税制のインセンティブ設計』有斐閣。
- 松井剛（2010）「ブームとしての『クールジャパン』：ポップカルチャーをめぐる中央官庁の政策競争」『一橋ビジネスレビュー』2010年冬号，86-105頁。
- 森永泰史（2014）「中小企業のためのデザイン導入戦略」『日本政策金融公庫調査月報』第68号2014年5月号，40-45頁。
- McGray, D. (2002) "Japan's Gross National Cool," *Foreign Policy*. (http://www.foreignpolicy.com/articles/2002/05/01/Japan's Gross National Cool)
- Nye, J. (1990) *Bound To Lead : The Changing Nature Of American Power*, Basic Books.（久保伸太郎訳『不滅の大国アメリカ』読売新聞社，1990年）
- Ryan, E. and A. Lowry (2011) *The Method Method*, Portfolio.（須川綾子訳『メソッド革命』ダイヤモンド社，2012年）

第1章
デザインとマクロ経済政策

学習の狙い
- 日本のデザイン政策の変遷を理解すること
- 日本のデザイン政策の実態を理解すること
- 日本のデザイン政策が抱える課題を理解すること

キーワードは,「クリエイティブ」

　日本企業(特に製造業)の競争力の低下が指摘されて久しい。その原因は様々であるが,主な原因の1つには,BRICsに代表される新興国の台頭がある。それらの国が急速に工業化し,競争が激化したためである。

　それでは,日本の製造業は,新興国の製造業とどのように戦えばよいのであろうか。その答えの1つとして考えられるのが,デザイン性やファッション性,娯楽性などに主眼を置いたクリエイティブなモノづくりである。

　一般に,クリエイティブなモノづくりは,経済発展に伴って成熟していくため,先進国の方が優位に立つと考えられている。それらは生命の維持に絶対的に必要なものではないため,新興国では後回しにされやすいからである。したがって,一般論としては,日本の製造業はクリエイティブなモノづくりにおいて,アドバンテージを有しているといえそうである。しかし,第II部の序章でも述べたように,潜在的にアドバンテージを有していることと,それを上手く活用できることは別物である。

　それでは,日本では,クリエイティブなモノづくりに対するモチベーションを高めるために,どのような経済政策が実施されているのであろうか。本章では,クリエイティブなモノづくりの柱の1つであるデザインに注目し,日本のデザイン政策の現状と課題を明らかにしてみたい。

1 デザイン政策の歴史

1. 日本におけるデザイン政策の変遷[1]

　まず，ここでは，日本におけるデザイン政策の変遷を見てみたい。日本でデザイン政策が本格的に動き始めたのは，1950年代後半のことである。1957年に，現在のGマーク制度（グッドデザイン賞）の前身となるグッドデザイン商品選定制度が通商産業省（現・経済産業省）により創設されたのが，その嚆矢である。

　その後も，輸出検査法および輸出品デザイン法や，輸出検査法およびデザイン奨励審議会，デザインイヤーの制定など様々なデザイン政策が打ち出されてきたが，それらはいずれも，デザインを積極的に活用するためのものというよりは，むしろ，デザインの盗作をいかに防ぐかに力点が置かれていた。つまり，知的財産権の保護や，それに関連する法令を遵守させるための啓蒙活動の色合いが強かったのである。なぜなら，当時の日本には，知的財産権に対する意識の低い企業が多く，日本企業による欧米企業のデザインの盗用が，国際的な問題となっていたからである[2]。

　しかし，時が経ち，日本企業にも，知的財産権やデザインの重要性が十分に認識されるようになると，そのような模倣品対策を中心としたデザイン政策の役割は縮小していった。1997年には，輸出検査法および輸出品デザイン法が，1998年には，輸出検査法およびデザイン奨励審議会が廃止され，グッドデザイン商品選定制度も同年に民営化されていった。

　このように，日本のデザイン政策は，90年代を境に一旦は終息をみせるが，2000年代に入ると，今度は一転して，デザインの積極的な活用を目指

---

1 日本におけるデザイン政策の大筋の流れについては，『戦略的デザイン活用研究会報告』（http://www.meti.go.jp/policy/mono_info_service/mono/human-design/kennkyuukaihoukoku.html）を参考にした。

2 当時は，日本の外務大臣が渡英した際に，当地の空港で，本物（英国製）と偽物（日本製）を前に英国の記者から質問されることなどの出来事もあった（『戦略的デザイン活用研究会報告』http://www.meti.go.jp/policy/mono_info_service/mono/human-design/kennkyuukaihoukoku.html）。

した政策が動き始める。その理由は，デザインを活用したブランドの確立や，産業競争力の強化などが，急務となってきたからである。

本章の冒頭部分でも述べたように，2000年代に入ると，新興国の台頭により，日本企業の競争力の低下が顕著になりはじめてきた。そのため，政府や経済産業省では，新興国に対してアドバンテージのあるデザインに注目し，それを新興国との差別化を図るための武器として積極的に活用しようと考えるようになった。

2002年7月に，政府の知的財産戦略会議が策定した知的財産戦略大綱では，「優れたデザイン，ブランドの創造支援」や「デザイン，ブランドの戦略的活用」を図るための方策に関する検討が求められている。そして，2004年4月には，中小企業庁で，日本の名産品や匠の技を世界に売り込むためのJAPANブランド育成支援事業がスタートする[3]。さらに，2007年5月には，経済産業省で，感性価値創造イニシアティブがスタートする[4]。これは，従来の高性能，高品質という価値観に加え，新たに「感性」を基軸にした経済価値の創造を行う必要性を提唱したもので，そのための様々な支援活動が盛り込まれている。

2. 海外との比較

このように，日本において，デザインを積極的に活用するための政策が動き始めたのは，2000年代中盤以降のことであり，その歴史は浅い。また，以下に示すように，スタートのタイミングも諸外国に較べれば遅い[5]。

2.1 10年以上のタイムラグ

例えば，英国では1997年に，クリエイティブなモノづくりによる10億ポンド規模の新市場の開拓と，18万人の雇用創出を目指した「クールブリタニカ」がブレア首相により提唱され，国家によるデザイン活用のための積極

---

[3] 『日本経済新聞』「世界発信，発想の転換カギ」2007年4月25日。
[4] 『経済産業省ホームページ (1)』「感性価値創造イニシアティブについて」(http://www.meti.go.jp/press/20070522001/20070522001.html)
[5] 以下の諸外国の事例については，『日経デザイン』「先進国？ 途上国？ デザイン日本」2007年3月号，36-73頁を参考にした。

的な取り組みが始まっている。また，韓国でも同年に，工業デザイン促進法が施行され，金大中大統領の直轄で，韓国デザイン振興院（以下，KIDP：Korea Institute of Design Promotion とする）が設立されている。その他にも，フランスでは1986年以来，長年にわたり，産業省による地域のデザイン・ネットワークの支援を通じたデザイン振興策が実施されてきた[6]。

このように，日本と諸外国との間には，10年以上のタイムラグがある。ただし，先進国のすべてが早くからデザインの積極的な活用に取り組んできたわけではない。先進国の中にも，日本と同様に，積極的なデザイン政策の取り組みに出遅れた国もある。ノルウェーがその代表である[7]。ノルウェーのデザイン政策も，2000年代に始まったばかりである。2004年に，オスロ市街のデザインセンターに2つのデザイン・ソサエティ（ノシュク・フォルムとノルウェーデザイン・カウンシル）が入居し，国を挙げての本格的なデザイナーのサポートが始まった[8]。

2.2 出遅れた理由

このように，先進国の間においても，デザインの積極的な活用に着手した時期にはズレがあるが，このようなズレが生じた理由として考えられるのは，各国が経済危機に直面した（あるいは，そのような危機意識を持った）タイミングの違いである。

例えば，欧米では，1980年代後半以降，日本の台頭により，産業競争力の低下が懸念されていた。特に英国では，1990年代を通じて，金融業に偏り過ぎた産業構造の打開と，新しい製造業育成による雇用創出が課題となっていた。そこで，目を付けたのがデザインである。なぜなら，大がかりな製造設備やモノづくりのノウハウを失った英国で，新たに製造業を復興するに

---

[6] 『デザイン教育に関する諸外国の情勢』（http://www.meti.go.jp/report/downloadfiles/g30325b063j.pdf）。
[7] 『日経ビジネスオンライン』「ノルウェーのデザイン政策は質実剛健」（http://business.nikkeibp.co.jp/article/tech/20011205/142449/?ST=nboprint）。
[8] 『北欧スタイル』「誰も知らないノルウェーデザイン」2005年春号，16-23頁。

は，デザインのような（大型設備やモノづくりのノウハウを必要としない）産業をサポートする以外に方法がなかったからである。

　また，韓国では，1997年に起こったアジア通貨危機により，深刻な経済危機に陥った。そのため，経済を立て直すための方針を早急に策定する必要があったが，当時の韓国は，技術力では日本の，コスト競争力では中国の後塵を拝する状態にあった。そこで，目を付けたのがデザインである。デザインを積極的に活用することで，経済を立て直そうと考えたのである。韓国において，工業デザイン促進法が施行された1997年は，同国が深刻な経済危機に陥り，IMF（国際通貨基金）の管理下に置かれた年でもある。

　その一方で，日本やノルウェーは，先進国の中にあって，そのような危機感を抱くタイミングが遅かった。両国はともに，既存の産業構造を維持したままでも利益を稼ぐことができていたため，新たにデザイン産業を育成したり，デザインを積極的に活用したりする必要にそれほど迫られなかったのである。そもそも，日本は，欧米に比べれば産業後発国であり，中国などの新興国が台頭するまでの間，後発国としての利益を享受することができた。また，ノルウェーは，世界第3位の石油大国であり，天然資源によって経済を潤すことができた。そのため，両国では，デザインは長らく後回しにされてきた。

　しかし，2000年代に入ると，日本では，新興国の台頭により，産業競争力の低下が顕著になり始め，ノルウェーでは，資源枯渇の危機が意識され始めるようになる[9]。そして，その結果，両国でも，ようやくデザインの積極的活用へと舵が切られるようになった。

2　デザイン政策の中身

　次に，ここでは，日本におけるデザイン政策の中身について考察してみた

---

[9] 『日経ビジネスオンライン』「ノルウェーのデザイン政策は質実剛健」(http://business.nikkeibp.co.jp/article/tech/20011205/142449/?ST=nboprint)．

い。経済産業省では現在，大きく次の3つのタイプのデザイン政策を実施している。1つ目は，デザイナーと中小企業とのマッチング支援や販路開拓支援などの事業促進支援，2つ目は，美術大学や芸術大学にビジネス関連の講座を開設するなどの人材育成支援，3つ目は，デザイン・イベントの主催やデザイン賞の創設・運営などのデザインの普及・啓発である。以下では，それらを順に見ていく。

1. 事業促進支援

まず，1つ目の事業促進政策の中身を見てみると，そこでは，主に中小企業（特に製造業）を対象とした支援が用意されていることが窺える。大企業とは異なり，中小企業はこれまで，あまりデザインに関心を寄せてこなかった。なぜなら，中小企業の多くは，豊富な経営資源を有しておらず，デザインの開発に人やカネを投入する余裕がなかったからである。そのため，中小企業への支援は，伸びシロが大きいと考えられる。以下では，そのような支援策の具体的な中身と運営方法，予算規模などを見てみたい。

1.1 政策の中身

支援の中身には様々なものがあるが，代表的なものとしては，デザイナーとの協業により，新しい発想を持った製品を開発し，それを世界に売り込むためのJAPANブランド育成支援事業（2004年開始）や，デザイナーを含め複数の中小企業が連携して，新製品を開発していくための新連携対策支援事業（2005年開始）[10]，デザイナーやプロデューサーを検索できるホームページの開設（2007年開始）[11]などがある。これらの取り組みはいずれも歴史が浅く，その成果を今すぐ評価することは難しいが，最も歴史の古いJAPANブランド育成支援事業では，2007年度の段階で，既に約90ものプロジェクトを支援するに至っている。

---

[10]『日経デザイン』「先進国？ 途上国？ デザイン日本」2007年3月号，36-73頁。
[11]『日本経済新聞』「デザイナーに経営指南」2007年5月22日。

①海外の政策と共通する部分

　以上で見た支援政策の中身自体は，諸外国でも採用されているオーソドックスなものばかりである。

　例えば，韓国でも，デザイナーと中小企業とのマッチング支援をはじめ，その成果を見本市で発表したり，優れたデザインの製品を毎年20件ほど選抜したりして，海外へのデザインの売り込みを図っている[12]。また，英国でも，政府出資法人である英国デザイン協会を通じて，毎年，先進的・創造的・革新的な製品・サービス1,000件をミレニアムプロダクツとして選出し，海外への販売促進を行っている。さらに，フランスでは，政府に代わり民間のコルベール委員会が自国の製品を海外へ売り込む活動を行っている（鳥取，2008）。コルベール委員会には，フランスで創業した高級ブランドのみが参加することができ，大統領の海外訪問には必ず同行して，フランスの生活美を世界に広める活動を行っている[13]。

②海外の政策と異なる部分

　その一方で，海外の支援政策と比べた場合，日本には欠けている支援策がある。それは，デザイナーの独立やデザイン事務所の事業支援に関する施策である。

　日本の支援策の多くは，既存の製造業の支援に主眼を置いたものであり，デザイナーの独立やデザイン事務所の事業支援にはあまり関心が払われていない[14]。経済産業省は，製造業支援の一環として，デザインを活用しようと考えており，デザイナーを直接支援しようという意識はそれほど強くないからである。それとは反対に，韓国や英国，イタリアなどでは，デザインを経済

---

[12] 『日経デザイン』「先進国？　途上国？　デザイン日本」2007年3月号，36-73頁。

[13] コルベール委員会への参加企業は，LVMHやバカラ，ミシュランなど，総勢70社で，世界の高級ブランド市場の1/4の売上を占めている（鳥取，2008）。

[14] ただし，2010年に開始した「Japan Design +」（＝日本のデザイナー20人を海外に派遣し，商談を進める事業）は，デザイナーの支援を意図して立ち上げられた施策であるといえる（『日本経済新聞』「デザイナー　中国に派遣」2010年8月6日）。

発展の生命線（＝コア・コンピタンス）と認識しているため，デザイナーを直接支援しようという意識が強い。

例えば，韓国では毎年，若手デザイナーを10人ほど選抜して，海外留学の費用として400万円程度を支給したり，デザイナーによる独自ブランドの立ち上げも積極的に支援している[15]。また，英国では，デザイン事務所に対する優遇税制や優遇貸付用の資金（約720億円）が用意されているだけでなく，毎年，公費で海外企業3社を英国に招待し，自国のデザイナーと引き合わせるデザイン・サービス・ミッションが実施されている[16]。さらに，イタリアでは，国や地域，産業が一体となってデザイナーを支援している。例えば，ミラノ市にはインテリア関連の雑誌が20種類もあり，かつそれらの雑誌には，ドアノブにいたるまで，デザイナーの名前が記載されている。

これは，個人名を記載することで，デザイナーのモチベーションを高めると同時に，デザイナー個人をブランド化しようとする取り組みの一環である[17]。大企業が多い日本とは異なり，イタリアでは中小企業が多く，技術革新を行うにも限界がある。そのため，どうしてもデザインが勝負のカギになりやすい。しかし，そのデザインの開発に関しても，経営体力の問題から，社内にデザイナーを抱えることは難しい。つまり，競争力の源泉であるデザインの開発を社外に頼らざるを得ないため，地元に優秀なデザイナーやデザイン事務所がいないと致命傷になる。国や地域，産業が一体となってデザイナーを支援するのは，そのためである[18]。

以上のように，諸外国では，デザイナーの独立やデザイン事務所を支援するための施策が豊富に用意されているのに対して，日本では，そのような支

---

[15] これは，1997年以降，国がデザイン重視政策を強力に推し進めた結果，デザイナーの数が急速に増加し，企業の数に対してデザイナーが供給過剰の状態になっているためでもある。韓国では，独自ブランドを展開することができるデザイナーを育てることで，そのような需給ギャップを解消したいと考えている（『日経デザイン』「デザイナー育成と情報発信が両輪」2010年11月号，18-19頁および『日経デザイン』「手厚い支援が若いデザイナーの才能を引き出す」2009年11月号，66-67頁）。

[16] 『日経デザイン』「先進国？　途上国？　デザイン日本」2007年3月号，36-73頁。

[17] 『朝日新聞』「ミラノでさぐる（下）関西復活の手がかり」2004年11月26日。

援が手薄である。そして，その理由として考えられるのは，日本では，依然として製造業がそれなりに競争力を維持していることである。つまり，モノづくりの強さが災いして，科学技術重視の姿勢から思い切ってデザイン重視の姿勢へと政策の舵を切れない可能性が高いのである[19]。反対に，欧州や韓国では，前述したような様々な事情から，デザインを経済発展の生命線として位置付けざるを得なくなった経緯があり，デザイナーやデザイン事務所の独立や事業支援が重要課題として認識されるようになったと考えられる。このように，支援の性格が異なる背景には，各国の生い立ちが関係している可能性が高い。

③偏りを解消する必要性

しかし，今後は日本においても，デザイナーやデザイン事務所に対する支援が重要になることが窺える。なぜなら，日本では既に，デザイナーとしての就職率の低さや，独立後の生活の困難さが，諸外国と比べて深刻な状況にあるからである[20]。

例えば，デザイン産業の経済規模を見てみると，日本はGDP比の0.5%程度しかなく，英国の2.8%や，韓国の1.2%を大きく下回る。つまり，デザインが産業として十分に育っていないのである。そのため，人口に占めるデザイナーの割合も，日本では1万人当たり14人と，英国の24人や韓国の20人，米国の17人に比べて少ない。その一方で，デザイナーを養成する大学の数は相対的に多いので，デザイナーになれるのは，毎年，卒業生の

---

[18] 『イタリアン・デザイナーズブックⅠ 中小企業のデザイン戦略』(https://www.jetro.go.jp/world/reports/2010/07000307.html)，『イタリアン・デザイナーズブックⅡ 中小企業のデザイン戦略』(https://www.jetro.go.jp/world/reports/2010/07000250.html)。

[19] 地方自治体を見ても，日本の科学技術重視（デザイン軽視）の実態が窺える。長谷川の調査（2013）によると，ほぼ100%の自治体が何らかの科学技術政策を実施していたのに対して，デザイン政策を実施していたのは，たったの7%しかなかった。

[20] これらのデータは，『戦略的デザイン活用研究会報告』(http://www.meti.go.jp/policy/mono_info_service/mono/human-design/kennkyuukaihoukoku.html) のものを利用した。

3割程度である[21]。

さらに、デザイナー1人当たりの年間売上高も、諸外国に比べて小さいため、デザイナーとして生計を立てることも難しい。例えば、英国では、デザイナー1人当たりの年間売上高が4,300万円程度であるのに対して、日本では1,400万円程度しかない。このように、日本では、デザイナーになること自体が狭き門である上に、その後の生活も保障されない。そのため、今後は何らかの対策を講じて、積極的にパイの拡大を図ったり、デザイン事務所を支援したりしていかないと、デザイナーを目指す人材が徐々に減り、デザイン産業が先細りしていく危険がある[22]。

1.2 政策の運営方法

次に、事業促進政策の運営方法を見てみると、日本では、細かな規定が多い一方で、その規定さえクリアすれば、後はほとんど制約が課せられないことが窺える[23]。

例えば、中小企業が新連携対策支援事業を活用する場合、補助金の上限は3,000万円で、かつ申請には細かな規定（例えば、「同業の中小企業における当該技術・方式等の導入状況を判断し、それぞれについて既に相当程度普及している技術・方式等の導入については支援対象外とする」など）が設けられている。また、事業立ち上げに使った経費の3分の2までしか補助されない[24]。その反面、仮

---

[21] 日本では毎年、芸術大学や美術大学の卒業生が2万人程度いるが、そのうちの6割以上がデザイナーとして就職することができていない。そして、そのような就職率の低さから、近年では男子学生の志願者が激減している（『日経ビジネスオンライン』「女子学生にも知ってほしい自動車デザインという仕事」http://business.nikkeibp.co.jp/article/tech/20070907/134306/?ST=nboprint）。

[22] ただし、現時点では、数年来、芸術系の志願者数は55,000人程度の横ばい状態にあり、極端な減少はみられない（『読売新聞』「美術離れ防げ ライバル連携」2008年8月12日）。

[23] 以下の日本と韓国の支援方法の違いに関する記述は、『日経デザイン』「先進国？ 途上国？ デザイン日本」2007年3月号、36-73頁を参考にした。

[24] 中小企業庁による支援内容の詳細については、『経済産業省ホームページ(2)』「新連携対策支援事業について」(http://www.chusho.meti.go.jp)を参照した。

に「デザインを活用した新事業の創出」をテーマに掲げても，優れたデザインの開発は条件とされない。つまり，事前の細かな規定さえクリアすれば，結果責任は問われないのである。

それに対して，例えば，韓国では，KIDP が，支援を受けた事業がどのようなデザイン賞を受賞したのかをはじめ，実際に申請された内容がどれほど実行されたのか，売上実績はどうだったのかなどを総合的に審査し，担当したデザイン事務所のランク付けを行う。そして，上位にランク付けされたデザイン事務所には，再び仕事が依頼される。つまり，韓国では，日本のように補助金をばらまくのではなく，優秀な仕事をしている現場に資金を集中的に投下しているのである。

1.3 政策の予算規模

最後に，事業促進政策の予算規模を見てみると，経済産業省では，JAPAN ブランド育成支援事業と新連携対策支援事業の2つの事業に，年間50-60億円の予算（2005年度・2006年度）を付けている。このような予算額は，諸外国と競争する上で，十分な規模といえるのであろうか。

各国で支援内容が異なることや，GDPや貨幣価値に違いがあるため，その額が適正かどうかを判断することは難しいが，様々な条件を考慮したとしても，十分な規模とは言い難い。例えば，英国では，前述したように，デザイン事務所に対する優遇税制や優遇貸付用の資金として，720億円程度の予算が組まれている（その他にも，奨学金や教育サポートのための資金が用意されている）。また，韓国では，国のデザイン政策を担うKIDPの年間予算として，52億円程度が用意されている（貨幣価値の違いを考慮すると，日本では実質的に90億円程度の価値がある）。このような点から見ても，日本は諸外国ほど，デザインへの投資が積極的でないことが窺える。

2. 人材育成支援

続いて，2つ目の人材育成支援政策の中身を見てみたい。前述したように，日本では，デザイナーやデザイン事務所の独立や事業支援に対する関心は薄い。それでは，デザイナーを養成している美術系・芸術系・工学系大学や，

その他のデザイン教育機関，デザイン教育に対する支援はどうなっているのであろうか。

2.1 日本における教育支援内容

　本来，教育は，文部科学省の管轄であるが，経済産業省では，2007年から，東京芸術大学などの芸術大学に，芸術系科目とビジネス系科目の双方を教える講座を新設し，カリキュラムの作成や講師派遣などにかかる費用を負担している[25]。

　それ以前にも，芸術系の大学では，独自に実務家（主に元・デザイナー）を招聘して，ビジネス系の科目を担当してもらうことはあった。例えば，武蔵野美術大学と神戸芸術工科大学では，シャープを退社した坂下清氏（元常務・総合デザイン本部長）を招聘し，経営論の講義を担当してもらっている[26]。しかし，近年では，前述したように，経済産業省が主導する形で，芸術系の大学にビジネス系の講座を創設したり，芸術系科目とビジネス系科目の双方を教える専門職大学院を設置したりしている。

　経済産業省がこのような取り組みを始めた背景には，企業においてデザイナーに求められる役割や能力，スキルなどが変化し，既存の大学のカリキュラムでは対処しきれなくなっている現状がある。つまり，経済界の要請を受けて，経済界と関わりの深い経済産業省がカリキュラム改革に乗り出してきたのである。かつてであれば，芸術系の大学は，極端にいえば，純粋に造形のスペシャリストを養成しているだけでよかった。なぜなら，多くの企業が，デザイナーにそのような役割しか求めていなかったからである。しかし，近年では，そのようなスキルの他にも，経営に関わる様々なスキルが求められるようになっている。ブランド（第Ⅰ部の第2章参照）やイノベーション（第Ⅰ部の第4章参照）などが重要な経営課題となり，デザインが経営と深く関わり始めたからである。

　例えば，デザインをコーポレート・ブランド構築のために活用するには，

---

[25] 『日本経済新聞』「デザイナーに経営指南」2007年5月22日。
[26] 『日本経済新聞』「工業デザイナー，退職後にも広がる活動」1999年12月20日。

個性的で統一感や一貫性のあるデザインを開発し,「その企業らしさ」を演出していく必要がある。そして,そのためには,デザインを経営戦略に組み込み,それを全社の目標とする必要がある。さらに,デザインを経営戦略に組み込むには,デザイナーの代表が経営会議に参加して,経営とデザイン双方の認識や目標を擦り合わせたり,意見交換したりすることが必要になる。つまり,従来ではあまり必要とされてこなかった経営の知識やスキルが必要になるのである(森永, 2010)。

また,デザイナーをイノベーションの駆動力として活用するには,デザイナーを造形のスペシャリストとしてではなく,製品や企業が消費者に提供する経験をデザインするスペシャリストとして扱う必要がある(森永, 2011)。そして,そのためには,デザイナーの活動範囲の拡大が必要になる。なぜなら,消費者の経験は,製品それ自体に加え,販売現場,アフターサービスなどのあらゆる場面を通じて形成されるからである。従来のように,デザイナーを製品開発工程に張りつけているだけでは不十分である。さらに,そのような活動範囲の拡大に伴い,必要とされる知識やスキルも増えるだけでなく,それらを駆使するための高度な情報処理能力も求められる。つまり,単に絵が上手く描けるだけでなく,様々な知識やスキル,高度な処理能力なども必要になるのである。

このように,2000 年代以降,企業がデザイナーに求める役割は,急速に高度化・多様化しつつあり,大学教育とのギャップが大きくなり始めている。そのため,日本では,経済産業省のサポートのもと,カリキュラムの改革が始まっている。

2.2 海外における教育支援内容

一方,海外(特に欧米)に目を転じると,デザイン教育と経営教育を融合させる取り組みは,1990 年代から行われてきた[27]。日本に比べて 10 年以上も早いのは,前述したように,欧米では,1980 年代には既にビジネスにおけるデザインの重要性が認識され始めていたからである。そして,そのような

---

[27] 『海外デザイン高等教育調査概要』UFJ 総研, 3 頁。

認識が増すにつれ，デザイン界と経済界の双方で，両者の間にあるギャップに気づくようになった。

例えば，デザインをビジネスに活用しようにも，経営者はデザイナーとどのように関われば良いのかや，デザインを開発していく際の管理の仕方などが分からない。一方のデザイナーも，企業と上手く付き合おうにも，企業の戦略やブランドの価値，企業の置かれている状況などが理解できないため，話が噛み合わない。このように，欧米では，1980年代から1990年代にかけて，デザインとビジネスが融合していく過程で双方の間にあるギャップが浮き彫りになり，その解消が課題になった。

そして，その解決策の一環として取り組まれてきたのが，デザイナーとビジネスマンの双方を対象にした新しい教育カリキュラムの導入である。欧米では，デザイン教育機関におけるデザイナーに対する一般教養教育やマネジメント教育，ビジネススクールやエンジニアリングスクールにおけるデザイン教育，さらにはデザインとビジネス，エンジニアリングを組み合わせたクロス・ディシプリン教育などが実施されてきた[28]。

例えば，米国では，Design Management Institute や Corporate Design Foundation などの職能団体が媒介となって，ハーバード大学やボストン大学などのビジネススクールや，スタンフォード大学やイリノイ工科大学などのエンジニアリングスクールでのデザイン教育の普及に力を入れてきた。また，イタリアでは，デザインの教育・研究機関であるドムスアカデミーの中に，経営プロフェッショナルのための大学院大学が開設されている。さらに，フィンランドでは，ヘルシンキ芸術デザイン大学とヘルシンキ経済大学，ヘルシンキ工科大学の3大学を統合したアアルト大学を発足させ，デザイン教育とビジネス教育，エンジニアリング教育を融合した，独自のカリキュラムを展開している[29]。

このように，欧米では，デザインをビジネスに活用するために，デザイナー

---

[28] これらの具体的な内容については，『海外デザイン高等教育調査概要』UFJ総研，5-10頁や，『デザイン教育に関する諸外国の情勢』(http://www.meti.go.jp/report/downloadfiles/g30325b063j.pdf) に詳しい。

[29] フィンランドの取り組みについては，Kao（2009）を参考にした。

と経営管理層の相互理解を促進するためのカリキュラムが双方に用意されている。ただし、いずれの教育機関においても、マス教育は行われていないため、相互理解の全体的な底上げを図るのではなく、双方を理解しているリーダーの育成を目指しているといえる。

　一方、日本では、前述したように、そのような取り組みは始まったばかりであるため、早々に結論付けることはできないが、どちらかというと、経営管理層のデザイン・マインドの育成よりも、むしろデザイナーのビジネス・マインドの育成の方が優先されていることが窺える。現時点では、マネジメント系の大学院（MBA・MOTコース）におけるデザイン教育は、ほとんど見られないからである。

2.3 海外における更なる取り組み

　さらに海外では、それらの高等・専門教育に加え、一般教育としてのデザイン教育の普及に取り組んでいる国もある[30]。

　例えば、英国では、デザインが義務教育化されている。これは、子供たちに、日常生活の中にある製品をもう一度見つめ直してもらい、気づきを与えることを目指したもので、5歳～16歳までを4つのステージに分け、「アート＆デザイン」と「デザイン＆テクノロジー」の2つのカリキュラムで教育している。また、韓国では、小さいころからデザインに関する競争の機会を与え、才能を持つ個人のデザイン力を引き上げようとしている。具体的には、小学生・中学生・高校生を対象にした韓国青少年デザイン展覧会を開催し、受賞者には進学が有利になるなどのインセンティブを与えるとともに、受賞者を輩出した学校側にも、教育部（日本の文部科学省に該当する）から高く評価されるなどのインセンティブを与えている。

　デザイナーの収入を増やしたり、デザイン産業のすそ野を広げたりするには、優秀なデザイナーの育成はもちろんのこと、デザインを正しく評価し、正当な対価を支払う消費者の育成も重要になる。なぜなら、多くの消費者がデザインを見極め、デザインについて語り合う素地が整わない限り、いくら

---

[30] 以下の英国と韓国の取り組みについては、『日経デザイン』「先進国？　途上国？　デザイン日本」2007年3月号、36-73頁を参考にした。

優れたデザインを開発しても，売上や収益には結び付かないからである。そして，売上や収益に結び付かない限り，企業もデザインに対して積極的な投資を行わないため，デザイン産業のすそ野も広がらない。

ただし，このような取り組みについては，経済産業省が関与することは難しいかもしれない。なぜなら，それらのデザイン教育の対象となる小・中・高校は，文部科学省の強い管理下にあるからである。初等教育にデザイン教育を導入しようとしても，お互いが省益や縄張り意識を捨てない限り，混乱と対立を生むだけの不幸な結果に終わる可能性が高い[31]。

3. デザインの普及・啓発

最後に，デザインの普及・啓発政策の中身を見てみると，そこには大きく2つの支援策があることが窺える。1つは，グッドデザイン賞やデザイン・エクセレント・カンパニー賞などの表彰制度であり[32]，もう1つは，シンポジウムやフォーラム，見本市などのデザイン・イベントや情報発信に関するものである。

3.1 表彰制度

まず，前者の表彰制度のうち，グッドデザイン賞は，第1節1項でも述べたように，50年以上の長い歴史を持つ表彰制度である。現在のグッドデザイン賞の前身となるグッドデザイン商品選定制度は，1957年にスタートして

---

[31] 例えば，文部科学省には，教育改革推進モデル事業があり，その中にも，「子供の感性」をキーワードにしたものがある。一方，経済産業省では，2007年からスタートした感性価値創造イニシアティブの中に感性教育モデル事業の項目がある（『経済産業省ホームページ (1)』「感性価値創造イニシアティブについて」http://www.meti.go.jp/press/20070522001/20070522_001.html）。

[32] これらの賞は現在，公益財団法人日本デザイン振興会によって運営されており，経済産業省は運営主体ではない。そのため，これらの賞を国のデザイン政策に含めることには異論があるかもしれないが，いずれの賞にも経済産業省が深く関わっている。例えば，グッドデザイン賞の金賞は経済産業大臣賞であるし，グッドデザイン賞の海外展開は経済産業省が支援している。また，デザイン・エクセレント・カンパニー賞を運営するデザイン＆ビジネスフォーラムは経済産業省の提言を受けて発足したものである。そのため，ここでは議論に含めることにした。

いる。一方，デザイン・エクセレント・カンパニー賞は，2003年に始まったばかりの新しい表彰制度である[33]。

両者の違いは，グッドデザイン賞が，消費者や企業のデザインに対する理解を深めることを目的としているのに対して，デザイン・エクセレント・カンパニー賞は，デザインの経営資源化に成功している企業を全国から探し出し，その経営スタイルをお手本として広めることを目的としている点にある。この後者のデザイン・エクセレント・カンパニー賞は，日本独自の取り組みであるが，前者のグッドデザイン賞に似た取り組みは海外にも多く見られる。例えば，米国のIDEA賞（Industrial Design Excellence Award）賞や，ドイツのiF（Industry Forum Design Hannover）賞，red dot design賞などがそうである。ただ，それらのデザイン賞とグッドデザイン賞とでは，以下の2点で異なっている。

1つは，海外のデザイン賞は，その受賞企業の多くが自国以外の企業であり，国際的な賞として認知されていることである。例えば，IDEA賞では，自国企業の受賞比率は84％で，iF賞では，自国企業の受賞比率は52％である[34]。それに対して，グッドデザイン賞の受賞企業の92％は国内企業であり，国際的な賞として認知されていない。

そして，もう1つは，海外のデザイン賞は，市場で上手く機能している点である。例えば，ドイツでは，デザイン賞に対する認識が一般にも根づき，工業デザインに対する期待は高い。その一方で，日本では，ドイツほどデザイン賞が市場で上手く機能していない[35]。つまり，グッドデザイン賞の受賞を示すGマークの取得が，必ずしも商品の販売に貢献していないのである[36]。そのため，同賞を主催者する日本デザイン振興会では，受賞の対象領域や賞の構成の見直しをはじめ，審査会を一般公開したり，イヤーブックを刊行した

---

[33] 『週刊ダイヤモンド』「デザイン・エクセレント・カンパニー賞」2008年8月2日号，82-84頁および，デザイン＆ビジネスフォーラム編（2005）。
[34] 『戦略的デザイン活用研究会報告』（http://www.meti.go.jp/policy/mono_info_service/mono/human-design/kennkyuukaihoukoku.html）。
[35] 『日経デザイン』「デザイン・イベント詳報」2009年5月号，93頁。
[36] 『戦略的デザイン活用研究会報告』（http://www.meti.go.jp/policy/mono_info_ service/mono/human-design/kennkyuukaihoukoku.html）。

りするなど，様々な改革に取り組んでいる[37]。

3.2 情報発信

次に，デザイン・イベントや情報発信に関する取り組みを見てみると，その中身がとても多様であることに気づく[38]。ここでいう多様とは，単にメニューの種類が豊富というだけでなく，恒常的な取り組みもあれば，時限的なもの，毎年新たに生まれるものなど，様々な性格のものがあるという意味である。

①多様なデザイン・イベント

例えば，世界各国のデザイン活動を日本に紹介したり，日本のデザイン活動を世界に紹介したりする国際デザイン・シンポジウムや，デザイン・コンペティションやワークショップを実施する国際デザイン・ビジネス交流事業などは，従来からある恒常的な取り組みである。その一方で，世界の著名なデザイン見本市への出展企業を選抜する sozo_comm 展は，2007年から2010年までの3年間の期限を区切った取り組みである[39]。そのほか，東京インテリア・デザイン・ウィークは，東京国際家具見本市，JAPANTEX，東京デザイナーズ・ウィーク（現・デザイン・ウィーク）などの既存のデザイン・イベントと連携した新しいイベントである。

国内外に，日本のデザイン力をアピールし，それを認知させるには情報発信は重要であり，様々なイベントを開催したり，一定年限にイベントを集中的に展開したりすることには，一定の意義はあると考えられる。しかし，現状を見る限り，取り組みがあまりにも多岐にわたり過ぎており，それぞれの関係が分かりにくい。特に2007年以降は，感性価値創造イニシアティブの

---

[37] 『日本デザイン振興会ホームページ』「グッドデザイン賞の歴史」(http://www.g-mark.org/aginfo/aginfo_01.html)。
[38] 以下の取り組みの概要については，『日経デザイン』「先進国？ 途上国？ デザイン日本」2007年3月号，36-73頁と，『感性価値創造イニシアティブ 感性21報告書』経済産業省を参考にした。
[39] 『日経デザイン』「sozo_comm 日本ブランドを欧州に売るプラットフォーム役を担う」2008年1月号，98-103頁。

開始と相まって新たに，感性価値創造ミュージアムやインテレクチャル・カフェ国際シンポジウム，JAPAN 国際コンテンツフェスティバルなどのイベントが立ち上げられたため，より複雑な状況が生まれている。もちろん，経済産業省としても，様々なイベントを同時期に集中開催したり，日程が集約できないイベントについては，広報面で連携したりするよう努力しているものの（経済産業省, 2007），それほど整理・統合が進んでおらず，現状では「屋上屋を重ねる」状態になってしまっている。

②従来からある問題点

従来から，日本のデザイン・イベントは，海外に比べて数が多いだけでなく，それぞれの役割が分かりにくいとの批判があった[40]。例えば，東京近郊で開かれる主要なデザイン・イベントだけでも，以下のようなものがある（図表Ⅱ-1-1参照）。

これらのイベントは，各業界のニーズに応じて，自然発生的に成長してきたため，それぞれのイベントには既に多くの利害関係者が存在しており，統合・連携を図ることはそれほど容易ではない[41]。

例えば，テキスタイル企業は，家具と比べて商品ライフサイクルが短いので，1年に2回見本市が開かれることが望ましい。そのため，10-11月の秋季だけにイベントを集約されたくはない。一方，地場産業にとっては，6月開催の見本市には新製品を投入しにくいため，秋季のイベントは不可欠である。なぜなら，国や自治体などから支援を受けている中小企業にとっては，予算付けができないからである。4月から支援事業がスタートして，6月に見本市では，製品の開発が間に合わない。さらに，買い付ける側のバイヤーにとっても事情がある。11月に家具がメインになると，雑貨のバイヤーは，そこで春物を買い付けることができない。そのため，インターナショナル・ギフトショーなどの別のデザイン・イベントを探す必要が出てくる。

---

[40] 『日経デザイン』「東京をデザインで輝かせるために」2010年2月号，58-63頁。
[41] 以下の具体的な内容については，『日経デザイン』「東京をデザインで輝かせるために」2010年2月号，58-63頁にある，イベント関係等の発言を参考にした。

図表Ⅱ-1-1　東京近郊で開かれる主要なデザイン・イベント

イベント名	内容
東京デザイナーズ・ウィーク（現・東京デザイン・ウィーク）	10月末開催。
デザインタイド東京	11月開催。B to Bのトレードショーをベースに BtoC でも実施。幅広いデザイン領域をカバーし，デザイナーの発表の場を担う。
IPEC（Interior Pro Ex Co）	11月開催。インテリアのB to Bのトレードショー。
インテリア・ライフスタイル	6月開催。バイヤーへの販売を目的とした生活雑貨メインのB to Bの見本市。
インテリア・ライフスタイル・リビング	11月開催。バイヤーへの販売を目的とした家具メインのB to Bの見本市。

出所：『日経デザイン』「東京をデザインで輝かせるために」2010年2月号，58-63頁を参考に筆者作成。

　このように，日本では，多くのデザイン・イベントが乱立しているだけでなく，それらの間の連携も不足している。しかも，それらの整理・統合が進まないうちに，近年では経済産業省主導のもと，新たなイベントが相次いで立ち上げられており，情報発信力が分散される傾向が強い。その結果，日本のデザイン・イベントはいずれも，認知度においても，来場客数においても，イタリアのミラノサローネや，フランスのメゾン・エ・オブジェ，ドイツのアンビエンテのような国際的なイベントになりきれていない。

　日本のデザイン力をアピールし，それを認知させるには，海外への売り込みも大事であるが，同時に海外のバイヤーや観光客の呼び込みも大事になる。その意味では，イベントを集約した方が，一度にいろいろなものを見せることができるため，商機が広がるだけでなく，外国人が日本に滞在する時間も長くなる。長期間滞在して，様々なイベントをハシゴしようと考えてくれるからである。また，日本に滞在してもらうことで，日本の文化を直に体験してもらえるなどのメリットもある。

3 本章のまとめ

　以上では，様々な視点から，日本のデザイン政策の現状と課題を明らかにしてきた。改めて，以上で明らかになった要点を整理すると，それは**図表Ⅱ-1-2**のようになる。

　これらの要点を見ていると，日本のデザイン政策の特徴として，以下の4点が浮かび上がってくる。1つ目は，後発であるということ，2つ目は，未だにモノづくり重視であるということ，3つ目は，低予算であるということ，そして，4つ目は，分散投資であるということである。

　日本では，長い間，製造業の国際競争力が強かった。そのため，デザインに目を向けるタイミングが遅れた。つまり，日本は，デザイン政策の後発国

図表Ⅱ-1-2　日本のデザイン政策に関する要点の整理

要点①	日本において，デザインを積極的に活用するための政策が動き始めたのは，2000年代中盤以降のことであり，その歴史は浅い。また，スタートのタイミングも，諸外国に較べれば遅い。
要点②	日本のデザイン政策には，中小の製造企業向けの支援策が多く見られる一方で，デザイナーの独立やデザイン事務所の事業支援に関する施策が手薄である。
要点③	それらの支援策の運営方法を見てみると，日本では，細かな規定が多い一方で，その規定さえクリアすれば，後はほとんど制約が課せられていない。つまり，結果責任が問われないため，（優秀な現場に集中的に資金が投資されているのでなく）分散投資に陥っている。
要点④	それらの支援策の予算規模を見てみると，様々な条件を考慮したとしても，諸外国に比べ十分な規模とは言い難い。低予算である。
要点⑤	日本は，デザイン教育のスタートが諸外国に比べて遅いだけでなく，教育対象の幅も狭く，偏っている（現時点では，デザイナーのビジネス・マインドの育成が優先されているように見える）。
要点⑥	グッドデザイン賞は海外のデザイン賞と違い，受賞企業の多くが自国企業であり，国際的な賞として認知されていない。また，国内市場でもそれほど上手く機能しているとは言い難い。
要点⑦	日本には，多くのデザイン・イベントが乱立し，かつ，それらの間の連携が不足しているため，情報発信力が分散する傾向が強い。その結果，いずれのイベントも，国際的なイベントになりきれていない。

出所：筆者作成。

なのである。そして，近年になって，ようやく政策の転換が図られるようになったものの，未だに科学技術信仰が強いため，なかなかデザインに政策のウェイトを切り替えることができないでいる。日本では，あくまでモノづくり支援の一環として，デザインを捉える傾向が強いため，デザイナーを直接支援しようという意識はそれほど強くない。

　また，本来，「出遅れを挽回せねばならない」立場であれば，先行者よりも大量の資金投入が必要なはずである。先行者と同じペースで走っていては，いつまでたっても追い付くことができないからである。しかし，現在の予算規模を見る限りでは，追い付くに足る規模には至っていない。さらに，その少ない予算の配分・使用方法にも問題がある。事業支援に用いる場合であっても，情報発信に用いる場合であっても，投資が分散される傾向が強いのである。そのため，今の姿勢のまま，予算だけを増やしても，どれだけ効果が上がるかは疑問である。

　もちろん，時間の経過に伴い，いくらかの改善や制度の充実は見られるものの，デザインを今後の基幹産業として位置付けるのであれば，根本的な見直しが必要になると考えられる。その中でも，特に優先すべきは，人材育成支援策の見直しであろう。デザイン産業を支えるのは，結局のところ「人」だからである。

　具体的には，まず，優れた人材を集めるために，デザイナーやデザイン事務所が十分な生計を立てることができるようサポートし，デザイン産業のパイの拡大を図る必要がある。ただし，その際には，助成金をばらまくのではなく，優れた仕事をしている現場に資金を集中的に投入する必要がある。そして，それを実現するには，行政側の積極的な関与が必要になる。現在のように，事前審査に重点を置くのではなく，事後に成果をきちんと評価し，結果責任を追及する姿勢が必要になる。つまり，これまでのように，「受け皿だけを作って，後は企業の自助努力に任せる」という姿勢からの脱却が求められるのである。

> **付録:日本のデザイン政策を知るのに有用なウェブサイト**
> - 『経済産業省ホームページ』「戦略的デザイン活用研究会報告」(http://www.meti.go.jp/policy/mono_info_service/mono/human-design/kennkyuukaihoukoku.html)。
> - 『日本デザイン振興会ホームページ』「海外デザイン高等教育調査概要」(http://www.jidp.or.jp/activity/next-generation/2003/pdf/kaigai-design.pdf)。

■ 参考文献

- 喜多俊之(2007)『ヒット商品を創るデザインの力』日本経済新聞出版社。
- デザイン&ビジネスフォーラム編(2005)『デザイン・エクセレント・カンパニー賞』ダイヤモンド社。
- 鳥取絹子(2008)『フランスのブランド美学』文化出版社。
- 長谷川光一(2013)「デザイン政策・デザイン活動の定量的測定の試みI」『Design Protect』第26巻第4号,74-80頁。
- 森永泰史(2010)『デザイン重視の製品開発:製品開発とブランド構築のインタセクション』白桃書房。
- 森永泰史(2011)「デザイン・イノベーションの論理」『経営論集』第8巻第3・4合併号,1-9頁。
- Kao, J. (2009) "Tapping the World's innovation hot spots," *Harvard Business Review*, Vol.87 No.3, pp.109-114.

補講⑫：クールジャパン政策を巡る批判あれこれ

2013年11月，クールジャパン機構（正式名称：海外需要開拓支援機構）が創設され，官民合わせて375億円の基金が拠出された[1]。クールジャパン機構に集められた基金は企業の海外展開などを助け，代わりに支援企業の株式を少し保有するなどの形で運用される。

当該ファンドの投資先は当初，日本のアニメなどを配信するコンテンツ事業のみを想定していたが，途中から家電や農産品などの物販も対象に加えられた[2]。その結果，現時点では，コンテンツ，食文化，ファッション，生活，おもてなしの5分野がその投資対象になっている。

このように投資対象が拡大していった背景には，大きく次の2つの要因があるとされている。1つは，公平性確保のためである。かつて経済産業省でクールジャパン政策を担当した三原龍太郎氏の以下の発言が示すように，税金でファンドを設立すると公平性を確保するため，どうしてもメリハリが利きにくくなる。

「『外国人が好む日本のコンテンツを外貨に変える』ことが政策の起点だったはずなのだが，いつしか『日本の魅力を海外に伝える』政策へと変質していった。（中略）アニメにフォーカスしたらしたで，不公平だ，悪しきターゲット政策だと文句を言われる。税金を使う以上，公平性の担保は必要。国からはなかなか『これからはアニメだ』とは言えない」[3]

そして，もう1つは，予算の金額を上積みするため（あるいは，省益確保

---

[1] 『週刊ダイヤモンド』「クールジャパン：ただのPRにとどまらないもうかるニッポンを目指す」2013年12月28日・2014年1月4日新年合併号，136頁。

[2] 『日本経済新聞』「クールジャパン　選定基準は？」2013年8月26日。

[3] 『日経ビジネス』「コンテンツ強国へ」2014年7月14日号，24-39頁。

のため）である[4]。経済産業省では，当初，コンテンツ事業の海外展開だけでは十分な予算を確保することが難しいと考えたため，コンテンツに加え，家電や農産品などの物販も対象に含めた。その結果，2013年度予算では，経済産業省が要求した400億円を100億円も上回る500億円もの予算を確保することができた[5]。

このように，クールジャパン機構は当初の想定よりも肥大化しており，そのことに対する批判は多い。しかし，それ以外にも次のような批判がある。

(1) そもそもの存在意義

まず1つ目の批判は，そもそも，このような事業を政府が行う必要があるのかというものである。通常，民間ができることを政府がやってしまうと，民業圧迫になるため，政府が行ってよいのは，投資の成果が出るまで時間がかかる案件や，個別の事例が小粒なため束ねないと投資の成功が見込めない場合などに限られる。

そして，この点に関していえば，クールジャパン機構では，5年以上の長期投資を想定していて，民間とのバッティングを避けようとしている。また，海外で見本市などを行う際には，業界を横断して日本の良さをアピールするなど，「業界単位ではできないような展示の見せ方」を意識するとされている[6]。その意味で，ある程度は，民間との棲み分けを意識しているといえる。

(2) 政策の中身に対する疑問

2つ目の批判は，政策の中身に関するものである。具体的には，規制緩和や環境整備など，本来，政府が行うべき支援が行われていないというも

---

[4] 『日本経済新聞』「クールジャパン　選定基準は？」2013年8月26日。
[5] 『INSIDE』「クールジャパン推進に500億円　税金でクールな文化は作れるのか」(http://www.inside-games.jp/article/2013/02/06/63633.html)。
[6] 『AXIS』「OPINION」2011年4月号，61-65頁。

のである[7]。政府のクールジャパン事業では，企業の海外展開や訪日外国人の増加に力点が置かれている反面，国内のクリエーター支援や人材育成にはほとんど力点が置かれていない。つまり，規制を緩和して，国内の企業やクリエーターの仕事をやりやすくしたり，クリエーターの仕事の価値が正当に評価されるように環境を整えたり，海外で日本のクリエーターが活動しやすいように規制を減らす交渉をしたり，といったことにはあまり積極的に取り組んでいないのである。規制緩和は政府にしかできない仕事であるため，本来は，個別の企業や催しに投資することよりも，それらの作業の方が求められる。

また，政策の中身に関する上記以外の批判としては，せっかくコンテンツに加え，家電や農産品などの物販も投資対象に含まれているのに，それらを連携させる努力があまりなされていないというものもある[8]。例えば，韓国では，音楽やドラマなどのコンテンツで認知度を高めることが韓国のイメージを上げ，それが後に，韓国メーカーの製品の購買や自国への観光客増加につながるとして，コンテンツ産業と製造業の連携を促進している（韓国では，コンテンツの輸出が100ドル伸びると，製品の輸出は412ドルも伸びると推計されている）。その意味で，日本政府がなすべきことは，伝統的な製造業とコンテンツ産業の距離を縮め，両者をつなげることにあるといえる。

(3) 政策の実行能力に対する疑問

そして，3つ目の批判は，政策の実行能力に関するものである[9]。具体的には，行政サイドの目利き能力のなさを心配するものである。そもそも，クールジャパン機構のような政府系ファンドが投資に失敗すると，その原資が税金である分，強い批判を浴びることが多い。しかし，だからといって，確実に回収できるものだけに投資を絞るのでは意味がない。民業圧迫になるからである。そのため，官が主導するファンドであっても，民間以

---

[7] 『日本経済新聞』「社説　民が創る新成長モデル」2012年8月13日。

[8] 『日本経済新聞』「クールジャパン　なぜ韓流に出遅れたのか」2012年4月13日。

上のセンスが必要になる。つまり，難しい投資案件を選別する目利き能力が必要になるのである。しかし，経済産業省内には支援先事業を精査できる目利きはほとんどいない[10]。また，民間の助けを借りようにも，その場合は，行政サイドの誰が，どのようにして，民間にいる目利きを選ぶかが問題になる[11]。

この点につき，現状を見てみると，クールジャパン機構では複数の民間企業と連携を図るとともに，投資対象選びも民間企業にゆだねている。例えば，電通はクールジャパン機構と連携して，ジャパン・モールの出店や中小企業の海外進出を後押ししようとしているし，アサツーディ・ケイは，コンテンツの海外展開を支援するADKクールジャパン事業推進室を設立して，単独での海外進出が難しい中小企業を支援しようとしている（日本のコンテンツ配信業者の9割は従業員100名未満の中小企業である）[12]。

9　ここでは，投資を行う行政サイドの問題を提示しているが，支援の受け手である企業の側にも問題はある。『日本経済新聞』「企業と成長戦略（下）」2013年10月21日によると，「補助金と勘違いしている企業も多い」とか，「（問い合わせは多いものの）綿密な事業計画を示せる企業は少ない。とにかくお金が欲しいとの本音も見え隠れする」など，企業側の意識にも問題があるとされている。
10　『日本経済新聞』「クールジャパン　選定基準は？」2013年8月26日。
11　『日本経済新聞』「民がやれぬ案件限定」2013年12月29日。
12　『日本経済新聞』「クールジャパン推進」2013年11月25日。

補講⑬：少子化がデザイン業界もむしばむ

　2000年代に入ってからというもの，少子化を巡る問題が新聞やニュースで連日のように取り上げられるようになっている。そこでのトピックは，労働人口の減少や地方の衰退，移民政策についての賛否など多岐にわたるが，そのような現象は，デザイン業界にも徐々にダメージを与え始めている。

(1) 少子化がもたらす競争の鈍化

　まず，少子化は，デザイナーを志望する学生の数を徐々に減少させ，受験競争の鈍化を招く。もちろん，これらの事象はデザイン系の大学に限ったことではないが，デザイン系に特有の問題の1つは，元々の母集団が小さいことである。そもそも，デザイン系の大学への進学者数はそれほど多くない。芸術・美術大学というより広い枠組みで見ても，2000年代前半の志願者数は平均して55,000人程度しかいない[1]。この少ない志願者数がさらに少なくなっていくのである。

　そして，もう1つの問題は，純粋な芸術・美術大学はもとより，一般大学でのデザイン学科の乱立である。工学部や生活科学部などにデザインやインテリアを学べる学科を設ける大学が増えるなど，限られた受験生を取り合う状態になっている[2]。なお，それらの学部にデザインやインテリアを学べる学科を設ける大学が増えた背景には，デザイン系の学科の設置・運営コストの安さがある。特に理系の学科を新設する場合，デザイン系の学科には，それほど大がかりな実験設備などは必要ないため，学科の設置・運営コストを低く抑えることができる。

　このように，行き先さえ選ばなければ大学に進学できる（いわゆる，全入

---

[1] 『読売新聞』「美術離れ防げ ライバル連携」2008年8月12日。
[2] このような美大離れの危機感が，これまでならありえなかったライバル同士の連携を生んでいる。帝国美術学校を母体とし，戦前にたもとを分かった武蔵野美術大学と多摩美術大学が，2008年度のオープンキャンパスで，合同説明会を開くなどの斬新な取り組みが始まっている（『読売新聞』「美術離れ防げ ライバル連携」2008年8月12日）。

の）状況下では，競争力のあるデザイナーの卵を育てることは難しい。問題意識が希薄なまま，単に絵を描くことが好きだからという理由で進学してくる学生も多いと聞く。また，学科の増設や新設に伴って，専攻や進学先の細分化が進んだ結果，志願者が分散され，ますます競争が停滞するようになっている。

(2) 少子化がもたらす質的変化

さらに，少子化はそれらの量の変化に加え，質の変化ももたらしている。それは，女子学生の増加である。デザイン系の大学を見ると，女子学生の比率が極めて高くなっており，その比率が7割を超えるような大学も珍しくない[3]。その背景には，「一人っ子の増加」→「（第Ⅱ部の第1章でも見たように）芸大や美大を出てもデザイナーとしての就職口がないため，一人息子を持つ親の敬遠」→「結果として女子学生が相対的に増加」というメカニズムが働いているようである。女子学生の増加自体，何の問題もないものの，専攻するデザイン分野の偏りが問題となっている。グラフィックやアパレル，インテリアなどの領域には志望者が多い反面，プロダクトデザインやインタフェイス・デザインなどの領域が手薄になっているからである。どうも後者の領域は，「男の世界」というイメージが根強く残っているようである。

したがって，以上のようなトレンドを食い止めるには，まずは男女を問わず，多くの志願者を集めるために，デザイナーがお金を稼げる憧れの職業になる必要がある。さらに，特に志願者が少ないプロダクトデザインやインタフェイス・デザインなどの領域では，「男の世界」というステレオタイプのイメージを払しょくするとともに，実際に女性が活躍できるよう，社内のインフラを整備する必要がある。少子化はデザイン業界にとっても他人ごとではない。それどころか，大きなダメージを与える可能性がある。先を見越した対策が求められる。

---

[3] 『日経ビジネスオンライン』「女子学生にも知ってほしい自動車デザインという仕事」(http://business.nikkeibp.co.jp /article/ tech/ 20070907/134306/?ST= nboprint)。

第2章
デザインと地域振興

学習の狙い
- デザインによる地域振興の実態を理解すること
- デザインによる地域振興を妨げているハードルがどこにあるのかを理解すること
- そのハードルを乗り越えるための方針を理解すること

キーワードは「総合力」

　近年，デザインを活用して地域振興を図ろうとする動きが活発化している。しかし，一般に「デザインの活用」というと，いかに優れたデザイナーを探し出し，彼らといくらで・どのように契約し，優れたデザインを創出するかにばかり関心が向けられてしまう。また，実際に，デザインの活用を指南する書物などを見ても，その部分の解説に多くのページが割かれている。例えば，『中小企業のデザイン戦略』（PHPビジネス新書）では，総ページ数の6割以上がデザイナーとの協業に向けた解説で占められている。

　このように，デザインの活用というと，デザイナーとの関わり方にばかり焦点が当てられてしまうことが多い。もちろん，優れたデザインを開発することは，デザインを活用する上での必要条件ではある。しかし，十分条件ではない。デザインを有効活用するには，優れたデザインの開発だけでなく，製造や販売など，企業経営の隅々にまで，デザイン重視の姿勢を浸透させることが必要になる。つまり，企業としての「総合力」が求められるのである。本章では，日本のみならず，デザインによる地域振興の成功例として取り上げられることの多いイタリアの取り組みにも注目して，その理由を明らかにしてみたい。

1 デザインによる地域振興の実態

　日本において，地場産業や伝統工芸品産業の衰退が指摘されて久しい。それらの多くは，ライフスタイルの変化についていけず，ユーザーを見失って，長い間漂流してきた。漂流が始まるのは，日本が高度経済成長に突入する1960年代からである。高度経済成長に伴い，大量生産・大量消費の時代が到来したことで，手作業が中心で割高な伝統工芸品は，市場から徐々に駆逐されていった。

　例えば，漆器はプラスチックの器に，着物は洋服に，ガラスはアクリルに，和紙は化学合成の紙に移行していった（喜多，2009）。また時を同じくして，都市化も始まり，多くの人が田舎の一軒家を捨てて，都会の手狭な団地やマンションに移り住むようになった。その結果，家屋の納屋化が進み，暮らしの節目や晴れの行事に使われることの多かった伝統工芸品は押し入れに仕舞われ，日の目を見なくなり，徐々に廃れていった（喜多，2007）。

　そのような状況に対して国も危機感を抱き，1974年には，伝統的工芸品産業の振興に関する法律（いわゆる，伝産法）が制定された[1]。しかし，一時的には改善が見られたものの，結局はコストの安い輸入品に押され，衰退は進行していった。伝統工芸品の生産額は，現在では，最盛期の1/3（1983年＝5,406億円→2006年＝1,772億円）にまで落ち込んでいる（図表Ⅱ-2-1参照）。

　そのため，各地では様々な地域振興が行われてきたが，近年では，特にデザインを活用した地域振興が盛んになっている（図表Ⅱ-2-2参照）。その契機となったのは，中小企業庁が2004年に始めたJAPANブランド育成支援事

1　当該法律は，「一定の地域で主として伝統的な技術又は技法等を用いて製造される伝統的工芸品が，民衆の生活の中ではぐくまれ受け継がれてきたこと及び将来もそれが存続し続ける基盤があることにかんがみ，このような伝統的工芸品の産業の振興を図り，もつて国民の生活に豊かさと潤いを与えるとともに地域経済の発展に寄与し，国民経済の健全な発展に寄与すること」を目的として制定されたものである（『経済産業省ホームページ』「通知通達一覧 伝統的工芸品産業の振興に関する法律」http://www.meti.go.jp/policy/tsutatsutou/018dentou.html）。

図表Ⅱ-2-1 伝統工芸品の産業出荷額

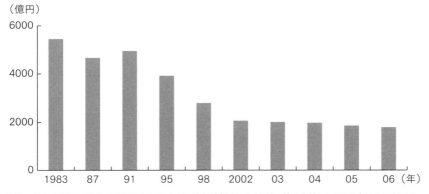

出所：(財) 伝統的工芸品産業振興会の調べ（『日本経済新聞』「匠の技，続々海外へ」2008年10月15日）。

図表Ⅱ-2-2 デザイナーと地場産業の協業の一例

プロジェクト名 あるいは製品名	デザイナー あるいは推進機構	対象地域と伝統工芸の種類	開始時期
AKITANOHIKARI プロジェクト	橋本夕紀夫＋ YOnoBI	秋田県（曲げわっぱ，桶樽，漆器，樺細工）	2009年
ARITA nanakura HANA	喜多俊之	佐賀県（有田焼）	2003年
百年物語	黒川玲＋NICO （にいがた産業創造機構）	新潟県（焼き物，繊維，桐細工）	2003年
BITOWA	塚本カナエ	福島県（会津塗）	2004年
山形工房	奥山清行	山形県（山形鋳物，木工，カーペット）	2003年
美濃焼プロジェクト	オリベデザインセンター	岐阜県（美濃焼）	2006年
SAJICA	Team Okawa	福岡県（家具・木工）	2004年
enn	左合ひとみ	新潟県（洋食器）	2005年

出所：筆者作成。
※これらの事例の出所は以下の通りである。
- 「AKITANOHIKARIプロジェクト」と「ARITA nanakura HANA」，「百年物語」，「BITOWA」
  :『Discover Japan』「いま世界が認める日本カルチャー」2010年4月号, 10-88頁。
- 「山形工房」:『日経デザイン』「NDインタビュー奥山清行」2008年7月号, 88-91頁。
- 「美濃焼プロジェクト」:『日経デザイン』「デザインベンチャーの挑戦⑦　オリベデザインセンター美濃焼プロジェクト」2007年9月号, 86-93頁。
- 「SAJICA」:『日経デザイン』「デザインベンチャーの挑戦①　SAJICA/福岡県大川市」2007年2月号, 90-97頁。
- 「enn」:『日経デザイン』「デザインベンチャーの挑戦③　enn/新潟県燕市」2007年4月号, 78-81頁。

業と，2005年に始めた新連携対策支援事業である[2]。前者のJAPANブランド育成支援事業とは，地場産業がデザイナーと協業して，新しい発想を持った製品を開発したり，その製品を販売促進したりするのを支援するためのプログラムで，後者の新連携対策支援事業とは，複数の中小企業が連携して，新製品を共同で開発するのを支援するためのプログラムである[3]。

地盤沈下に苦しむ地場産業のいくつかは，これらのプログラムを活用して，デザインを重視した新製品の開発に乗り出し始めた。デザインに秀でた製品の開発に成功すれば，付加価値の創出や販路の拡大（例えば，これまで取引のなかった百貨店やセレクトショップ，海外市場への進出），販売量の増加に伴うコストダウンの実現（例えば，材料の大量仕入れ・製品の大量生産による量産効果）など，様々な効果が期待されるからである。

しかし，デザインに秀でた製品を開発することが即，付加価値の創出や新市場の開拓につながるわけではない（第Ⅱ部の序章参照）。また，当該プログラムを活用して成功している企業やプロジェクトは，全体の半数にも満たないとの報告もある[4]。つまり，デザインに秀でた製品を開発することと，それらの効果を得ることとの間には，ブラックボックスが存在しているのである（図表Ⅱ-2-3参照）。それでは，デザインによる地域振興を成功に導くには，企業はどのような点に注意を払わなければならないのであろうか。また，それはなぜであろうか。

---

[2] 『日経デザイン』「先進国？ 途上国？ デザイン日本」2007年3月号，36-73頁。

[3] 後者の新連携対策支援事業を活用する企業には，中小の部品メーカーや素材メーカーが多く，かつ，当該事業を活用して，はじめて自社ブランドを立ち上げようとするケースが多い。その理由の1つは，近年になって，大手製造企業の生産拠点の海外移転が加速しているためである。海外移転に同行する体力のない中小企業が，国内でモノづくりを続けるには，自社ブランドを立ち上げて，脱下請けを図るしかない（『日本経済新聞』「ものづくり逆風下の挑戦（下）　脱下請けで生き残り」2009年10月15日）。そして，もう1つの理由は，代替品の台頭や外国製の安価な部品・素材の流入の増加である（『日本経済新聞』「消費者向け製品 素材中小が参入」2009年6月24日）。しかし，これまで大企業の下請けで，最終製品を作った経験がないことや，高い人件費をカバーし得る付加価値を得る必要があるため，デザイナーと連携することが多い。

[4] 『日本経済新聞』「世界発信，発想の転換カギ」2007年4月25日。

図表Ⅱ-2-3 「デザインに秀でた製品の開発」と「効果」との間にあるブラックボックス

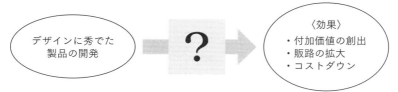

出所：筆者作成。

2 乗り越えなければならないハードル

　ここでは，まず，デザインによる地域振興を成功に導く上で，どのようなハードルを乗り越えなければならないのかについて考えてみたい。

　前述したように，経験上，デザインに秀でた製品の開発に成功すれば，付加価値の創出や販路の拡大，販売量の増加に伴うコストダウンなど，様々な効果が得られることは分かっている。しかし，同時に，デザインに秀でた製品の開発が必ずしも，それらの効果の獲得に結びつかないことも分かっている。つまり，付加価値を創出したり，新市場を開拓したりするには，優れたデザインの開発とは別のハードルを乗り越える必要があるのである。それでは，デザインを有効活用するには，企業はどのようなハードルを乗り越える必要があるのであろうか。

1. 当初の筋書き

　通常，デザインを地域振興に活用すると決める背景には，次のような筋書きがあると考えられる（**図表Ⅱ-2-4** 参照）。

　まず，日本は諸外国（特に，アジア諸国）に比べ人件費が高いだけでなく，今後は原材料費も高騰していく傾向が見られるため，なんとかして価格競争からの脱却を図りたい。そして，そのためには，自分たちが持っている技術や素材でしか実現できない，模倣困難でオリジナリティのあるデザインを開発して消費者に希少性をアピールし，製品の高付加価値化を図りたい。そもそも，伝統工芸の技術は，長い歴史の中で作り上げられた技術であるため，

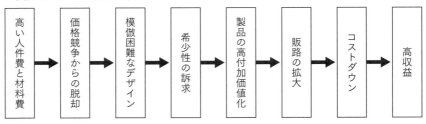

図表Ⅱ-2-4　当初の筋書き

出所：筆者作成。

すぐに真似することは難しい。また，地場産業の中には，地元でしか調達できない素材を使っている企業も多く，その意味でも模倣困難性を有している。そして，そのような高付加価値化を実現することで，販路の拡大を図り，販売量を増加させることで，規模の経済を活かしてコストダウンを図りたい。さらに，その先には，付加価値の創出とコストダウンの達成による，高収益の実現という筋書きがある。

2. 2つのハードル

これらの筋書きは，一見すると，スムーズで切れ目がなく，抜け目もないように見える。しかし，実際の筋書きと照らし合わせてみると，次の2つのハードルが見落とされていることが窺える（**図表Ⅱ-2-5**参照）。

まず，1つ目のハードルは，「製品の高付加価値化」と「販路の拡大」との間にある。デザインに秀でた高価格製品を開発したからといって，販路の拡大は容易ではない。なぜなら，ここでターゲットにされているのは，高価格製品を取り扱うラグジュアリー市場やアッパーミドル市場だからである。それらの市場では，消費者やバイヤーとの信頼関係や価格に見合った売り方などが重要になってくる。つまり，ブランドの構築が大事になってくるのである。しかし，それは容易なことではない。

そして，もう1つのハードルは，「販路の拡大」と「コストダウン」との間にある。販路を拡大して，受注量を増やすことが自動的にコストダウンにつながるわけではない。そもそも，地場産業の多くは，手作業が中心で生産性が低いという欠点を抱えている。そのため，販路の拡大に伴い，いかにし

figure II-2-5 実際の筋書き

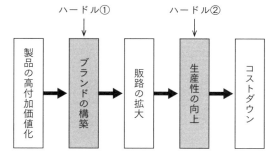

出所:筆者作成。

て生産性を向上させていくかが課題になる。以下では,それぞれのハードルについて詳細に説明していく。

2.1 ブランドの構築というハードル

まず,1つ目のハードルである「ブランドの構築」について考えてみたい。前述したように,デザインを地域振興に活用するには,ブランドの構築が必要になってくる。それでは,デザインに突破口を見出そうとする地場産業は,どのようにして,そのハードルを乗り越えていけばよいのであろうか。

①継続性

まず,重要になるのが継続性である。消費者がブランド品に高いお金を払うのは,そのブランドに対する信頼があるからである。そして,その信頼は,消費者との長い付き合いの中で,徐々に形成されていくものである。つまり,ブランドとは,それまで消費者との間で積み上げてきた期待を裏切らないという約束,あるいは,それを上回る満足感を提供するという約束なのである(Aaker, 1996)。

このように,ブランドは,消費者との信頼関係の上に成り立っており,それを構築するには,長い時間が必要になる。一朝一夕で信頼関係を構築することは難しい。そのため,デザインを地域振興に活用する場合には,その作業を継続して行うことが求められる。消費者と信頼関係を築けない限り,ラ

グジュアリー市場やアッパーミドル市場で売上を確保することは難しい。したがって，デザインの活用に舵を切った地場産業には，信頼が構築されるまでの数年間は利益が出なくても，取り組みを継続するという覚悟が必要になるのである（奥山，2007b；喜多，2009）。

　また，デザインに秀でた製品を見本市や展示会に出展する場合には，消費者だけでなく，バイヤーとの信頼構築も重要になる。特に，欧米のバイヤーとの間で信頼関係を構築するには，継続性が重要になる。デザインの活用に舵を切った地場産業の中には，いきなり海外市場の開拓を目指す企業も多い。なぜなら，海外の方が，生活雑貨や家具のラグジュアリー市場やアッパーミドル市場の規模が大きい（あるいは，日本では，それらの市場が十分に育っていない）からである[5]。しかし，海外のバイヤーから信頼を得るには，新参者である分，長期間にわたる継続的なコンタクトや，頻繁なコミュニケーションなどが必要になる[6]。そして，そのためには，事前に海外のマーケット事情や欧米のバイヤーの商習慣などを理解しておく必要がある。

　例えば，欧米のバイヤーにとって最も重要なのがクリスマス商戦である。したがって，年初から春までの見本市で商談が成立するケースはほとんどない。むしろ夏から9月ぐらいまでの見本市で商談が成立することが多い。しかし，9月までに商談を結ぶには，年初や春の見本市から出展し，彼らのアドバイスを反映したラインナップを夏までに揃えておく必要がある[7]。また，ドイツのアンビエンテやフランスのメゾン・エ・オブジェなどの欧州のメ

---

[5] 『日経デザイン』「先進国？途上国？　デザイン日本」2007年3月号，65頁。

[6] 欧州における日本製家具の位置づけについては，以下の記述が参考になる。「そもそも，欧州市場では，日本製の家具に対してなじみがない。イスひとつをとっても，我々の生活の中での歴史は浅く，そうした市場から生まれたイスに対する評価も決して高くない。また，日本の家具産業自体が数年前まで輸出産業として成立しておらず，ここ数年でもブランドとして認知されているケースはほとんどない。北欧家具，イタリア家具といえば，それなりのイメージはあるが，日本の家具といってもピンとこないというのが，欧州のバイヤーの本音ではないだろうか。」（『日経デザイン』「デザインベンチャーの挑戦①　SAJICA/福岡県大川市」2007年2月号，96頁）。

[7] 『日経デザイン』「デザインベンチャーの挑戦④　monacca/高知県馬路村」2007年5月号，90頁。

図表Ⅱ-2-6　JAPAN ブランド育成支援事業の支援金配分

戦略策定段階	ブランド確立段階		
0年目	1年目	2年目	3年目
定額補助 500万円	2,000万円（3,000万円規模の3分の2までを補助）	1年目と同じ 2,000万円	1,2年目と同じ 2,000万円

出所：『日経デザイン』「デザインベンチャーの挑戦①　SAJICA/福岡県大川市」2007年2月号，97頁より引用。

ジャーな見本市の場合，はじめての出展でベテランバイヤーの信用を得ることは非常に珍しい。2度，3度と出展し，互いに顔を知り，コミュニケーションを重ねるうちに，やっと少量の注文をもらえるようになる[8]。

　このように，ブランドが認知され，消費者やバイヤーから信頼されるには，資金や手間，時間がかかる。そのため，前述した JAPAN ブランド育成支援事業では，2006年より実質4年間の支援が受けられるようになっている（**図表Ⅱ-2-6参照**）[9]。しかし，その制度の有効活用に成功している企業は，それほど多くない[10]。例えば，試作品を展示会に1度出展して終わりというケースや，補助金のある間は，デザイナーと組んで海外の展示会に製品を出展するが，期間が終わった途端にやめるケースなど，ブランドの構築に本気で取り組む姿勢に欠ける企業も多い[11]。また，出展はしたものの，狙ったバイヤーがその見本市にいなかったなど，情報収集の不備から，制度を有効活用できない企業もある。

---

[8] 『日経デザイン』「デザインベンチャーの挑戦⑩　sozo_comm」2008年1月号，102頁。

[9] 一部には，4年間の支援でも短か過ぎるとの声もある（村田，2014）。国際見本市で製品の価値が認められたとしても，実際にバイヤーが動き出し，市場に供給されるようになるまでには5年程度かかるからである。

[10] （財）東北活性化研究センター（2010）および『日本経済新聞』「世界発信，発想の転換カギ」2007年4月25日。

[11] 特に欧州では，すぐに消えていくブランドは相手にされない（村田，2014）。

②売り方の工夫

　次に，重要になるのが売り方の工夫である。ラグジュアリー市場やアッパーミドル市場では，いくらデザインが良くても，製品が売れるとは限らない。なぜなら，それらの市場で販売されている製品の大部分は，デザインに秀でているからである。高価格製品の場合，優れた外観や素材の質感を有していることは当然であり，デザインだけが秀でていても，差別化要因にはならない。そのため，ラグジュアリー市場やアッパーミドル市場を目指す地場産業は，製品のデザイン性を高めて付加価値を高めると同時に，製品の売り方も工夫する必要がある。つまり，製品の高付加価値化に合わせて，販売促進の方法なども変えていく必要があるのである[12]。

　そして，これらの点で特に優れているのが，イタリアの企業である。彼らは，デザインに秀でた製品の開発だけでなく，販売促進や販路の選択に時間とお金をかける（小林，2007）。例えば，日用雑貨・家庭用品メーカーのアレッシィでは，一般的な広告はほとんど使わず，物語の作り込みと，その共有に力を注いでいる（Verganti, 2006）。より具体的に見てみると，建築家10人にコーヒーセットやティーセットのデザインを依頼した「ティー・アンド・コーヒー・ピアッツァ」プロジェクトでは，一般的な広告は一切行わず，以下のような5つの取り組みを行った[13]。

---

1. プロトタイプを美術館や博物館などの文化施設で展示する。
2. 限定版として，99セットのみを製作し，1セット1万5,000ドルで，美術館やコレクターに発売する。
3. これらのプロトタイプに関する書籍を編集し，デザイン・コミュニティに配布する。
4. 世界各国の高級百貨店でプロトタイプを巡回展示する。
5. 展示会とプロジェクトの紹介記事を載せてくれるよう，内外のメディアに働きかける。

---

[12] これはまさに，4つのP（Product, Price, Place, Promotion）を整合させる「マーケティングミックス」の考え方である。この点については，第II部の終章も参照のこと。
[13] 以下のアレッシィの5つの取り組みは，Verganti（2006）から抜粋した。

アレッシィでは，長年の経験から，広告という手法をあまり信用していない。なぜなら，広告では，その製品が誕生したいきさつや，他の製品にはない特性などの自分たちが伝えたいメッセージを消費者にあまり上手く伝えることができないからである。メッセージが上手く伝わらなければ，消費者にその製品の価値を正しく理解してもらえず，ブランドの構築も困難になる。そのため，アレッシィでは，実際に製品を販売する前に，製品とその背後にあるコンセプトを展示会やパブリシティを通じて広く紹介するという手法を採用している (Verganti, 2006)。

　また，例えば，人工皮革ブランドのアルカンターラでは，販路の選択にかなりの時間を割いている。アルカンターラは，ラグジュアリー市場とアッパーミドル市場を主要なターゲットとしている企業である。そのため，販売先となるアパレル卸の選定に際しては，そのアパレル卸が商品を卸している小売店まで詳細に調べ上げ，本当にラグジュアリーとアッパーミドル以外の客層には売っていないのかをチェックする（小林，2007）。

　その他にも，イタリアの企業では，製品の見せ方やメッセージの発信方法を管理したり，自社製品の特徴を強調したりするために，直営店を持っている場合が多い。また，代理店販売の場合であっても，自社製品の専用スペースで，同じブランドのアイテムをまとめて展示してもらえるよう努力している (Verganti, 2006)。

　それに対して，日本の地場産業は，作る作業は得意でも，売る作業が得意ではない。「品質をして語らしむ」の精神が今なお強く，販路の選択や販売促進活動がおざなりになりがちである。しかし，ラグジュアリー市場やアッパーミドル市場で勝負するのであれば，販売促進や販路の選択にも時間とお金をかける必要がある。特に，消費者にその製品の価値を正しく理解してもらうためには，伝統工芸の背後にある歴史や文化，精神性などをきちんと説明していく必要がある。ラグジュアリー・ブランドの世界では，商品と哲学と文化の束を売らなければならないのである（小林，2007）。そして，そのためには，従来型の広告などの紋切り型の販売促進方法は見直す必要がある。このように，ブランドの構築という仕事は，日本の地場産業に，これまでの仕事の枠組み自体の変更を促す可能性が高い。

2.2 生産性の向上というハードル

　続いて，2つ目のハードルである「生産性の向上」について考えてみたい。前述したように，「販路の拡大」と「コストダウン」の間には，ハードルが存在している。つまり，販路を拡大して，受注量を増やすことが自動的にコストダウンにつながるわけではないのである。なぜなら，地場産業の多くは元来，手作業が中心で生産性が低いという欠点を抱えているからである。そのため，販路の拡大に伴い，生産性の向上が新たな問題となるが，地場産業は，そのハードルをどのように乗り越えればよいのであろうか。

　少なくとも，これまでのようにすべての生産工程を手仕事で行っていたのでは，効率が悪く，仮に販路を拡大したところで，受注を取り逃がしてしまう。つまり，生産性を上げない限り，大量の注文を確保することができず，コストダウンには繋がらないのである。特に海外のバイヤーの場合，いきなり大量の発注をかけて来る可能性があるため，そのロットが達成できなければ，商機を失う。事実，日本の地場産業の中には，海外のバイヤーからいきなり数万個の発注を打診されたものの，現状の生産体制では注文に応じることができず，みすみすチャンスを逃してしまった例もある[14]。その意味で，生産工程の機械化は，販路を拡大するにせよ，コストダウンを実現するにせよ，不可欠の作業なのである。

　なお，この点につき，40年以上にわたり，日本の地場産業と協業してきたデザイナーの喜多俊之氏は，以下のように述べている。

>　「地場産業のこれからを支えるには，すべてが手作りであったころの魂を残して，高品質化と量産化の研究が必要です。イタリアやフランスなどのブランド製品は，ものづくりの魂を残して，質を落とさず生産性は工夫してシステム化している場合がほとんどです。（中略）そこには以前にあったような，効率の悪い手作り製品が支配している姿は影を潜めています。（中略）世界中のディストリビューターや，高級ショップに絶え間なく発送し続けないとやっていけない状況で，それらのブランド品は世界中に届けられているのです。」（喜多，2009, 155-

---

[14] 『日経デザイン』「JAPANブランドは世界に発信できたか？」2008年4月号，75頁。

156頁)

　しかし，問題は，どこまでを手仕事にまかせ，どこから機械化するのかについての意思決定である[15]。間違った機械化は，せっかくの競争力の源泉である「手仕事の良さ」を棄損してしまう。それでは，地場産業はいったい何に注意を払って，仕事の線引きを行えばよいのであろうか。この点につき，1つの判断基準になると考えられるのが，消費者が製品に抱く価値の源泉である。

　例えば，イタリアのアパレル産業では，「手仕事の良さ」と「大量生産」を両立させるために，大規模縫製工場の生産システムの一部を取り入れながらも，パーツ生産や縫製などの服作りの中核部分に関しては，零細な仕立屋群に外注に出すという生産体制を構築している（小林，2007）。これは，着心地の良さやラインの美しさなど，ラグジュアリー市場やアッパーミドル市場の消費者がこだわる部分には手仕事を残し，熟練した職人にしかできない技術で差別化を図る一方，それ以外の部分は機械化し，生産性を高めようとする取り組みである。つまり，「手仕事の良さ」と「大量生産」を両立させるには，消費者が何に対して価値を見出しているのか（企業の側からいえば，何が競争力の源泉なのか）を冷静に見極めることが重要になるのである。

3　ネットワークで経営体力のなさをカバーする

　最後に，ここでは，デザインによる地域振興を持続・発展させていく上で，今後，日本においても必要になると考えられる，デザイン産業の集積やネットワークの構築について論じておきたい。

---

[15] 例えば，イタリアのアパレルメーカー，マックスマーラの創業者であるアキーレ・マルモッチィ氏は，アパレルを産業化するには，「インダストリーと仕立屋の結婚」をいかに行うかがポイントであったという旨の発言をしている（小林，2007）。マックスマーラはアパレルメーカーであるため，「仕立屋」という言葉を使っているが，彼の言いたいことと，本章の主旨は同じである。

以上では，デザインに秀でた製品を開発することと，期待する効果を得ることとの間には，乗り越えなければならない2つのハードルが存在することや，それぞれのハードルの中身，さらには，それらの乗り越え方について明らかにしてきた。しかし，経営資源をあまり持たない地場産業が，デザインに秀でた製品の開発だけでなく，ブランドの構築や生産性の向上にまで時間とお金をかけ続けることは，経営体力的に難しい。1社単独では，経営資源に限界があるため，活動を長続きさせることができないのである。そこで，重要になってくるのがネットワークの構築である。デザインによる地域振興で先行するイタリアでは，ネットワークを構築することで，中小企業でも，それらの作業を持続して行えるような体制がとられている[16]。

1. 北イタリアのケース

　例えば，ミラノやトリノなどの北イタリアには，前出のアレッシィをはじめ，家具メーカーのカッシーナ・イクスシーや，照明器具メーカーのアルテミデ，フロスなどのデザインに秀でた製品を開発・販売する企業が多く集まっている。さらに，その周辺には，数多くのデザイン事務所やデザイン学校，サプライヤーなども集まり，企業との間で，流動的でゆるやかなネットワークを形成している。その中でも特に，ロンバルディア地方で形成されているネットワークは，「ロンバルディア・デザイン・ネットワーク」と呼ばれ，構成メンバーの多彩な顔ぶれや，相互交流の質の高さで知られている(Verganti, 2006)。

　このように，現在の北イタリア（特にミラノ周辺）には，デザイン・コンシャスな企業やそれを支える人材・企業がたくさん集まっているが，そのような集積が起こり始めたのは，1950年代に入ってからのことである（小林, 2007）。北イタリアの地場産業の経営者たちは，約半世紀をかけて，デザイン産業の集積と集積内のネットワークを構築してきた。

---

[16] 『イタリアン・デザイナーズブックⅠ　中小企業のデザイン戦略』（https://www.jetro.go.jp/world/reports/2010/07000307.html），『イタリアン・デザイナーズブックⅡ　中小企業のデザイン戦略』（https://www.jetro.go.jp/world/reports/2010/07000250.html）。

北イタリアにおいて，そのような取り組みが行われてきた背景には，「中小企業が多く，大企業が少ない」という特殊事情がある（奥山，2007b）[17]。大企業が少ないため，その下請けという形にはなりにくく，自分たちが独立して仕事をしていく必要があったのである。しかし，中小企業は，経営基盤がぜい弱であるため，1社単独で，製品開発やブランド構築に関わるすべての作業を行うことは難しい。そこで考え出されたのが，集積やネットワークの構築である。異業種や同業他社との間でネットワークを構築し，自分の手に負えない仕事は外注することで，すべての仕事を自社で行ったり，職人を抱え込んだりする必要がなくなり，固定費を削減することが可能になった。

　加えて，そのような商習慣は，その地域に優秀なデザイナーを呼び込むという副次的な効果も生んでいる。地場産業の中には，経営体力の問題から，社内にデザイナーやデザインの開発設備を抱えることができない企業も多く，デザインの外注も盛んである。つまり，デザインを競争力の源泉と認識している一方で，その開発を社外に頼らざるを得ない企業も多く，そのような企業にとっては，地元に優秀なデザイナーやデザイン事務所がいないと致命傷になる。そのため，北イタリアでは，地域や産業全体でデザイナーを育てたり，支援しようという意識が強い[18]。そして，それらの手厚い支援が，さらに多くの優秀なデザイナーを惹き付けるという好循環を生み出している。

2. 日本の現状

　一方，日本を見てみると，現時点では，イタリアのようなデザイン産業の

---

[17] また，彼らがデザインに目を付けた理由も，中小企業の多さと関係がある。北イタリアには中小企業が多く，大企業が少ないため，お金と時間のかかる技術開発を行うにも限界があった。そのため，大規模な設備投資や研究開発投資が必要とされないデザインに自然と目が向けられるようになったのである（もちろん，イタリアには，ルネッサンスの文化や芸術といったデザインを重視する素地はあった）。したがって，イタリアを代表するブランドには，家具や文具，アパレルなど，技術革新が止まった（あるいは，技術や市場が成熟した）製品を取り扱ったものが多い。

[18] 第Ⅱ部の第1章でも触れたように，例えば，ミラノには，インテリアに関する雑誌だけでも20種類以上もあり，かつそれらの雑誌には，ドアノブにいたるまで，デザイナーの名前が記載されている（『朝日新聞』「デザインの力 世界で売れる物作りへ」2004年11月26日）。

集積やネットワークの構築には至っていない。

　そもそも，日本はイタリアと異なり，長い間，大企業中心のピラミッド構造（いわゆる，系列構造）が形成されてきたため，中小企業はその下請けをしていればよく，自身でブランドを持って販路を拡大していく必要性は薄かった[19]。しかし，安価な輸入品の流入や産業空洞化の影響で，自らブランドを立ち上げる必要が出てきた2000年代以降を見ても，集積やネットワークの構築には至っていない。

　もちろん，富山県高岡市や山形県のように，イタリア型の集積やネットワークの構築を見据えた活動に着手している地域もあるが，そのような動きは，日本では稀である[20]。地場産業の多くは，デザイナーと協業することに手いっぱいで，異業種や同業他社とネットワークを構築する余裕がない。その結果，中小企業の弱点である「経営基盤の脆弱さによる持続困難性」が克服されずに，維持されてしまっている。

　また，JAPANブランド育成支援事業や新連携対策支援事業などの行政の支援も，デザイン産業の集積やネットワークの構築に対しては，それほど寄与していない。なぜなら，それらは，デザインを活用する地場産業などの中小の製造企業の支援を念頭に置いたものであり，彼らと協力して新しいブランドを立ち上げるデザイナーや，地場産業とデザイナーを結び付けるコーディネーターは支援の対象には含まれないからである[21]。例えば，デザイナーに無料でオフィススペースを貸し出したり，作業用のスタジオや機材を提供したりするなどの支援策は，そこには含まれていない。また，地場産業とデザイナーを結び付けるには様々なコストが発生するが，コーディネーターは

---

[19] 『日本経済新聞』「ものづくり逆風下の挑戦（下）　脱下請けで生き残り」2009年10月15日。

[20] 『日本経済新聞』「工業デザイナー，退職後も広がる活動」1999年12月20日，『日経デザイン』「デザインベンチャーの挑戦②　山形工房／山形県」2007年3月号，88-93頁，『日本経済新聞』「製品開発　著名デザイナーと」2008年6月25日，『読売新聞』「地方の技術　宝の山」2009年1月4日。

[21] 『日経デザイン』「デザインベンチャーの挑戦⑤　YOnoBI」2007年7月号，94-99頁，『日経デザイン』「先進国？途上国？　デザイン日本」2007年3月号，36-73頁，『日経デザイン』「JAPANブランドは世界に発信できたか？」2008年4月号，74-77頁。

支援が受けられないため、そのための資金は自ら調達する必要がある。このように、それらの支援策は、製造企業を存続させることに主眼を置いているため、デザイン産業の集積やネットワークを新たに構築しようというインセンティブが働きにくい。

もちろん、そもそも、行政主導で集積やネットワークを上手く機能させることは難しいとの指摘もある。事実、これまでも行政の手によって様々な集積やネットワーク作りが行われてきたものの、上手く機能した例は少ない。人工的に人や企業を一箇所に集めても上手くいかないのは、人間には、これから新たに構築されるビジネスの関係よりも、むしろ既存のビジネスの関係を優先させてしまう習性があるからである。つまり、地理的に近接したからといって、人間はなかなか既存のビジネスの関係を捨てて、新たなビジネスの関係を構築することはできないのである（稲垣・高橋、2011）。また、集積を上手く機能させるには、「志」と「能力」が同じレベルにある者同士が集まることが望ましいが、人工的な集積では、温度差のある企業や異なる思惑を持った企業が集まってくるため、そのようなパートナーと巡り合うことも難しい。

4 本章のまとめ

本章では、デザインによる地域振興を成功に導くには、優れたデザインの開発だけでなく、製造や販売など、企業としての「総合力」が求められることを明らかにしてきた。もちろん、優秀なデザイナーを探し出すことや、製品の外観をどのようなデザインにするのかを決めることは重要である。しかし、それを収益獲得に結び付けるには、その後にもっと大切な作業が控えている。

1つ目は、ブランドの構築である。製品やデザインの価値、モノづくりの背景などを消費者やバイヤーに発信し続け、彼らとの間に信頼関係を構築したり、その価値に見合った販売促進の方法を考えたりすることが重要になる。2つ目は、生産性の向上である。生産性が向上しない限り、販路を拡大した

ところで，大量受注することができず，コストダウンを図ることができない。そして，3つ目は，デザイン産業の集積を形成したり，ネットワークを構築したりすることである。経営基盤がぜい弱な地場産業が，デザインに秀でた製品の開発だけでなく，ブランドの構築や生産性の向上にまで，経営資源を投入し続けることは難しい。外注を活用して，固定費を軽減することが必要になる。しかし，そのためには，デザイン産業の集積やネットワークの構築がなされていなければならない[22]。

このように，デザインによる地域振興を成功に導くには，地場産業がこれまで行ってきた仕事の枠組み自体を変えていく必要がある。デザイナーと手を組むだけで終わるお手軽な話ではないのである。

---

[22] 本章とは文脈は異なるものの，都市経済学者のFlorida（2002・2005）も，先進国における地域再生の鍵は，地域がいかにしてクリエイティブな人材（彼は，そのような人間のことを「クリエイティブ・クラス」と呼んでいる）を惹きつけることができるかにかかっていると述べている。彼がいうクリエイティブ・クラスとは，科学者やエンジニア，建築家，芸術家，医師，法律家などの創造性を持った人材（あるいは，そのような職業に従事している人材）のことであり，そこにはデザイナーも含まれている。Floridaによると，今後，先進国では，それらの人材が従事するクリエイティブ産業が，経済の牽引役になると考えられている。つまり，これからは，クリエイティブ・クラスの集積を作ったり，クリエイティブ産業を育成したりすることが地域振興の鍵になるのである。

付録：デザインによる地域振興を理解する上で有用な本とウェブサイト
- 喜多俊之（2009）『地場産業＋デザイン』学芸出版社。
- 田子學・田子裕子・橋口寛（2014）『デザインマネジメント』日経BP社。
- 中川淳（2008）『奈良の小さな会社が表参道ヒルズに店を出すまでの道のり』日経BP社。
- 原研哉編（2014）『みつばち鈴木先生：ローカルデザインと人のつながり』羽鳥書店。
- 村田智明（2014）『ソーシャルデザインの教科書』生産性出版。
- 『経済産業省ホームページ』「中小企業におけるデザイン成功事例」（http://www.meti.go.jp/policy/mono_info_service/mono/human-design/success-story2.html）。
- 『北海道立総合研究機構工業試験場ホームページ』「モノのデザインを成功に導くガイド」（http://monodesign.p2.bindsite.jp/）。

■ **参考文献**
- 稲垣京輔・高橋勅徳（2011）「産業クラスター形成における地理的近接に基づく関係構築プロセス」『組織科学』第44巻第3号、21-36頁。
- 奥山清行（2007a）『伝統の逆襲』祥伝社。
- 奥山清行（2007b）『フェラーリと鉄瓶』PHP研究所。
- 木全賢・井上和世（2006）『中小企業のデザイン戦略』PHPビジネス新書。
- 喜多俊之（2007）『ヒット商品を創るデザインの力』日本経済新聞出版社。
- 喜多俊之（2009）『地場産業＋デザイン』学芸出版社。
- 小林元（2007）『イタリア式ブランドビジネスの育て方』日経BP社。
- （財）東北活性化研究センター編（2010）『ものづくりを変えるデザイン力』ぎょうせい。
- 村田智明（2014）『ソーシャルデザインの教科書』生産性出版。
- Aaker, D.A. (1996) *Building Strong Brands*, New York: The Free Press.（陶山計介・小林哲・梅本春夫・石垣智徳訳『ブランド優位の戦略』ダイヤモンド社、1997年）
- Florida, R. (2002) *The Rise of Creative Class*, HarperCollins Publishers, Inc.（井口典夫訳『クリエイティブ資本論』ダイヤモンド社、2008年）
- Florida, R. (2005) *The Flight of Creative Class*, Susan Schulman, A Literary.（井口典夫訳『クリエイティブ・クラスの世紀』ダイヤモンド社、2007年）
- Verganti, R. (2006) "Innovating through design," *Harvard Business Review*, Vol.84 No.12, pp.114-122.

補講⑭：デザインの接着剤が必要

　外部デザイナーとの協業を成功に導くには，彼らと企業が対等な立場に立って，相互に学習することが重要と言われている。しかし，そのような関係を築くことは難しい。まず，外部デザイナーと会話を成立させることが難しい。その結果，彼らを単なる客人として扱ったり，審査員や先生として一方的に話を聞くだけに終始したりすることが多くなる。要は，外部デザイナーと企業が直接対話するスタイルでは話が通じにくく，対等な関係が築きにくいため，相互学習が行われにくいのである。

　そこで，大事になってくるのが，双方の間を取り持つ「ゲートキーパー」の存在である。ここでいうゲートキーパーとは，異なるビジネス言語を話す者同士をつなぐ翻訳者のことである（Allen et al., 1979）。デザイナーには彼らが好む独自の言い回しや表現，業界用語などがあるが，それらは部外者には通じないことが多い（Airey, 2013）。そのため，まずは，そのような言葉の壁を乗り越えなければならない。

　この点につき，例えば，パナソニック株式会社エコソリューションズ社では，社内のデザイナーを外部のデザイナーと社内の技術者等をつなぐゲートキーパーとして活用してきた（久保，2014）。社内のデザイナーは，外部デザイナーの言葉を理解するだけでなく，社内用語にも精通しているため，双方の間に立って通訳を務めることができるからである（**図表⑭-1**

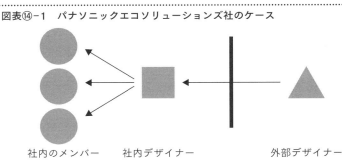

図表⑭-1　パナソニックエコソリューションズ社のケース

　　　社内のメンバー　　　社内デザイナー　　　　外部デザイナー

出所：筆者作成。

参照）。

　加えて、外部デザイナーとの協業を上手く進めるには、企業側の「知識の吸収能力」も重要になる（Cohen and Levinthal, 1990）。そして、そのような能力は、過去の関連知識の蓄積から生まれるため、外部デザイナーを上手く活用したり、彼らの持つ知識を吸収したりするには、社内にデザインに関する知識が蓄積されていなければならない。関連知識の蓄積がなければ、相手に適切な指示が出せないだけでなく、相手の提案を評価できなかったり、一緒に問題を解決したりすることができないからである。そのため、米国などでは、デザインの開発を外注している企業であっても、社内に数人のデザイン・ディレクターを置き、デザインに関する知識の保有に努めている場合が多い（道添，2005）。

　しかし、多くの中小企業では社内にデザイナーを抱えていないため、外部デザイナーの言葉を翻訳するゲートキーパーが存在しない。また、これまでデザインの開発に取り組んだことのない中小企業には、デザインに関する知識も蓄積されていない。そのため、外部デザイナーと対等な立場に立って、相互学習を進めていくことは容易でない。その意味で、外部デザイナーとの協業を成功させるには、双方の間をつなぎ合わせる「デザインの接着剤」が必要になる。そして、この部分のサポートこそ、行政や行政から事業を受託した機関が行うべき仕事なのかもしれない。

　この点につき、参考になりそうなのが、NICO（公益財団法人にいがた産業創造機構）の取り組みである。NICOは行政から「ニイガタIDSデザイ

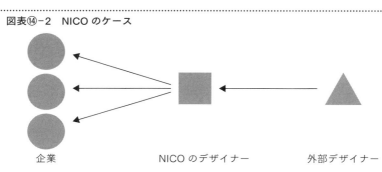

図表⑭-2　NICOのケース

企業　　　　　　　NICOのデザイナー　　　外部デザイナー

出所：筆者作成。

ンコンペティション」や「百年物語」などの事業運営を受託し，優れた伝統工芸を受け継ぐ職人と，外部デザイナーとの協業を推進してきた。この種の役割を担う組織は多くの都道府県に存在するが，NICOが他と異なるのは，職員にデザイナーが含まれている点である（村田，2014）。NICOのデザイナーがゲートキーパーとなって，企業と外部デザイナーの間を橋渡ししたり，企業に不足しているデザインの知識を補ったりしている（**図表⑭-2**参照）。

■ **参考文献**
- 久保吉人（2014）「デザイン志向の製品イノベーション：外部資源活用による多様性とインハウスデザイナーとの集合知」『2014年度組織学会研究発表大会　報告要旨集』21-24頁。
- 道添進（2005）『ブランド・デザイン』美術出版社。
- 村田智明（2014）『ソーシャルデザインの教科書』生産性出版。
- Airey, D. (2013) *Work for Money, Design for Love*, New Riders Press.（小竹由加里訳『デザイナーとして起業した（い）君へ。成功へのアドバイス』ビーエヌエヌ新社，2013年）
- Allen, T.J., D.M.S. Lee and M.L. Tushman (1979) "Technology Transfer as A Function of Position in The Spectrum from Research through Development to Technology Service," *Academy of Management Journal*, Vol.22 No.4, pp.694-708.
- Cohen, W.M. and D.A. Levinthal (1990) "Absorptive capacity：A new perspective on learning and innovation," *Administrative Science Quarterly*, Vol.35, pp.128-152.

補講⑮：デザイナーにとっての言葉の力の重要性

　補講⑭では，デザイナーには彼らが好む独自の言い回しや表現，業界用語などがあり，それらが部外者には通じにくい旨を述べた。

　しかし，著名なデザイナーに限ると，（インハウスデザイナーか外部デザイナーかにかかわらず）言葉の使い方や説明の仕方が上手い人が多い。例えば，中村史郎氏や深澤直人氏，奥山清行氏，佐藤オオキ氏などである。彼らは，説得力のあるプレゼンテーションや巧みなディベートなどに加え，誰が聞いても一発で分かる言葉に変換する能力や，人々が潜在的に感じていることを言い当てる能力に秀でている。以下は，前出の深澤直人氏とともに，新しいお風呂の開発に取り組んだ松下電工（現・パナソニック株式会社エコソリューションズ社）のインハウスデザイナーの回顧談である。

　『お風呂のアイコンが見えない』という深澤の言葉に，自分がデザイナーとして潜在的に感じていたことを言い当てられたと思った。（中略）そして，それに続く深澤の言葉にはさらに驚かされた。『だから，きれいな部屋を作りましょう。そのためにはまず，隅とフチをきれいにしなければ』。じつは同じことをなんとなく考えていた。（中略）しかし，同僚のデザイナーとその問題を話すとき，"納まりが悪い"という言葉でしか表現できなかった。隅とフチ。その通りだ。"納まり"という言葉では，普通の人には通じない。」[1]

　通常，デザイナーといえば，絵を描く能力や，可視化によるコミュニケーションにばかり注目が集まる。しかし，実は，優れたデザイナーになるには，言葉の力が重要になるのである。

1　『パナソニックイズム　モノづくり発見マガジン・アーカイブ』「"日本のお風呂"改革プロジェクト」（http://www.panasonic.co.jp/ism/bath/index.html）の一部を修正して引用した。

終　章

　以上で見てきたように，日本には，デザインを巡るマクロな問題が山積している。ここでは，各章で行われた議論を踏まえた上で，より大きな論点を取り上げ，第Ⅱ部の締めくくりとしたい。

1　既存産業の延命・復活のためのデザイン政策

　まず，改めてデザインを巡るマクロな経済政策を振り返ってみると，日本のそれは諸外国のものとは大きく異なっていた。具体的には，諸外国に比べ予算の規模が小さいことや，その配分先が製造業に偏っていること，さらには，その少ない予算を分散して使用する傾向が強いことなどである。

　ただ，その中でも特に，諸外国との間でデザイン政策の設計思想の違いが如実に表れているのが，予算の配分先である。前述したように，日本では予算の配分先として，デザイナーやデザイン事務所ではなく，製造業を想定している。つまり，これまでデザインやデザイナーを活用してこなかった企業に対して，今後，それらを積極的に活用することを動機づけようとしているのである。

　もちろん，デザインやデザイナーを積極的に活用しようとする企業に予算が配られ，その数が増えれば，雇用されるデザイナーの数も増えるため，間接的にはデザイナーを支援することになる。しかし，そのような支援方法では，主導権が企業の側にあるため，デザイナーの活動が制限される可能性が高い。つまり，既存のモノづくりの枠組みを維持したまま，デザイナーが活用される可能性が高いのである。その意味で，日本のデザイン政策は，デザイナーを活用した新しい産業の創出よりも，むしろ既存の製造業の延命や復

活に主眼を置いていると考えることができる[1]。

　その一方で、諸外国のデザイン政策を見てみると、予算の配分先の多くは、製造業ではなく、デザイナーやデザイン事務所である。デザイナーに直接予算を注入して、留学などを通じてスキルアップさせたり、デザイン事務所の税負担を軽減して余剰を生み出させ、新しいことにチャレンジできるような体制を整えたりしている。このように、海外では、デザイナー個人のスキルやデザイン事務所の能力を強化して、彼らに新しい産業の創出を牽引してもらおうと考えている。その意味で、海外のデザイン政策は、日本のような既存の製造業の延命や復活などではなく、既存産業の枠組み自体を変えることに主眼を置いているといえる。

　もちろん、国によって事情が異なるため、単純に比較できない部分もある。例えば、日本では、製造業の多くが依然として高い技術力とある程度の競争力を有しているため、それらの企業から主導権を奪うことは難しいのかもしれない。それとは対照的に、英国などでは製造業が衰退しているため、デザイナーに主導権を持たせやすい状況にあるのかもしれない。しかし、企業に主導権を握られたままでは、デザイナーは自由に活躍することができない。ましてや、デザイナーが新しい産業を創出したり、新しい需要を掘り起こしたりすることは難しいといえる。

2　デザイン活用の基本はマーケティングミックス

　続いて、デザインによる地域振興を見てみると、日本ではそれがあまり上手く機能していないことが窺えた。その理由は、デザインを有効活用しようとする企業の多くが、デザインの開発場面にのみ関心を寄せ、それ以外の場面にはあまり関心を寄せないからである。確かに、優秀なデザイナーと契約

---

[1] ただし、近年では、経済産業省も新産業創出のためのデザイナーの活用へと意識を変えつつある。例えば、2014年には『国際競争力強化のためのデザイン思考を活用した経営実態調査報告書』(http://www.meti.go.jp/press/2014/07/20140722002/20140722002.html) が公表されている。

を結ぶことや優れたデザインを開発することは重要であるが，それだけではデザインを有効活用したことにはならない。

　通常，デザインの質や性格をそれまでのものから変えれば，トータルとしての製品の性格も変わってくる。そして，そのように製品のトータルな性格が変われば，価格も変えなければならないであろうし，ターゲットとなる客層も変わってくるはずである。さらに，客層が変われば，販売促進の方法や販路も変わってくるはずである。

　例えば，千円の包丁を販売するには，一般的なスーパーマーケットは適した販路かもしれないが，1万円の包丁を販売する場所としては相応しくない。1万円の包丁を売るには，販路をデパートや専門店，セレクトショップなどに切り換える必要があるのである。しかし，スーパーマーケットにしか販路を持っていなければ，仮に1万円の価値がある包丁であっても，小幅な値上げに留まるか，従来通り価格を千円に据え置かざるを得なくなる。このように，デザインを変えて価格を高く設定する場合には，販路も同時に開拓し，新しい顧客や市場を開拓していく必要があるのである。

　以上で述べた考え方は，至ってオーソドックスなマーケティングの理論に基づいている。それは，4Pとマーケティングミックスである。ここでいう4Pとは，製品（Product），価格（Price），販路（Place），広告（Promotion）のPで始まる4つの単語の総称で，それらはそれぞれ，マーケティングの基幹業務と関連している。また，マーケティングミックスとは，それら4つのPの間に一貫性や整合性を持たせることで，マーケティング業務の相乗効果を高めることである。つまり，製品の性格に見合った値付けを行い，その価格帯の製品を売るのに相応しい場所で，相応しい方法によって製品を販売することで，狙った客層に効果的にアプローチすることができるのである。

　ただし，個々のPの中身をどうするかは，企業の側で決める必要がある。さらに，その4つのPを決める以前に，ターゲットや売上目標，損益分岐点などを決めておかなければならない。そして，それらを決めるのは，経営者の仕事である。反対に，その部分を決めてもらえないことには，これから開発するデザインが目的に適合しているか，不適合かを判断することができないため，デザイナーは何もすることができない。その意味で，経営者はそれ

らの下地を整えた上で，デザイナーを迎え入れることが必要になる。つまり，デザインを有効活用するには，デザイナーに頼るだけでなく，経営者も事前にそれらの作業を進めておくことが求められるのである。

3 　中小企業がデザインマネジメントを導入する際の注意点[2]

　以上のように，中小企業がデザインを有効活用するには，4Pやマーケティングミックスなどに注意を払って，マネジメントを実行する必要があるが，それらの導入に際しては，次の2点に注意が必要である。

　まず，1つ目の注意点は，短期的な視点ではなく，長期的な視点に立って，それらのマネジメントの導入を考えていく必要があるということである。以上で見てきたように，デザインを有効活用するには，製品開発の方法を変えるだけでなく，場合によっては，販売や製造の方法まで変革する必要がある。しかし，だからといって，それらを一気に変革する必要はない。経営基盤の弱い中小企業でそのようなことを行うと，すぐに資金が底をつく危険がある。それよりは，むしろ長期的な視点に立って，デザインに継続的に投資していくという計画性を持つことが重要である。

　例えば，ソニーは，今ではデザインを重視する企業の代表格とされているが，実はデザインの後発企業である（Lorenz, 1986）。ソニーも中小企業であった時代には，それほどデザインに巨額の投資をしていたわけではない。ソニーがデザインに投資し始めるのは，ある程度会社の規模が大きくなってからである。また，その投資のペースも一気にではなく段階的に行われてきた。神田・湯山（2010）によると，デザインの後発企業がデザインを重視した企業に生まれ変わるには，最短でも4年はかかるとされている。

　デザインを有効活用するためのマネジメントの導入に際して注意すべきもう1つの点は，すべての機能を自社で丸抱えする必要はないということである。いくら段階的に投資すればよいといっても，経営資源に限りのある中小

---

[2] 以下の大部分は，森永（2014）からの引用である。

企業が，デザインに秀でた製品の開発だけでなく，販売や製造にまでお金と労力をかけ続けることは難しい。そこで重要になってくるのが，役割分担とネットワーク作りである。

例えば，徳島県で仏壇や家具製造の下請けを行ってきた坪井工芸は，2007年に東京のデザイナーと協力して，磁石入りの木製小箱（商品名「マグコンテナ」）のプロトタイプを開発した[3]。このプロトタイプは展示会では高く評価されたものの，ほとんど売れなかった。そこで，坪井工芸では，新たに流通の専門家を仲間に加えてアドバイスを仰ぎ，マグコンテナを海外の見本市に出展することにした。この試みは見事成功し，海外のバイヤーから大量の注文（1,200個）を獲得した。しかし，今度は注文量が多いため，納期に間に合わないという別の問題に直面した。そこで，坪井工芸では，地域の同業者に頼んで生産を分担してもらい，この問題を解決した。

このように，経営資源に限りのある中小企業では，外部の人の助けを借りながら仕事を進めていく方が理にかなっている場合が多い。固定費の増加や，マネジメントの煩雑さなどのリスクを避けることができるからである。そして，そのようなやり方を積極的に採用して成果を上げてきたのが，中小企業の多いイタリアである。第Ⅱ部の第2章でも見たように，ミラノやトリノでは，デザイン産業の集積や，中小企業同士のネットワーク作りを推進して，中小企業がデザインを活用しやすいような体制を整えてきた。さらに，そのようなネットワーク作りも一気に行う必要はない。時間をかけて，ゆっくり行えばよい。ただし，機会を見つけては同業他社と交流したり，異業種交流イベントに出かけたりするなど，ネットワークを広げようという意識を常に持つことが重要になる。

■ 参考文献
- 神田昌典・湯山玲子（2010）『ビジネスの成功はデザインだ』マガジンハウス。
- 森永泰史（2014）「中小企業のためのデザイン導入戦略」『日本政策金融公庫調

---

[3] 『ガイアの夜明け』「"雑貨"ブームがニッポンを変える（2012年10月2日放送）」(http://www.tv-tokyo.co.jp/gaia/backnumber3/preview_20121002.html)。

査月報』第 68 号 2014 年 5 月号，40-45 頁。
- Lorenz, C. (1986) *The Design Dimention: The New Competitive Weapon for Business*, Basil Blackwell Limited. (野中郁次郎監訳・紺野登訳『デザインマインドカンパニー：競争優位を創造する戦略的武器』ダイヤモンド社，1990 年)

補講⑯：デザイン重視企業になるためのステップ

第Ⅱ部の終章では、中小企業は長期的な視点に立って、デザインマネジメントの導入を考えていく必要がある旨を述べた。そこで、この補講では、その具体的な導入のステップについて簡単に触れてみたい。デザイン重視企業に向かうルート上には、いくつかのステップがある。Dums and Minzberg（1989）は、それを、チャンピオン主導段階、ポリシー主導段階、プログラム導入段階、デザイナー従属段階、デザイナー主導段階、デザイン浸透段階の6つに分類している。

1つ目のチャンピオン主導段階とは、デザインに対して情熱を持った特定の人物（＝チャンピオン）のリーダーシップによってデザインマネジメントが行われている段階のことで、属人的な傾向が強い。

2つ目のポリシー主導段階とは、制度などは未整備ながらも、明文化されたポリシーに基づいて、デザインマネジメントが行われている段階のことである。

図表⑯-1 デザインマネジメントの発展過程

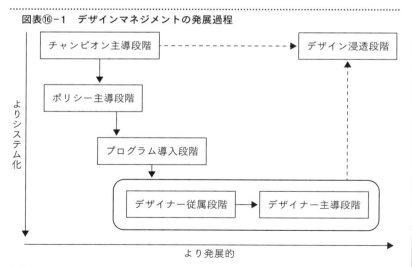

出所：Dums and Minzberg（1989）p.43 の図を筆者が翻訳し、一部を修正して引用した。

3つ目のプログラム導入段階とは，期間限定のプロジェクトなどを通じて，社内でデザインの振興が図られている段階のことを指す。

　4つ目のデザイナー従属段階とは，デザイン部門やデザイン審査会などの制度が整備され，マネジメントがシステム化されているものの，社内でデザイナーがそれほど主導権を発揮できていない段階のことである。

　一方，5つ目のデザイナー主導段階は，それとは反対に，デザイナーが主導権を発揮できている段階のことである。

　6つ目のデザイン浸透段階とは，従業員のすべてがデザインに高い関心を持ち，デザインが企業文化として根づいている状態のことを指す。

　彼らは，デザインマネジメントの多くが，チャンピオン主導段階のような属人的なものや，プログラム導入段階のような一過性のものから始まり，ポリシー主導段階のような文書による管理段階や，デザイナー従属・主導段階のようなシステムによる管理段階を経て，最終的には，デザイン浸透段階のような企業文化のレベルにまで到達すると論じている（**図表⑯-1**参照）。そして，この段階に至れば，製品開発だけでなく，販売や製造を担当するすべての従業員にデザインが浸透しているため，デザインの有効活用が可能になり，金銭的なフィードバックを得ることができる。

　このように，デザインマネジメントには様々な段階があるため，長期的な視点に立って，継続的に取り組んでいく計画性を持つことが重要になる[1]。

■参考文献

- Dums, A. and H. Minzberg. (1989) "Managing Design Designing Management," *Design Management Journal*, Vol.1 No.1, pp.37-44.

---

1 なお，『デザイン導入の効果測定等に関する調査研究』（http://www.meti.go.Jp/policy/mono_info_service/mono/human-design/koukasokutei.html）では，実際にこのDums and Minzberg (1989) の枠組みを使って，複数の中小企業の事例を整理している。詳細を知りたい方は，そちらを参照のこと。

補講⑰：企業は最初からデザインを重視すべきか？

　第Ⅱ部の終章のところでも述べたように，一般的には，企業が創業段階からデザインを重視するのはリスクが高いと考えられている（神田・湯山，2010）。

　その理由は，あまり資金力のない段階から，いきなり「ブランドだ，戦略だ，マーケティングだ」などとあらゆるものにこだわり過ぎると，すぐに資金が底をついてしまうからである。つまり，デザインにお金をかけるのは，キャッシュ・フローが安定してきてからで良いと考えられているのである。そして，実際に，そのような方法で成功してきた企業も多い。例えば，現在ではデザイン重視で知られるソニーも，途中でデザイン重視に転向した企業の1つである（Lorenz, 1986）。同様に，サムスン電子も途中でデザイン重視に転向した企業の1つである（福田，2008）。

　しかし，その一方で，近年，米国ではベンチャー企業の創業メンバーにデザイナーが入っていることが，投資家からお金を引き出すための条件の1つになっているといわれている[1]。つまり，投資家は，創業段階からデザインを重視する姿勢が必要と考えているのである。また，実際に創業段階からデザインに積極的にお金を投資して成功しているメソッドのような会社もある（Ryan and Lowry, 2011）。彼らが創業段階からデザインを重視すべきと考えるのは，一旦，企業の文化や体質が固まってしまうと，それを変えることは難しいことと，デザイナーが加わることでアイデアが可視化され，議論が活性化されると考えるからである。

　このように，巷には2つの対立する意見が存在するが，いずれの意見が正しいのであろうか。いずれの論理にも一理あるため，一般的な結論は出せないものの，まず，創業段階からデザインを重視する場合には，キャッシュ・フローを睨みながら，経営資源を投入する分野の選択と集中を行う必要があるだろう。また，途中でデザイン重視へと路線変更する場合には，少なくとも，創業者の在任期間中に行うことがポイントになりそうである。

---

[1] 『日本経済新聞』「経営の視点：ジョブズという基準」2013年8月5日。

なぜなら，第Ⅰ部の終章でも見たように，経営者の強いリーダーシップなしには，デザイン重視路線への変更は難しいからである。サラリーマン社長では，そのような路線変更は難しいかもしれない。

■ 参考文献
- 神田昌典・湯山玲子（2010）『ビジネスの成功はデザインだ』マガジンハウス。
- 福田民郎（2008）「デザイン経営の現状と課題：サムスンの事例を中心に」『慶應経営論集』第 25 巻第 1 号，143-175 頁。
- Lorenz, C. (1986) *The Design Dimension: The New Competitive Weapon for Business*, Basil Blackwell Limited.（野中郁次郎監訳・紺野登訳『デザインマインドカンパニー：競争優位を創造する戦略的武器』ダイヤモンド社，1990 年）
- Ryan, E. and A. Lowry (2011) *The Method Method*, Penguin Group.（須川綾子訳『メソッド革命』ダイヤモンド社，2012 年）

おわりに

● デザインマネジメントとの出会い

　筆者とデザインマネジメントとの出会いは，約 18 年前にまで遡る。大学院での修士論文のテーマ探しが，そのきっかけである。筆者は幼いころから，絵を描くことが好きで，高校時代の一時期は，本気で美術大学への進学を考えたこともあった。ただ，諸々の事情で，その夢は叶わなかった。しかし，大学卒業後，ふとしたことがきっかけで，経営学の大学院に進学することになった。そして，修士論文の執筆の際に，もともと興味のあったデザインを経営学ではどのように取り扱っているのかと思い付き，「デザインと企業経営」を研究テーマに取り上げた。それ以来，このテーマを一貫して研究し続けてきた。本書はその集大成である。

● My Years with Design Management Studies

　上記のタイトルは，長年にわたって，ゼネラルモーターズの CEO を勤めたアルフレッド・スローン氏の有名な自伝本のタイトル（My Years with General Motors：邦題「GM とともに」）をアレンジしたものである。先にも述べたように，筆者は長年にわたり，「デザインと企業経営」をテーマに研究を続けてきた。そして，それはデザインマネジメント研究の進展と歩みをともにするものであった。

　筆者が修士論文の執筆を始めた 1999 年当時は，経営学系の学会誌や学会発表のタイトルの中に「デザイン」や「デザイナー」という文言を全く目にすることができなかった。修士論文を執筆するに当たり，手始めに国内の経営学系の主要な学会誌を 20 年分見返してみたものの，デザインやデザイナーに関して経営学者が執筆した論文はゼロであった。そして，それは海外でも

ほとんど同じであった[1]。

例えば、ミズーリ大学のピーター・ブロック氏（当時）は、1995年に米国のマーケティング研究誌『Journal of Marketing』にデザインに関する論文（タイトルは「Seeking the Ideal Form：Product Design and Consumer Response」）を発表しているが、その内容は、マーケティングや消費者行動研究領域でのデザイン研究の少なさを指摘するものであった。同様に、マンチェスター工科大学（現・マンチェスター大学）のビビアン・ウォルシュ氏（当時）も、1996年に米国の経営学研究誌『Research Policy』にデザインに関する論文（タイトルは「Design, Innovation, and the Boundaries of the Firm」）を発表しているが、その内容は、社会科学領域でのデザイン研究の少なさを指摘するものであった。海外でもデザイン研究が増え始めるのは、2000年代に入ってからである。

その一方で、デザイン分野の論文や本は、当時から洋の東西を問わず沢山あったが、それらの資料からは経営に関する情報をほとんど得ることはできなかった。それらの大部分は、デザインの善し悪しについての議論やデザインの歴史、さらには、デザインの開発・評価手法などに関するもので、経営に関することが書かれていたとしても、せいぜい数行（本の場合は数ページ）程度であった。少なくとも、デザインマネジメントを真正面から取り扱ったものはほとんどなかった[2]。

そのような状況の中、手探りで研究に着手したが、なかなか前に進むことはできなかった。そのため、研究者コミュニティや先行研究が充実している他の研究領域を羨ましく思ったり、孤独な戦いで何度も心が折れそうになっ

---

[1] 1989年には、米国で『Design Management Journal』が創刊されているが、当該ジャーナルの執筆陣には実務家が多く、内容も学術的というよりは実務色が濃い。

[2] 実は、このことも本書の隠れた執筆動機の1つである。デザイナーやその卵であるデザイン系の学生が意識的に経営に関する本や論文を読まない限り、あるいは、デザインに関する本を読むだけでは、なかなかデザインと経済や社会とのつながりを理解することはできないし、経営に関する知識を得ることもできない。そのため、最初からデザインと経営を融合した本があれば、デザインと経済や社会とのつながりを理解したり、経営に関する知識を蓄えたりしやすいのではないかと思い、本書を執筆した。本書がその一助になれば、幸いである。

たりしたが，そんなときは，仮面ライダー1号・本郷猛の名台詞「おれはこのひろい世界にただひとりなのだ。だが，ただひとりでも，ただひとりだからこそ，おれは戦わねばならない，戦いつづけなければいけない」[3] を思い出して，心を奮い立たせてきた。つまり，「他に誰も研究していないからこそ，自分がこの研究に取り組む意味があるのだ」と自分に言い聞かせながら研究を続けてきたのである。

しかし，最近では，国内外の学会誌や学会発表のタイトルの中に「デザイン」や「デザイナー」という文言をしばしば見かけるようになり，研究仲間も増えてきた。さらに本書を通じて，デザインマネジメントに興味を持ってくれる人が一人でも増え，多くの人が経営学におけるデザイン研究に取り組んでくれるようになれば幸いである。

● お願いと謝辞

この本を書き上げるまでに，7年という歳月が流れた。これほどまでに長い時間がかかった理由は，世界的に見ても先行研究が少なく，結局は，多くのことを自分で調べざるを得なかったからである。その意味で，細心の注意を払ったつもりではあるが，すべてを完璧にこなせているとは思わない。むしろ，作業量が多くなった分，見落としや誤解，間違いなどが含まれている可能性が高い。

また，本書では，既存の研究成果や経営理論に沿って，できるだけ学問的に確からしいことだけを書くように心掛けた（本文に引用が多いのもこのためである）。しかし，学問には進歩があり，それまで正しいとされていたものが否定されたり，新しい理論が登場したりすることはある。また，筆者の勉強不足ゆえの誤解や間違いもあるだろう。そのため，それらを発見された際には，お手数ではあるが，ご指摘頂ければ幸いである。もし改訂の機会を頂ければ，その際に修正し，より正確な知識を提供するようにしたい。

本書の執筆にあたっては，多くの方々にお世話になった。まずは，約6年に及ぶ共同研究でお世話になった元・京都工芸繊維大学の藤戸幹雄先生，京

---

3 石ノ森章太郎『仮面ライダー』秋田文庫版第1巻，288頁。

都工芸繊維大学の木谷庸二先生，豊橋技術科学大学の坂本和子先生，元・静岡文化芸術大学の河原林桂一郎先生，元・産業技術大学院大学の小山登先生，元・宝塚大学の山下幹生先生にお礼を申し上げる。専門分野の異なる先生方との議論はとても新鮮であったし，実務経験のない筆者にとって，元実務家の先生方との会話はとても貴重な財産となった。会話の最中には気付かなくても，後になってその真意が分かったり，雑談の中で交わされる何気ない一言にハッとさせられることも多かった。これらは一度限りのインタビュー調査では決して得られない体験であった。

また，一橋大学イノベーション研究センター主催のデザイン価値研究会の先生方（一橋大学の延岡健太郎先生，鷲田祐一先生，木村めぐみ先生，吉岡（小林）徹先生，九州大学の長谷川光一先生，京都工芸繊維大学の入江信一郎先生，東北学院大学の秋池篤先生，早稲田大学の長内厚先生，東京理科大学の鈴木公明先生，大阪大学の勝又壮太郎先生，立命館大学の崔裕眞先生，明治大学の富野貴弘先生，名古屋市立大学大学院の久保吉人氏，ツチヤデザインコンサルティングの土屋雅義氏，三菱電機の長堀将孝氏，本田技研工業の原寛和氏）や，立命館大学のデザインマネジメント・ラボの先生方（佐藤典司先生，岩谷昌樹先生，八重樫文先生，後藤智先生，山本重人先生，吉田満梨先生，田中力先生，安藤拓生氏）からも大いに刺激をもらっている。このような相互作用は，一人で研究していた時代には，決して得られなかった体験である。

さらに，お一人おひとりのお名前は差し控えるが，インタビュー調査にご協力いただいた多くの企業の方々，様々なコンファレンスの後にアポなしでインタビューに応じて下さったパネリストの方々，本書に写真の転載を許可して下さった企業の方々，学会でコメントを下さった方々，学術誌のエディターやレフェリーの方々，本書の草稿を読んでコメントを下さった滋賀大学の竹中厚雄先生や，中央大学の菅野洋介先生にも感謝申し上げる。そして，本書の出版を快くお引き受けくださり，入念な編集と校正でお世話いただいた同文舘出版の青柳裕之氏と大関温子氏にも，厚くお礼を申し上げる。なお，本書のベースとなった研究の多くは，日本学術振興会の科学研究費や，かつての勤務校である北海学園大学の研究助成などのサポートを受けて実施

された。ここに記して感謝したい。

　最後に，私事で恐縮ではあるが，本書の執筆に至るまでの長い間，常に筆者を励まし，支えてくれた家族に心から感謝したい。とくに本書の執筆中に他界した父にお礼を述べたい。父は決して雄弁なタイプではなかったけれど，背中で多くのことを語ってくれた。仕事に対する真摯な態度や何事にも手を抜かない生き方は，なかなか真似することはできないが，これまでも，そしてこれからも筆者の人生の道標である。本書を父にささげたい。

2016 年 9 月

森永泰史

初出一覧

第Ⅰ部　企業編
序　章
　書き下ろし
第1章　デザインと戦略
　森永泰史「デザインと戦略」『経営論集』第11巻第1号（2013年6月），33-56頁。
第2章　デザインとブランド
　森永泰史「デザインとブランド」『経営論集』第13巻第3号（2015年12月），75-93頁。
第3章　デザインとマーケティング
　森永泰史「デザインとマーケティング」『経営論集』第13巻第1号（2015年6月），41-83頁。
第4章　デザインとイノベーション
　森永泰史「デザインとイノベーション」『経営論集』第13巻第3号（2015年12月），95-120頁。
第5章　デザイナーと人的資源管理
　森永泰史「デザイナーと人的資源管理」『経営論集』第13巻第1号（2015年6月），85-102頁。
終　章
　書き下ろし

第Ⅱ部　社会編
序　章
　書き下ろし
第1章　デザインとマクロ経済政策
　森永泰史「日本のデザイン政策の現状と課題」『経営論集』第9巻第1号（2011年6月），63-76頁。
第2章　デザインと地域振興
　森永泰史「デザインを地域振興に活用するための論理」『経営論集』第9巻第2号（2011年9月），11 - 22頁。
終　章
　書き下ろし

補講①～補講⑰
　書き下ろし

索 引

●専門用語（日本語表記）

ア行

アウトソーシングのジレンマ 173
アフォーダンス 95, 110
アブダクション 155

一貫性 52
一対比較法 96
一般消費財 11
色・形分類検査法 103
インタフェイス主導型製品 140, 142

エロンゲーション効果 92

黄金比 90
オープンイノベーション 169

カ行

開発リードタイム 67
外部デザイナー 168
革命的革新 135, 136
カテゴライゼーション効果 77
加入儀礼 201
感性工学 95, 108

記憶イメージ 156
記号論 105
技術のライフサイクル 137
キャリアパス 180
競争上の地位 14
共分散構造分析 117

クールジャパン 217, 248

クールブリタニカ 227
グッドデザイン賞 84, 226, 240
クラウドソーシング 156, 210
クリエイティブ・クラス 272
クリエイティブ産業 272
グループ・イニシエーション 201

計画的陳腐化 24
ゲートキーパー 274

工業デザイン促進法 228
構築的革新 135, 136
購買誘因価値 87, 93
効率性 93
コーポレート・ブランド 27, 52
コストセンター 209
コスモポリタン 203
個性 52
個別ブランド 27, 52
コレクター 54
コンジョイント分析 117
コンピテンシー評価 181

サ行

差別化戦略 9, 10, 17
産業（あるいは、企業の取り扱う製品）
　のライフサイクル 12

シークエンス効果 76, 89, 90
シグニファイア 95
思考世界 121
市場での成果 19
終身雇用 176
集積（デザイン産業の集積） 267
集中戦略 17
使用価値 124, 125

消費経験価値 …………………… 87, 93
情報処理価値 …………………… 87
情報の粘着性 …………………… 120
処遇改善型専門職制度 …………… 189
職能資格制度 …………………… 180
職務等級制度 …………………… 180
信念（＝製品が持つ特徴に対する認知）
　………………………………… 91
新連携対策支援事業 ……… 219, 258, 270

衰退期 …………………………… 12, 137
隙間創造 ………………………… 135, 136
スノッブ効果 …………………… 46
スラック（余剰資源）…………… 146, 149

生産財 …………………………… 11
成熟期 …………………………… 12, 137
成長期 …………………………… 12, 137
製品意味論 ……………………… 109
製品消費価値 …………………… 87, 93
製品信念 ………………………… 89
製品の性格 ……………………… 10
製品ファミリー ………………… 27
製品ライン ……………………… 27, 30
セミオティック・マーケティング … 105
全方位戦略 ……………………… 16
戦略的人的資源管理 …………… 195

想像イメージ …………………… 156
組織構造 ………………………… 58, 65, 145
組織内同形化 …………………… 177
ソフトパワー …………………… 218

タ行

大脳の半球優位性 ……………… 102
タスク・イニシエーション …… 201
単純な製品 ……………………… 140

知覚されたアフォーダンス …… 95

知識の吸収能力 ………………… 275
チャレンジャー ………………… 15, 18

通常的革新 ……………………… 135

適応化戦略 ……………………… 36
デザイン・シンキング（デザイン思考）
　…………………………… 99, 157, 168
デザインエンジニア …………… 142, 159
デザイン産業 …………………… 268
デザイン政策 …………………… 226
デザイン戦略 …………………… 9
デザインポリシー ……………… 60, 68
デュアルラダー（二重梯子）…… 184, 189
典型性 …………………………… 76
伝統工芸品産業の振興に関する法律
　（伝産法）……………………… 256

統一感 …………………………… 52
統一性 …………………………… 76
導入期 …………………………… 12, 137

ナ行

内発的動機づけ ………………… 202
内部構造の複雑度 ……………… 140

二重のロイヤリティ …………… 203
ニッチャー ……………………… 15, 19
ニューロマーケティング ……… 102

ネットワーク …………………… 268
年功制 …………………………… 178
年俸制 …………………… 176, 177, 178, 179

ハ行

ハードパワー …………………… 218
バンドワゴン効果 ……………… 46

評価制度 …………………………… *180, 186*
標準化戦略 ……………………………… *35*
品質機能展開 ……………………………… *118*

ファミリーフェイス …………… *29, 30, 32, 34*
フォロワー ………………………………… *15, 19*
複雑な製品 …………………………… *140, 141*
複線型のキャリアパス ………………………… *184*
部品主導型製品 ……………………… *140, 143*
ブランド・エクイティ ……………………… *51*
プロフィットセンター ………………………… *209*

ペルソナ ……………………………………… *156*
ペルソナマーケティング …………………… *98*

ポップカルチャー …………………… *217, 219*

マ行

マーケティングミックス …… *264, 280, 282*
満足度 ………………………………………… *93*

見かけの価値 ……………………………… *124*

メソッド …………………………………… *287*

模倣困難性 ……………………………… *53, 158*
模倣戦略 ……………………………………… *17*

ヤ行

有効性 ………………………………………… *93*
ユーザーインタフェイスの複雑度 …… *140*
ユーザー起動法 …………………………… *156*
ユーザビリティ（＝利用品質）………… *93*

4P（4つのP）…………………… *264, 281*

ラ行

ラフ集合理論 ……………………………… *118*

リーダー ………………………………… *15, 18*
リードユーザー法 ………………………… *156*
リピーター ………………………………… *54*

ロイヤリティ（＝忠誠心）………… *54, 90*
ローカル …………………………………… *203*

●専門用語（アルファベット表記）

B to B ……………………………………… *11, 242*
B to C ……………………………………… *11, 242*
Designer-As-Integrator ……………… *133*
fMRI ………………………………………… *104*
Gross National Cool（GNC）……… *217*
IDEA賞 ………………………………… *211, 241*
iF賞 ………………………………………… *241*
ISO …………………………………………… *93*
JAPANブランド育成支援事業
 …………………… *219, 227, 256, 270*
JIS …………………………………………… *93*
POS（Point of Sales）………………… *63*
QR（Quick Response）………………… *63*
red dot design ………………………… *241*
ROE（Return On Equity）…………… *210*
ROI（Return On Investment）……… *210*
SD法 ………………………………………… *96*
SHRM ……………………………………… *195*
SPA …………………………………………… *64*
S字曲線 …………………………………… *137*
The Dark Matter of Innovation …… *133*
UX（User Experience）………………… *98*

●企業名・人名・イベント名（日本語表記）

ア行

アアルト大学 …………………………………… 213
会田一郎 ……………………………………………… 54
アイリスオーヤマ ………………………… 135, 195
アスペジ ………………………………………………… 129
アップル ………………………… 6, 26, 58, 98, 209, 218
アマダナ ……………………………………………………… 64
アルカンターラ …………………………………… 265
アルテミデ …………………………………………… 268
アルフレッド・スローン ……………… 24, 156
アレッシィ …………………………………………… 264
アンビエンテ ……………………………… 242, 262

イサム・ノグチ ……………………………………… 21
稲場満 ………………………………………………… 208
岩倉信弥 ……………………………………………… 208

ウォルト・ディズニー ………………………… 218

エットーレ・ソットサス ……………………… 174

奥山清行 ……………………………………… 174, 278
オリベッティ ………………………………… 82, 174

カ行

海外需要開拓支援機構
　（クールジャパン機構）………… 218, 248
カッシーナ・イクスシー ………… 160, 268
カルロス・ゴーン ……………………………… 60
川口光男 ……………………………………………… 208

起亜自動車 ………………………………………… 209
喜多俊之 ……………………………………………… 267
キヤノン ……………………………………… 132, 175

グスタフ・ホフマン …………………………… 77
クリストファー・バングル ……………… 34
黒木靖夫 ……………………………………………… 208

小林製薬 ……………………………………………… 82
コルベール委員会 …………………………… 231

サ行

坂下清 ………………………………………… 208, 236
笹岡薬品 ……………………………………………… 82
佐藤オオキ ……………………………… 171, 193, 278
サムスン電子
　…………………… 13, 120, 148, 149, 161, 210, 287

柴田文江 ……………………………………………… 26
シャープ ………………………… 60, 132, 136, 208, 236
ジャパンエキスポ ……………………………… 218
ジョセフ・ナイ …………………………………… 218
ジョナサン・アイブ …………………………… 209

ゼネラルモーターズ ……… 20, 24, 31, 82, 156

ソニー …………………… 55, 132, 179, 185, 208, 282, 287

タ行

大光電機 ……………………………………………… 198
ダイソン ……………………………………… 142, 159, 218
ダイムラー ……………………………………………… 32
ダグラス・マッグレイ ………………………… 217
田子學 ………………………………………………… 130

チャールズ＆レイ・イームズ ……………… 21
坪井工芸 ……………………………………………… 282

ディーター・ラムス …………………………… 25, 26
デザインフィル ……………………………………… 53
天童木工 ……………………………………………… 128

東芝 ··· *132, 136, 150, 180, 184*
トーマス・J・ワトソン・ジュニア ···· *82*
ドムスアカデミー ······························· *213*
トヨタ自動車
················ *20, 29, 35, 40, 68, 85, 142, 178, 208*

ナ行

中村史郎 ································· *45, 207, 208, 278,*
鳴海製陶 ·· *129*

日産自動車 ················ *30, 32, 45, 59, 60, 207, 208*
任天堂 ··· *98*

ハ行

ハーマンミラー ······································ *21*
ハーリー・アール ··························· *24, 156*
パトリック・ルケマン ························· *62*
パナソニック
················· *26, 55, 76, 139, 148, 169, 179, 184, 187*
パナソニック株式会社
　エコソリューションズ社 ········· *274, 278*
パナソニックデザイン社 ············ *170, 187*

ピクサー ·· *218*
日立 ··· *132, 149, 208*
現代自動車 ·· *20*
平井和平 ·· *208*

フィリップス ······································ *142*
フォード・モーター ······················ *24, 34, 82*
フォルクスワーゲン ·············· *20, 28, 65, 77*
深澤直人 ··· *278*
福市得雄 ··· *208*
富士重工業（スバル）························· *30*
プジョー ·· *28*
ブラウン ··· *25, 26*
フロス ·· *268*

ペーター・シュライヤー ················· *209*
ボルボ ··· *27*
本田技研工業（ホンダ）······· *20, 40, 57, 208*
本多プラス ·· *196*

マ行

前田育男 ··· *208*
マックスマーラ ································· *267*
松下幸之助 ·· *3, 4*
マツダ ··································· *30, 34, 53, 208*

三菱自動車工業 ························· *30, 32, 65*
三菱電機 ······························ *132, 149, 171*
ミラノサローネ ································· *242*

村田智明 ·· *63*

メゾン・エ・オブジェ ················· *242, 262*
メルセデス・ベンツ ······················ *28, 67*

ヤ行

ヤマザキマザック ································ *11*

ラ行

良品計画（無印良品）···················· *58, 157*
ルイス・サリヴァン ·························· *159*
ルノー ······································ *32, 62, 66*

レイモンド・ローウィ ······················· *46*

ローレンス・ヴァン・デン・アッカー
　·· *62*
ロブ・ウォレス ································· *221*

●企業・組織名（アルファベット表記）

BMW ……………………………… *34, 58, 67*
BRICs ……………………………… *225*
Corporate Design Foundation …… *238*
Design Management Institute …… *238*
DMG 森精機 ……………………… *11*
IBM ………………………………… *82*
MAYA ……………………………… *46*
NICO ……………………………… *275*
NICO（にいがた産業創造機構）… *257*
P&G ………………………………… *136, 214*

【著者紹介】

森永　泰史（もりなが　やすふみ）

1975年　和歌山県に生まれる。
1998年　大阪市立大学商学部卒業
2004年　神戸大学大学院経営学研究科博士課程修了。博士（経営学）。
　　　　神戸大学大学院経営学研究科学術研究員
2005年　北海学園大学経営学部専任講師
2008年　北海学園大学経営学部准教授
2014年　北海学園大学経営学部教授
2016年　京都産業大学経営学部教授　現在に至る。

《主要業績》

「デザイン（意匠）重視の製品開発：自動車企業の事例分析」『組織科学』Vol.39，No.1，pp.95-109，2005年

『デザイン重視の製品開発マネジメント：製品開発とブランド構築のインタセクション』白桃書房，2010年

「デザイナーを活用したデスバレー克服の可能性」『日本経営学会誌』第31号，pp.63-74，2013年（共著）

「Strategic Design Management Methods in Major Japanese Electronics Companies」『International Journal of Affective Engineering』Vol.12，No.2，2013，pp.325-335.（共著）

平成28年10月10日　初版発行　　　　　略称：デザイン教科書

経営学者が書いた
デザインマネジメントの教科書

著　者　森　永　泰　史

発行者　中　島　治　久

発行所　同文舘出版株式会社

東京都千代田区神田神保町1-41　〒101-0051
営業（03）3294-1801　　編集（03）3294-1803
振替 00100-8-42935　　http://www.dobunkan.co.jp

© 2016 Y. MORINAGA
All Rights Reserved.
Printed in Japan

DTP：マーリンクレイン
印刷・製本：三美印刷

ISBN978-4-495-38711-2

〈出版者著作権管理機構　委託出版物〉
本書の無断複製は著作権法上での例外を除き禁じられています。複製される場合は，そのつど事前に，出版者著作権管理機構（電話 03-3513-6969，FAX 03-3513-6979，e-mail: info@jcopy.or.jp）の許諾を得てください。